Der Photonenring

Virginia Essene · Sheldon Nidle

Der Photonenring
Nachricht vom SIRIUS

ch. falk verlag

Aus dem Amerikanischen
von Anna-Christine Raßmann

deutsche Erstveröffentlichung

Umschlaggestaltung: Lightborne Images
und Sabine Becker-Will

Satz: Plejaden Publishing Service, Boltersen
Druck: Druckerei Sonnenschein, Hersbruck

Printed in Germany
ISBN 3-89568-021-4

Inhalt

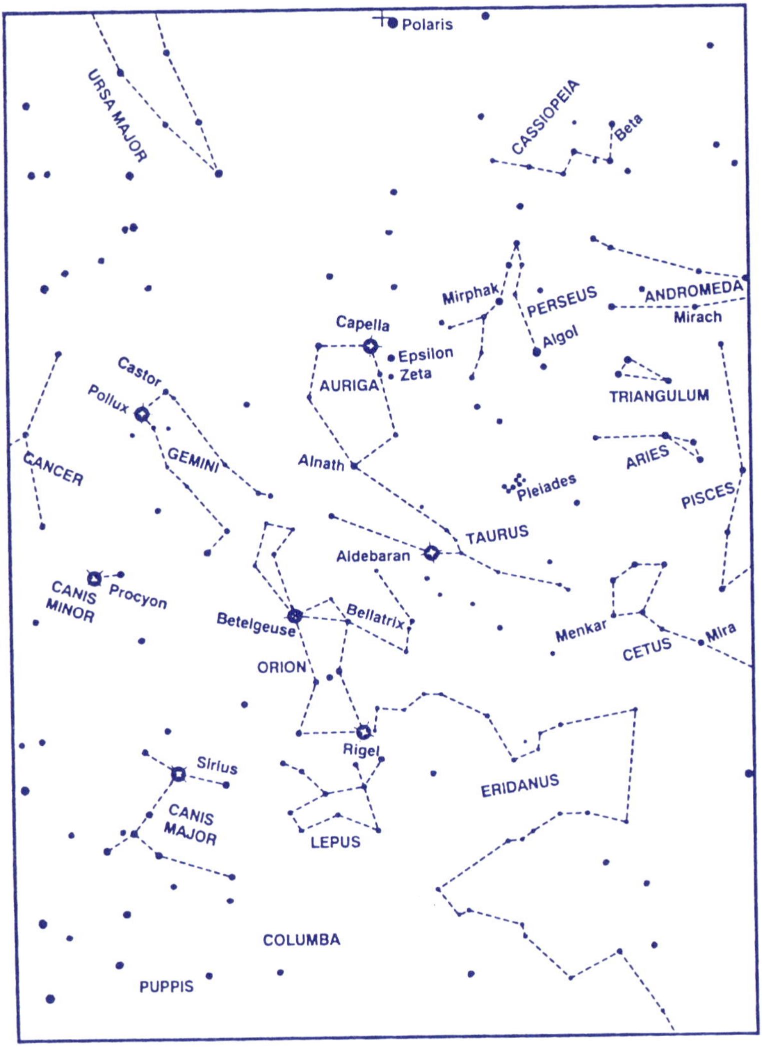

Was ist deine galaktische Herkunft?
Gibt es einen besonderen Stern, der dein Interesse weckt?

Widmungen

Sheldons Widmung

Dieses Buch ist Gott, den Herren der Zeit, den Spirituellen Hierarchien, der Galaktischen Föderation, meiner sirischen galaktischen Familie, Washta und seinem sirischen Konzil, meinem kleinen Sohn Narturi (dem „Munchkin Pie“) Gort'An Shar'a und insbesondere Miriam de Vera Nidle gewidmet, deren unermüdliche Hingabe und Liebe dieses Buch ermöglicht haben.

„...Am besten ist es, wenn du das Universum und sein Lied verstehst, denn in seiner Harmonie erklingt deine innere Wahrheit.“
aus dem sirischen **Codex des Verstehens**

Virginias Widmung

Meine Arbeit in diesem Buch ist dem Einen Schöpfer gewidmet, wie immer Seine vielen Namen sein mögen...den Spirituellen Hierarchien aller Zeiten, Dimensionen und Orte... den Herren der Zeit... und allen Lebensformen überall, die dazu beitragen, daß sich Leben, Liebe und Weisheit ausbreiten.

Dieses Buch ist auch den positiven galaktischen Menschen gewidmet, die unserem Sonnensystem und dem Planeten

Erde helfen, größeres Bewußtsein und Licht zu erlangen... und besonders jenen Sirianern, die wirklich für die Menschheit der Erde eingetreten sind!

Und schließlich möchte ich auch meine Mitbrüder und -schwestern der Erde ehren, die ein gemeinsames Erbe und und eine immer größer werdende kosmische Reise mit mir gemeinsam haben.

Danksagungen

Sheldons Danksagung

Die Mitwirkung vieler hingebungsvoller Menschen, die den mühsamen Entstehungsprozeß dieses Buches unterstützt haben, hat sein physisches Erscheinen ermöglicht. Als erstes möchte ich Virginia Essene aufrichtig dafür danken, daß sie den Wünschen des Geistes folgte und dieses Buch Realität werden ließ. Ich möchte Daniel Riqueros dafür danken, daß er inmitten seiner eigenen persönlichen Schwierigkeiten die Tonbandaufzeichnungen kostenlos für uns abgeschrieben hat. Ohne seine Hilfe hätten wir dieses Buch nicht in so kurzer Zeit fertigstellen können. Ich danke zutiefst Miriam de Vera Nidle für die Illustrationen, die Produktion und die Koordination aller Bemühungen.

Ich danke Tom und Gwen Aragon dafür, daß sie uns Daniel vorgestellt haben. Ich bin Ron vom S.E.E. Publishing und Lenora Grant-Mayer außerordentlich dankbar für ihre Hilfe bei der Redaktion... Roland G.Mayer für seine zahlreichen Besorgungen für das Buch...Yves Martin für seine Hilfe beim desktop publishing in den letzten paar Wochen der Produktion... Lucille Martin dafür, daß wir ihr Auto und Yves Zeit beanspruchen konnten, und für die Heilmagneten, die meine Rückenschmerzen erleichterten!

Ich bin Tony McGettigan sehr dankbar für mehrere lange Tage des Schreibens und der Redaktion und Colleen Ann Marshall, Anand Sara und Kate-Melissa Ague dafür, daß sie sich einen Tag zum Schreiben frei nahmen. Ich danke auch

Sheri DiSalvo dafür, daß sie Sharinn Christie aus ihrem Büroteam zu einem Tag Eilabschrift beorderte. Ich danke ChowChow Imamoto für ihre Heilbehandlungen und dafür, daß wir einen Tag lang ihren Computer benutzen durften. Mein tiefer, herzlicher Dank geht an Peggy McConnell für ihre spirituellen Einsichten, ihre konstruktiven Bemerkungen und dafür, daß sie meinen Heilungsprozeß erleichterte, so daß ich wieder auf die Füße kam. Ohne ihre Hilfe hätte ich dieses Buch nicht fertigstellen können.

Virginias Danksagung

Ich bin vor allem dankbar für die langjährige Zusammenarbeit mit meinem spirituellen Bruder Urs Winzenreid, dessen ständige Unterstützung der SHARE Foundation viele Unternehmungen möglich gemacht hat.

Besonderer Dank geht an Don, Shirley und Willie, Dorothy, Phil und Anne und Emily für ihre unermüdliche Unterstützung des Love Corps. Und an viele andere, zu viele, als daß ich sie alle aufzählen könnte!

Ich möchte auch Ron, unserem S.E.E. Verlagseditor, für seine ausgezeichneten Beiträge in der Vorbereitungs- und Produktionsphase des Buches danken und Daniel Riqueros und Yves Martin dafür, daß sie so hingegeben daran arbeiteten, das Buch in eine Form zu bringen. Dank auch an Carol für einige Stunden Redaktionsarbeit.

Wie immer danke ich den jetzigen und früheren Mitgliedern der SHARE Foundation für ihre Ermutigung... allen jetzigen und früheren Mitarbeitern für ihre Bemühungen... und den vielen freiwilligen Helfern, die uns seit 1985, als unsere Verlagsarbeit begann, unterstützt haben. Herzlichen Dank euch allen!

Schließlich möchte ich all den erwachenden Freunden und Mitmenschen danken, die ihr einzigartiges Talent und ihre Liebe dafür einsetzen, dieses außerordentliche Abenteuer der Erde zu unterstützen – und deren liebende Sorge für das Leben meine eigene Reise so sehr bereichert hat. Ich grüße insbesondere unsere herrlichen Kinder, deren Christuslicht eine noch tiefere Erinnerung daran entzündet, wer wir wirklich sind und warum wir hierhergekommen sind!

Vorwort

Tonbänder mit einem gesprochenen Bewußtseinsstrom in geschriebene Form zu bringen, ist immer eine gewaltige Aufgabe, da der gesprochenen Botschaft die strukturierten Sätze, Abschnitte und offiziellen Regeln der Grammatik, Zeichensetzung usw. fehlen, derer die schriftliche Kommunikation bedarf. Das ist besonders der Fall, wenn es sich um einen langen Text handelt, der, wie ein Buch, organisiert werden muß, um Kontinuität und Fluß zu bekommen. Wir möchten also erläutern, wie wir diesen Text hervorgebracht haben.

Sheldons Botschaften wurden zuerst gechannelt und dann als Ausgangspunkt direkt auf Papier abgetippt. Die Fragen und Antworten in jedem Kapitel wurden von Virginia, die Washta durch Sheldon Fragen stellte, auf Tonband aufgenommen.

Dieses Material mußte dann zur Klärung und schriftlichen Verständlichkeit mehrfach redigiert werden, natürlich so, daß nichts von seiner Bedeutung verlorenging.

Miriam mußte währenddessen die Illustrationen erstellen, um dem Leser neue, grundlegende Konzepte besser verständlich zu machen. Dies war eine wirkliche Liebesmühe und erhöht den Wert des Buches ungemein.

Der schließliche Text wurde mit Hilfe eines Seitenlayout-Programms auf einem Computer gesetzt, dann lasergedruckt und zum Drucken und Binden gesandt.

Wir freuen uns nun, den Inhalt des Buches der Öffentlichkeit zu übergeben und die Botschaft vom Sirius denen zu überreichen, die sie hören wollen.

Wenn Sie Fragen über Washtas Ideen haben oder irgend etwas dazu bemerken wollen, dann wenden Sie sich bitte direkt an Sheldon Nidle, dessen Adresse hinten im Buch steht, nicht an den Verleger oder Virginia.

Aufgezeichnet am 23. April 1994
Virginia Essene

Liste der Illustrationen

Virginias Einführung

Die Fragen, die die Menschheit verfolgen, seit sie existiert, und die auch in den letzten zehntausend Jahren nicht verschwunden sind, selbst wenn wir glauben, wir hätten die Antworten gefunden, sind diese: Wer sind wir? Wer oder was hat uns erschaffen? Warum leben wir heute auf dem Planeten Erde?

Manche Religionen, von denen wir geschichtliche Zeugnisse haben, sagen uns, Gott sei unser Schöpfer und von ihm oder ihr stamme die spirituelle Energie, mit deren Hilfe ein physischer Körper in der Materie existieren könne. Viele Lehren sagen, dieser physische Körper nutze sich ab und mache eine Erfahrung, die Tod genannt wird oder Nicht-Bewußtsein, obwohl die Seele oder das spirituelle Bewußtsein nicht sterbe. Aber es gibt auch Lehren, die behaupten, wir müßten den physischen Tod nicht erfahren. Was also ist die Wahrheit in dieser entscheidenden menschlichen Frage?

Wie wir wissen, ist zumindest *ein* Mensch auf dieser Erde erschienen, der von sich sagte, er sei hier, um Liebe zu verkörpern und den physischen Tod zu überwinden. Er lehrte, daß es die Liebe sei, die zu Frieden und Weisheit führe und die Menschheit für immer in einen vollbewußten Zustand spirituellen Gewahrseins verwandle, welcher auch als Himmel bezeichnet wird.

Dieser Große mit Namen Jesus sagte, wir müßten nicht sterben, sondern könnten durch den Prozeß der Auferstehung, auch Himmelfahrt genannt, ewiges Leben erlangen. Liebe und Vergebung wären der Weg – nicht Krieg und

Konfrontation. In der Tat erfordern Wiederauferstehung und Himmelfahrt Liebe (Liebe, nicht nur Gesetz), Vergebung statt Beschuldigung und Vergeltung. Aber Jesus überbrachte seine Botschaft einer Gesellschaft, in der die Gene der Menschen möglicherweise durch genetische Experimente in Atlantis Tausende von Jahren vor seiner Ankunft deformiert worden waren.

Diese Menschen, die im Mittleren Osten lebten, waren gewiß mutig, und wir haben wohl keinen Begriff von den Schrecken, die sie durchlebt haben. Aber die heutige Geschichte lehrt uns, daß sie nichts von ihrer eigenen örtlichen Geschichte wußten – etwa der ägyptischen, sumerischen und babylonischen Zivilisation, geschweige denn von ihrer Beziehung zu Bewohnern anderer Sterne oder von extraterrestrischen Besuchern.

Diese Restzivilisation im Mittleren Osten war nicht nur von ihrem eigenen menschlichen Vollbewußtsein abgeschnitten, sondern hinzukommt auch, daß der größte Teil ihrer Geschichte durch die biblische Sintflut zerstört worden war, so daß es keine Überlieferung mehr gab. Stellen Sie sich vor, wie es wäre, wenn heute unser gesamter persönlicher und gesellschaftlicher Besitz und sämtliche Aufzeichnungen zerstört würden. Wie lange könnte eine Erinnerung an die Vergangenheit bestehen bleiben? Wäre nicht bald alles vergessen, soweit es nicht durch mündliche Überlieferung und Mythen bewahrt würde? Wie könnte menschliche Kontinuität erhalten bleiben, wenn der genetische Code deformiert würde?

Durch diese große Wasserflut haben also die Bewohner des Mittleres Ostens sämtliche Daten über sich selbst, aber auch über die Nationen Asiens verloren, insbesondere über die größte aller Erdzivilisationen – nämlich Lemurien. Da ihnen so gut wie jedes Wissen über Lemurien abhanden gekommen war, hatten sie auch die Aufzeichnungen über den späteren Widersacher Lemuriens verloren – Atlantis. Es waren die Atlanter, die aufgrund ihrer autokratischen Struktur und der Kooperation mit abtrünnigen Außerirdischen eine genetische Mutation der DNS herbeiführten, welche die Fähigkeiten der menschlichen Spezies auf ein Minimum reduzierte.

Unsere Vorfahren hatten also ihre frühere zwölffache Helix von DNS-Strängen verloren und kämpften sich mit den verbliebenen zwei Strängen – also einem Sechstel ihrer früheren Kapazität – so gut sie konnten durch. All das geschah mitten in einem fürchterlichen planetarischen Umschwung, von dem wir uns kaum eine Vorstellung machen können.

Dieser „Fall" bedeutete, daß das Wissen, wer wir Menschen sind, aus dem Gedächtnis und der Geschichtsschreibung verlorenging. Auch die kleinste Spur dieses Wissens verschwand aus dem gewöhnlichen Alltagsbewußtsein. Wie sollten die Menschen ohne ihre früheren übersinnlichen Fähigkeiten – wie Telepathie, Sehen und Hören spiritueller Energien, Kommunikation mit der Natur – diese Frühgeschichte der Menschheit rekonstruieren können? Da unsere Lage heute nur um ein Geringes besser ist, was seelenvolle Partizipation und die Sensitivität höheren Bewußtseins angeht, ist die Wahrheit darüber, wer wir sind und warum wir hier sind, immer noch tief verborgen. Aus diesem Grund haben wir, wie ich glaube, das Empfinden, es müsse ein innerstes Geheimnis geben, das gelüftet werden müsse, das größte menschliche Mysterium aller Zeiten! Ein Mysterium, das uns dazu herausfordert, uns an unsere ursprüngliche, gottgegebene Natur zu erinnern und sie wieder in Besitz zu nehmen.

Viele Menschen haben das Gefühl, daß es ein unbekanntes Kapitel in der Geschichte der Menschheit gibt, das darauf wartet, aufgeschlagen zu werden. Sie sind zunehmend mit der Frage beschäftigt, wer sie sind und warum sie geboren wurden. Viele von uns suchen nach Antworten, die unsere innere Suche erleichtern könnten, so daß wir zufrieden und voller Vertrauen leben können. Und doch haben wir oft das Gefühl, in eine fremde Welt geworfen zu sein, in der unsere Sehnsucht nach einer einst gekannten Reinheit und Kraft nicht gestillt wird.

Obwohl es Menschen gibt, die ihr Leben auf Friede und Freude gründen, sind doch große Teile der Menschheit mit qualvollen Umständen wie Krieg, Gewalt und Hunger geschlagen. Viele erleben nur wenige Augenblicke jener Seligkeit, die uns die Religionen verheißen, und immer mehr Menschen leugnen einen Gott, der Unrecht zuläßt an Unschuldigen, Babies und Kindern und denen, die Mördern und Scharlatanen in die Hände fallen. Solches Elend hat tiefe Angst, Wut und Depression erzeugt, besonders wenn kein Glaube an Karma und Reinkarnation besteht. Wie kann angesichts der Qualen von Körper und Geist der Glaube an einen unsichtbaren, machtvollen Schöpfergott erhalten bleiben, wenn er doch zuläßt, daß die Menschen den Exzessen und Grausamkeiten ihrer Artgenossen ausgeliefert sind, denen es gelungen ist, Macht und Kontrolle über die Schwachen und Hilflosen zu gewinnen? Viele stellen die Frage: „Wer kann einen solchen Gott lieben und achten?“

Wir können nicht versprechen, daß das Lesen dieses Buches Ihren Glauben an Gott festigen wird, oder daß Sie Gott mit größerem Ernst lieben und achten werden. Wir werden jedoch nicht der Frage ausweichen, wer uns erschaffen hat, wie wir in diese Welt der Negativität gekommen sind und welche Wandlungsmöglichkeiten die Zukunft bereithält. Unsere Absicht ist es, das ins Auge zu fassen, was für die gesamte Menschheit in diesem jetzigen historischen Augenblick geschieht, und in jedem, der gewillt ist zu hören, die Hoffnung zu wecken. Gutes kommt auf uns zu! Die Zeit der Auferstehung ist gekommen! Individuell und kollektiv überschreiten die Menschen ihre vergangenen Begrenzungen und bewegen sich in eine höchst aufregende Zukunft hinein.

In dem Buch *New Cells, New Bodies, New Life* heißt es: „Könnte es sein, daß wir in einem uns tief eingeprägten, verschlüsselten Bewußtseinszustand die Erinnerung an unseren einstigen genetischen Ursprung und seine unerhörten Fähigkeiten bewahrt haben, bis wir unser Bewußtsein wieder zurückevolviert haben? Machen wir gegenwärtig die höchst bedeutsame Erfahrung, daß wir unsere inneren Flüssigkeiten jenseits des Blutes – die fließende elektromagnetische Energie des molekularen Lebens – zurückgewinnen?“

Meine eigene Antwort auf diese Frage ist ein nachdrückliches „Ja“. Ja, das ist die Zeit dieser höchst bedeutsamen Erfahrung, in der wir unser volles molekulares Potential zurückgewinnen! Das ist der historische Wendepunkt, an dem wir, die Kinder eines ehrfurchtgebietenden Schöpfers, die zellulären Bedingungen unseres galaktischen Geburtsrechts zurückerlangen. Wir heißen das Ereignis mit der Vitalität und Entschlossenheit willkommen, die es verdient, denn wir müssen wahrhaft willens sein, unsere starre erdgebundene Geschichte aufzugeben und uns der galaktischen Geschichte zu stellen, mit der wir verbunden sind. „Wie ist das möglich?“ werden Sie fragen. Wir dürfen uns glücklich schätzen, daß wir mindestens fünf Wege haben, auf denen wir über unseren wahren Ursprung und die Geschichte der Erde Kunde erhalten.

Fünf Möglichkeiten, wie wir die Wahrheit erkennen können

1. Wir können auf unsere eigenen inneren Ressourcen zurückgreifen und auf diese Weise neue Informationen bekommen, sei es durch Meditation, Träume, Visionen,

Atem- und Körperarbeit, metaphysische Studien und alle bewährten Methoden, die die Energie ins Gleichgewicht bringen und uns helfen, spirituelle, mentale, emotionale und physische Begrenzungen zu überwinden. Wir können uns einmal pro Woche mit anderen zusammenfinden, die auch an ihrer inneren Reinigung und Heilung arbeiten. Wir gewinnen dadurch sehr viel Kraft. In diesem Kelch des Lichtes sammelt sich die Wahrheit, die wir suchen. Unsere Fähigkeit wächst, uns selbst zu heilen, planetare Probleme zu lösen und Frieden herzustellen.

2. Wir können die verschiedenen religiösen Schriften und Lehren in Hinsicht auf ihre Übereinstimmung untersuchen, anstatt auf ihre Unvereinbarkeiten, und können ihre Bedeutung dann auf das zwanzigste Jahrhundert übertragen. Wir können uns auch von den vielen unsichtbaren Helfern aus der geistigen Welt und der physischen Galaxie inspirieren lassen und von ihren Informationen Gebrauch machen.
3. Wir können prüfen, inwieweit die wissenschaftlichen Entdeckungen auf unser tägliches bewußtes Leben anwendbar sind. Wir können darauf bestehen, daß nur Menschen von nobler Gesinnung mit der Entdeckung und positiven Anwendung von Naturgesetzen befaßt sein sollten.
4. Wir können die großen Weltmythen, Epen, Legenden, Sagen und Geschichten der verschiedenen Kulturen lesen und auf ihre Botschaft horchen – voller Respekt für die unglaubliche Information, die in den mündlichen Überlieferungen von Urvölkern enthalten ist, deren weise Stammesälteste jetzt viele hilfreiche Geheimnisse offenbaren.
5. Wir können es wagen zu glauben, daß unser Planet ein lebendes Wesen ist, das uns als verantwortliche Verwalter braucht, und daß die Wale und Delphine nicht nur für die Erde sorgen, sondern intelligente Wesen sind, die fähig sind, mit uns Menschen zu kommunizieren.

Jetzt, in diesem Augenblick, während ein Großteil der Menschheit schläft, können wir uns sogar daran erinnern, daß wir Menschen uns auf die Führungsrolle einlassen müssen, die in der christlichen Bibel und anderen Glaubenssystemen so klar bestimmt ist.

Weil viele Menschen die Weisheit der Urvölker leugnen und nicht erkennen, wer die Wale und Delphine wirklich sind, ist viel von dem, was wir brauchen, verlorengegangen. So ist es auch ein großer Fehler, unseren Planeten nicht als lebendes Wesen anzuerkennen! Aber diese drei Hilfsquellen werden in der nahen Zukunft zunehmend an Bedeutung gewinnen, sofern wir nur bereit sind, sie in unseren Geist einzulassen. Wissen, Sicherheit und Freude können in unser Leben kommen, wenn wir erwachen und bewußt daraus schöpfen.

Es braucht nicht betont zu werden, daß eine wesentliche Hilfsquelle in den verschiedenen religiösen Lehren gefunden werden kann, die uns geschenkt wurden, um uns auf unserem Weg zu leiten – und viele gutherzige und aufrichtige Menschen praktizieren eine Religion, die auf den Lehren alter Meister und Heiliger beruht. Doch viele sind nicht gewillt, das, was diese großen Lehrer in ihren heiligen Schriften gesagt haben, mit dem heutigen wissenschaftlichen und technologischen Wissen zu konfrontieren, das heißt, mit dem Wissen des zwanzigsten Jahrhunderts darüber, wie physische Dinge funktionieren, seien es Flugzeuge, Fernsehen, Radio und Telekommunikation, Computer und so fort. Wir müssen die alten Schriften im Licht heutiger Erkenntnis betrachten, um sie wirklich zu verstehen – unter besonderer Berücksichtigung der Energietechnologie aller Art. Wenn wir bereit sind, die spirituellen Lehren hinsichtlich ihrer moralischen und ethischen Werte zu betrachten und auch die physischen Umstände, die sie beschreiben, dann können wir die Botschaften, die uns gegeben wurden, klarer wahrnehmen und neue Antworten erhalten. Vielleicht wird durch eine solche Suche unsere Vorstellung von der sogenannten „Endzeit“ und was sie wirklich mit sich bringt, geklärt.

Die Untersuchung solcher Fragen und das Finden neuer Antworten und Sichtweisen könnte es den Menschen ermöglichen, das monströse Zerstörungsszenario, an das viele glauben, aus ihrer Vorstellung zu entlassen und zu akzeptieren, daß wir eine Beziehung zu unserer weisen galaktischen menschlichen Familie haben, die gegenwärtig auf nahegelegenen Planeten und Sternen lebt.

Aber können wir an der Liebe festhalten, wenn wir erfahren, wie die wahre und lange Zeit verborgene Geschichte der Erde wirklich war? Wenn wir entdecken, daß wir mutierte Geschöpfe aus Sternensamen sind und daß es auf den niedrigeren Ebenen, auf denen wir existieren, wirklich einen Krieg gegeben hat? Kann dann immer noch die Liebe in unseren Herzen bleiben? Denn Liebe ist der Schlüssel, um mit unserem Ursprung und unseren höheren Fähigkeiten wieder in Kontakt zu kommen. Jene, die die Macht der Liebe nicht zum Ausdruck bringen, werden nicht so leicht mit dem beschleunigten Fortschritt der Menschheit schritthalten können, der jetzt vom Geist und der galaktischen Familie angeboten wird.

Wagen wir es in diesem Augenblick zu akzeptieren, daß die inspirierten Lehren fast aller Religionen Elemente enthalten, die von den Sternen stammen? Wenn wir aufrichtig bereit sind, die kostbaren Schriften, die wir heilig nennen, im Licht des gegenwärtigen naturwissenschaftlichen Wissens zu betrachten, dann werden wir einen neuen Sinn darin finden, der den göttlichen Plan unserer Zeit offenbaren wird.

Machen wir uns also gemeinsam auf den Weg, die heiligen Schriften daraufhin zu befragen, was sie verheißen, und uns zu fragen, wer diese Erklärungen der Menschheit überbracht hat. Ich möchte jedoch empfehlen, daß wir unseren

Geist und unser Herz für die Möglichkeit öffnen, daß keine Religon im Besitz der ganzen Wahrheit ist. Es hat viele Kulturen gegeben, die über viele Tausende von Jahren ihre moralischen und ethischen Werte vollständig gelebt und ausgedrückt haben. Da Selbstgerechtigkeit verhindert, daß wir einen Passierschein zu höherem Bewußtsein bekommen, wollen wir einen Augenblick innehalten und unsere Liebe und unsere geistige Offenheit in unsere Suche nach Wahrheit einfließen lassen.

(Gestatten Sie sich bitte, diese Herausforderung zu ignorieren, falls Ihnen diese Exploration neuer Ideen und neuer Wahrnehmung des Alten widerstrebt. Vielleicht leisten Ihnen diese neuen Ideen und Interpretationen zum gegenwärtigen Zeitpunkt keinen Dienst. Sollten Sie aber das Bedürfnis verspüren, die menschliche Geschichte umfassender zu erforschen, dann treten Sie unserer Entdecker-Allianz bei und machen Sie sich bereit zum Abflug, denn wir haben viel zu bedenken und zu erwägen.)

Es sollte uns nicht in Verlegenheit bringen, daß wir unsere eigene menschliche Geschichte und die Umstände der Erschaffung des Planeten nicht kennen.

Wir dürfen uns unter keinen Umständen schuldig fühlen, daß unsere Lehrbücher unzureichend, oft fehlerhaft und im allgemeinen unvollständig sind. Als Forscher suchen wir nach den Lücken, um sie aufzufüllen, damit andere, die nicht die Zeit zu tiefschürfenden Forschungen haben, aus unseren Beiträgen Nutzen ziehen können. Unsere Liebe und unsere Bereitschaft zu lernen, wird nicht nur uns selbst helfen, sondern auch anderen. Deswegen ist dieses Material nicht nur für uns persönlich bestimmt, sondern für den ganzen Planeten mit all seinen anderen Lebensformen.

Viele von uns, die in der westlich-technologischen Welt leben, neigen zu einem gewissen Hochmut. Manchmal glauben wir, unsere Lebensart oder unsere Religion seien am besten. Der Orient wird im allgemeinen für unterlegen gehalten; allerdings mag der wirtschaftliche Vormarsch der Japaner diese Einstellung verändert haben. Insbesondere wird Indien kaum eine Bedeutung für unsere Kultur beigemessen, obwohl die ältesten Zeugnisse (nach Ägypten und Sumer aus Indien stammen) und der stärkste spirituelle Impuls derzeit aus Asien kommt. Besonders die Lehre der Meditation und das Konzept, daß der Geist über der Materie steht, zusammen mit vielen alternativen Heilmethoden haben tiefgreifend auf unser tägliches Leben Einfluß genommen. Wir dürfen uns glücklich schätzen, daß Kiplings Ausspruch, „Osten ist Osten und Westen ist Westen, und die beiden werden sich nie begegnen", falsch war, denn einen Großteil der heutigen spirituellen Inspiration verdanken wir den östlichen Lehren und Praktiken, insbesondere der Meditation und der Übung der Nicht-Verhaftung.

Durch diese östlichen Übungswege sind wir im Westen daran erinnert worden, daß man – in der Stille – tiefen religiösen Sinn finden kann. Eine Erfahrung, die die meisten Christen im zwanzigsten Jahrhundert nicht gemacht haben, obwohl alle früheren großen Heiligen und Lehrer den Kontakt zur inneren Quelle praktizierten. Jesus selbst demonstrierte die Macht der Abgeschiedenheit und Meditation im täglichen Leben und durch seine vierzigtägige Zurückgezogenheit in die Wüste. Ist es nicht merkwürdig, daß die gegenwärtige katholische Kirche und andere christliche Bekenntnisse kein Gewicht auf Meditation und tägliche Stille als Praxis für jeden Gläubigen legen, so wie das die frühen Heiligen und Lehrer getan haben, und daß wir erst von Besuchern aus fernen Kontinenten gelernt haben, wie wichtig es ist, sich täglich nach innen zu wenden?

Die wechselseitige Befruchtung mit Ideen und Erfahrungen ist sehr wertvoll, und das Reisen in ferne Länder kann sehr anregend sein. Zum Beispiel haben Reisende nach

Ägypten feststellen können, daß sich die Kopfform früher Skulpturen des menschlichen Körpers deutlich von unserer heutigen Kopfform unterscheidet. Der Hinterkopf und damit die Gehirnkapazität ist größer. Diese Skulpturen zeigen, wie die Menschen ausgesehen haben, bevor die Atlanter unsere Gehirnstruktur durch tragische genetische Eingriffe verkleinert und begrenzt haben. Aber was erfahren wir davon in den derzeitigen Geschichtsbüchern? Wie viele Generationen sind um das Verständnis ihres wahren Erbes betrogen worden, weil die Experten keine Beweise haben? Die wenigen vorurteilslosen Wissenschaftler, die es wagen, andere Tatsachen heranzuziehen und sich gegen die allgemein akzeptierten phantasielosen Überzeugungen zu wenden, werden verunglimpft, angegriffen und lächerlich gemacht.

All dieser Widerstand ist trotz der zoroastrischen Kosmologie aufgetreten, trotz der Übersetzungen der ägyptischen Hieroglyphen und verschiedener sumerisch-babylonischer Tafeln, auf denen das Erscheinen extraterrestrischer Flugobjekte klar festgehalten ist. Sie berichten von Landungen, die Krieg auf die Erde gebracht haben, um Macht über die Menschen zu gewinnen, sowohl auf der genetischen wie auf der Verhaltensebene. Wie kann irgend jemand, der nach Wahrheit strebt, über die eindeutigen Hinweise in den schriftlichen wie bildlichen Darstellungen hinwegsehen, die belegen, daß Raumschiffe auf dieser Erde gelandet sind und Einfluß genommen haben? Es sind sumerische Tafeln erhalten, auf denen die verschiedenen Gruppen beschrieben sind, bei denen der Raumflug hoch entwickelt war und die auf die Erde kamen und zu bestimmten menschlichen Führern und Gruppen im Mittleren Osten Kontakt aufnahmen. Das sumerische *Gilgamesch-Epos* beschreibt Wesen, denen am Wohlergehen der Menschen wenig gelegen war.

In den semitischen Beschreibungen dieser frühen historischen Ereignisse drängt sich uns die Erkenntnis auf, daß die

Menschheit von gewissen extraterrestrischen Wesen besucht und möglicherweise beherrscht worden ist. Darüber hinaus könnte es sein, daß ein Planet, dessen Entdeckung durch unsere Wissenschaftler noch aussteht, in unserer heutigen Zeit erneut auftaucht. Selbst in der Bibel (insbesondere in der *Offenbarung des Johannes*) macht Johannes Andeutungen über ein planetares Objekt.

Was die Bibel angeht, so möchte ich Ihnen nachdrücklich empfehlen, sich die Zeit zu nehmen und einige Passagen zu lesen, nämlich Beschreibungen von Moses, Enoch, Noah, Elias, Ezekiel und sogar Daniel und Zacharias. Dort ist von Engeln und himmlischen Boten die Rede, die mit ihnen und anderen in ihrer Umgebung kommuniziert haben. Mit dem Wissen, das wir als Menschen des zwanzigsten Jahrhunderts haben, wird deutlich, daß manche dieser biblischen Passagen Kontakt mit außerirdischen Wesen beschreiben, die einigen wenigen gottgläubigen Menschen mit reinem Herzen Prophezeiungen offenbarten und Wegweisungen gaben. Sie werden, so glaube ich, feststellen, daß die Bibel Beschreibungen von Raumschiffen enthält, die aber später von Menschen, die in ihrem Leben keinen Kontakt mit Waffen und diversen Flugmaschinen hatten, anders interpretiert wurden. Wir hingegen sehen dergleichen ununterbrochen im Fernsehen, in Filmen, Videos, Illustrierten und Zeitungen. Ich glaube, daß Sie diese frühen Beschreibungen anders werden lesen können, weil wir heute Kenntnisse haben, die in den Jahrhunderten zuvor den Menschen fehlten.

Unser heutiger technisch geschulter Geist läßt uns die kosmische Bedeutung der in der Bibel beschriebenen Ereignisse in einem anderen Licht sehen. Diese Perspektive stand damals den Menschen ohne technische Erfahrung nicht zur Verfügung. Denken Sie nur, daß wir bis Ende der sechziger Jahre unseren Planeten niemals zuvor aus dem Raum gesehen haben und es uns sicher nicht leichtgefallen wäre, eine

Beschreibung der Erde aus der Raumperspektive in unsere Vorstellung aufzunehmen. Es ist entscheidend, daß wir die Bibel und die Geschichten, die technisch unerfahrene Menschen von Engeln und Boten erzählen, unter dem Blickwinkel unserer heutigen modernen Erfahrung lesen. Es geht uns nicht darum zu leugnen, daß die Menschen von einem liebenden Gott geleitet wurden und weise Führung durch spirituelle Wesen wie Jesus, Buddha und andere erhielten. Vielmehr geht es darum zu verstehen, daß der Schöpfer viele unterschiedliche Lebensformen in den Weiten des Weltraums erschaffen hat, und zu akzeptieren, daß es eine unermeßliche Anzahl von Bewußtseinsebenen gibt, in denen physische Wesen existieren. Anders zu denken, ist eine Begrenzung, die sich die Menschheit nicht leisten kann, da sich unsere eigenen Sichtungen von UFOs seit dem Zweiten Weltkrieg mit dem Abwurf der ersten Atombombe dramatisch vermehrt haben.

Schauen wir uns also die Beschreibungen des Alten Testaments mit der Frage an, was in der Sprache einer „nicht-technischen" Person für einen „nicht-technischen" Leser beschrieben wird. Wenn von „Engeln", „Boten", „Gott" und dem „Herrn" die Rede ist und Begriffe verwendet werden wie Wind, Wirbelwind, Blitz, gleißendes Licht, Rauch, Donner, Feuer und Wolken – was meinen die Juden der vorchristlichen Epoche damit? Sie sind uns ja nicht intellektuell unterlegen, sondern ehrliche Darsteller einer machtvollen Erfahrung, die sie so gut wie möglich in Worte fassen.

Wir werden in den Begegnungen, die in den Schriften beschrieben sind, mehr entdecken, als frühere Generationen ohne die heutigen Erfahrungen begreifen konnten. Schauen wir uns eine bestimmte präzise Beschreibung in Exodus 19:16-21 näher an: „Am dritten Tag, im Morgengrauen, begann es zu donnern und zu blitzen. Schwere Wolken lagen über dem Berg und gewaltiger Hörnerschall erklang. Das ganze Volk im Lager begann zu zittern. Mose führte es aus dem Lager hinaus Gott entgegen. Unter dem Berg blieben sie stehen. Der ganze Sinai war in Rauch gehüllt, denn der Herr war im Feuer auf ihn herabgestiegen. Der Rauch stieg vom Berg auf wie Rauch aus einem Schmelzofen. Der ganze Berg bebte gewaltig, und der Hörnerschall wurde immer lauter. Mose redete, und Gott antwortete im Donner. Der Herr war auf den Sinai, auf den Gipfel des Berges, herabgestiegen. Er hatte Mose zu sich auf den Gipfel des Berges gerufen, und Mose war hinaufgestiegen. Da sprach der Herr zu Mose: Geh hinunter und schärfe dem Volk ein, sie sollen nicht neugierig sein und nicht versuchen, zum Herrn vorzudringen; sonst müßten viele von ihnen umkommen."

Wenn wir uns fragen, wer in dieser Beschreibung herabgestiegen war, dann klingt das nicht besonders sanft und scheint mit Engeln nicht viel zu tun zu haben ganz im Gegenteil. Man hat das Gefühl von etwas Mechanischem und Gefährlichem. Könnte es sich um ein Raumfahrzeug handeln, das durch seine Strahlung die Bevölkerung gefährden würde? ...Ein Raumfahrzeug, das soviel Lärm macht wie eine Rakete und beim Landen eine riesige Staubwolke aufwirbelt, mit feurigen Abgasen und ohrenbetäubendem Lärm? ... Ein Ereignis von solcher Gewalt, daß Moses glaubt, er würde direkt mit Gott sprechen? Aber wer wäre unter den beschriebenen Umständen nicht verwirrt? Wer würde ein solches Ereignis nicht mit tatsächlichem Kontakt zu Gott verwechseln? Dieser Besucher, ob es nun Gott ist oder nicht, scheint an der Sicherheit der Menschen interessiert zu sein und gibt Moses später spezifische Anweisungen und Regeln für moralisches Verhalten.

Jedenfalls bringt dieser Botschafter präzise Anweisungen für Einstellungen und Verhaltensweisen im alltäglichen Leben. Diese Visitation setzt eine Langzeitbeziehung in Gang, die Moses in die Tat umsetzen soll. Man könnte sich fragen, ob man hinsichtlich der Motive dieser galaktischen Besucher mißtrauisch sein sollte. Wer waren sie wirklich? Und wer zieht Nutzen aus ihrem Besuch? Handelt es sich um physische, extraterrestrische Wesen oder um Vertreter einer spirituellen Macht? Sie hatten eine Botschaft zu überbringen – und das haben sie wahrhaftig getan. Dieses feurige, rauchige, laute Ereignis gab den Völkern des Mittleren Ostens eine neue Richtung, die bis in unsere Zeit bestimmend war.

Es gibt zahlreiche andere Beschreibungen in der Bibel, die einer nahen Prüfung standhalten und wie alle Dinge aus unterschiedlichen Blickwinkeln betrachtet werden können. Jeder von uns kann sich erneut in den Büchern der Propheten Jesaja, Ezechiel, Daniel, Zacharias umschauen, nicht zu reden von der geheimnisvollen *Offenbarung des Johannes*.

Christen mögen die Bemerkungen von Jesaja über „jene, die wie Wolken fliegen“ mit der Erfahrung des zwanzigsten Jahrhunderts lesen und sich fragen, ob seine Wolkenbeschreibung nur wie eine Vision klingt oder ob es eine Beschreibung von einem Flugobjekt mit durchaus physischen Eigenschaften sein könnte. Wenn es tatsächlich ein physisches Objekt sein könnte, für was halten wir es dann? Woher ist es gekommen?

Ist es möglich, daß die Bibel neben verschiedenen Träumen und Visionen, die sehr reale persönliche Erfahrungen waren, auch Beschreibungen tatsächlicher Ereignisse und Umstände enthält? Ereignisse, die nur in der Sprache beschrieben werden konnten, die unserer früheren menschlichen Familie ohne Erfahrungen mit Flugzeugen und Kommunikationsmedien zur Verfügung stand? Enthalten die Schriften möglicherweise etwas von beidem? Von Enoch heißt es, daß er „mit Gott ging“. War es wirklich *der* Gott (der Schöpfer *allen* Lebens), oder könnte es auch eine geringere, aber dennoch für die Menschen sehr wichtige Wesenheit gewesen sein?

Könnte es sein, daß die ehrwürdigen Propheten Träume und Visionen hatten und außerdem physische Erfahrungen mit individuellen Wesen, die nicht unsichtbar und ätherisch waren? Könnten es vielleicht galaktische menschliche Wesen mit weit höherentwickeltem Wissen über technologische Transportmittel, Instrumente und Kommunikationsmittel gewesen sein?

Würden solche Möglichkeiten wirklich den Wert unserer Propheten und Vorfahren herabsetzen? Oder können wir davon ausgehen, daß sie, als genetisch mißbrauchte menschliche Wesen, ihr Bestes getan haben, um Ereignisse, Umstände und Informationen zu verstehen, die ihnen aus dem Sonnensystem oder der Galaxie überbracht worden sind? Von einem Ort, den sie mit ihren damaligen astronomischen Instrumenten nicht ausmachen konnten – was jedoch den heutigen Astronomen zum Teil möglich ist. Nein, es setzt sie in keiner Weise herab. Wir können ihre seelenvolle Bereitschaft nur bewundern, ihrem Volk mitzuteilen, was sie erfahren hatten, einem Volk, das sicherlich intellektuell weniger entwickelt war, als wir es heute sind. Prophezeiung erfordert meiner Meinung nach eine unglaubliche Hingabe, und ich kann nur Hochachtung empfinden für jene, die ihr Bestes getan haben, um eine unbewußte menschliche Familie, die genetisch noch mehr beeinträchtigt war als wir heute, zu informieren, zu warnen und zu orientieren.

Stellen Sie sich vor, daß Sie neben Gott gehen und – wie Enoch – von den gefallenen Engeln wissen und dann versuchen, anderen Menschen Ihre Erfahrung zu beschreiben. Was für eine Herausforderung! Und wie hätte Ezechiel seine Erfahrung anders beschreiben können als mit den Worten „Räder in Rädern"? Wie könnten wir heute für menschliche Wesen in ferner Zukunft zum Ausdruck bringen, was wir erfahren, wenn wir „Götter" unter einem extraterrestrischen Aspekt sehen? Was würden diese weiter fortgeschrittenen –

diese „galaktischeren“ – Menschen von unseren unbeholfenen Beschreibungen halten? Wir können nur hoffen, daß sie als unsere älteren Brüder und Schwestern Verständnis und Mitgefühl für uns haben. Vielleicht werden sie sogar für unsere Bereitschaft dankbar sein, zu wachsen und zu lernen und das, was wir mit unserem Herzen verstehen, mit den einfachsten Erklärungen auszudrücken.

Wir wollen Daniels Gespräche am Fluß Tigris mit Wesen, die vielleicht galaktische Menschen mit hoher technischer Kompetenz waren, in diesen Zusammenhang stellen, und die faszinierende Erfahrung des Zacharias mit dem, was er „fliegende Schriftrollen“ nannte. All die Erfahrungen der Propheten mit ihren verschiedenen Botschaften könnten entweder ihre persönlichen Traum- oder Visionserfahrungen sein, telepathische Kommunikationen, die für den ganzen Planeten bestimmt waren, oder physischer Kontakt mit lebenden außerirdischen Wesen. Könnte es in manchen Fällen sogar eine Kombination von beidem gewesen sein?

Lesen wir die *Offenbarung des Johannes* mit den Augen des Menschen des zwanzigsten Jahrhunderts, der die Idee von Raumflug, UFOs und Objekten, die vom Boden zu höheren Zielen abheben, zu akzeptieren gelernt hat. Ich will aber sogleich einschränkend sagen, daß nicht jeder an das, was wir UFOs nennen, glaubt, obwohl sich in den Gallup-Meinungsumfragen der letzten Jahrzehnte deutlich abzeichnet, daß es immer mehr Menschen tun. Eine Gallup-Umfrage von 1984 in Amerika hat ergeben, daß 80 Prozent an so etwas wie „fliegende Untertassen“ glauben.

Wir sind voller Hochachtung für die Gaben unserer biblischen Vorfahren – jener großen Männer und Frauen, die ihr Bestes getan haben, um Gott zu lieben und ihm zu vertrauen. Wir ehren sie, auch wenn ihr Wissen über mechanische Dinge äußerst begrenzt war und es ihnen sehr schwer gefallen wäre, Gott mit einem großen „G“ zu erkennen. Aber können wir sicher sein, daß wir heute fähig wären, Gott mit einem großen „G" zu erkennen? Wissen wir denn genug über den Schöpfer des Lebens, um sicher zu sein, daß wir Gott erkennen würden, sollten wir ihm je begegnen? Ist es nicht wahrscheinlicher, daß wir Kontakt zu einer Art von Vermittlern bekommen, die mental und physisch bei uns sein können?

Sogar Jesus sagte, er könnte zehntausend Engel rufen. Haben Sie sich nie gefragt, wie sie aussehen würden, wenn sie wirklich kämen? Oder wie wird Er aussehen, wenn er tatsächlich wiederkehrt, so wie er das verheißen hat? Und wen werden wir in Begleitung dieses menschenliebenden Herrn des Lichts sehen? Sind Sie nicht neugierig, wer da auftauchen wird? Können Sie sich vorstellen, wie sich unsere Historiker abrackern werden, ein solch außerordentliches Ereignis zu beschreiben – insbesondere in einer Sprache, die zukünftige Generationen leicht verstehen könnten?

Manche Leute glauben, daß der Stern von Bethlehem nicht wirklich ein Stern war, sondern ein großes UFO. Sie führen an, daß sich Sterne nicht außerhalb ihrer Bahn bewegen und dann über einer Stelle schweben können. So kann uns die unterschiedliche Interpretation der überlieferten Schriften, die dazu da sind, uns auf unserem Weg zu leiten, voneinander trennen, wenn wir darauf bestehen, recht zu haben, und versuchen, andere zu kontrollieren oder gar zu zerstören, die nicht unserer Meinung sind.

Sinn und Zweck dieses Buches ist es, Antworten auf die Grundfragen der menschlichen Existenz zu finden: Wer sind wir? Woher sind wir gekommen? Warum sind wir hier? Wohin gehen wir? Dazu müssen wir Informationen aus vielen verschiedenen Kulturen zur Kenntnis nehmen. Es ist zum Beispiel faszinierend, die frühen vedischen Schriften Indiens zu lesen mit ihrer so großen historischen Spannweite und sich nicht nur auf die westlichen Religionen und

Überlieferungen zu stützen. Die vedischen Schriften bieten eine sehr viel klarere und nachvollziehbare Erklärung für ihren Glauben an, daß es Raumschiffe gab, Kriege in den Himmeln und auf der Erde und einflußnehmende galaktische Wesen, die sehr viel weiter fortgeschritten waren als ihre irdischen Beobachter.

Die indische Sprache Sanskrit verfügt über ein sehr viel genaueres Vokabular zur Bezeichnung der verschiedenen Bewußtseinsstufen – sie kennt mindestens fünfzig Ebenen, während es in den westlichen Sprachen nur ein paar wenige Worte dafür gibt. Viele dieser Ebenen können durch Meditation erreicht werden. Die Hindus glänzen auf diesem Feld, und das Lesen ihrer vedischen Schriften gibt uns noch eine andere Wahrnehmung von Gott, den himmlischen Ebenen und den großen Ereignissen in der Vergangenheit der Erde. Wir hören da von dem großen Wesen Krishna, der eine laserartige Scheibe hatte, genannt Sudarana. In den Schriften der Hindus, insbesondere in *Vishnu Purana,* wird berichtet, daß er mit dieser Waffe, die Eigenschaften von nuklearer und Schall-Technologie zu haben schien, seine Feinde vernichten konnte.

Es gibt weitere Hinweise darauf, daß Indien eine überlegene Zivilisation war mit häufigen außerirdischen Kontakten und fliegenden Vorrichtungen, die sie Vimana nannten. In der Schrift *Vymanika Shastra* gibt es sogar Ausführungen über alte Fahrzeuge mit fürchterlichen Waffen und über Flugmaschinen, die mit Sonnenenergie angetrieben wurden.

Ein anderer alter Text, das *Samarangana Sutradhara,* beschreibt explizit die Prinzipien zum Bau eines Vimana und gibt Erklärungen, wie es im Krieg und im Frieden eingesetzt werden kann. Es wird auch berichtet, daß indische Götter und Heroen mit pilotgesteuerten Flugmaschinen kämpften, die aus einem bestimmten, hitzeabsorbierenden Metall namens Somaka bestanden und daß sie dabei eine Art visuellen Schild benutzten, den Pinjula-Spiegel, damit ihre Piloten nicht von „bösen Strahlen“ geblendet wurden. Die irdischen, die galaktischen Menschen oder beide vefügten in jenen alten Tagen über sehr hoch entwickeltes technisches Gerät – dessen bin ich mir sicher.

Es gibt auch Kommentare über eine Waffe namens Marika, die darauf hindeuten, daß es vor vier bis fünftausend Jahren in Indien eine technologisch sehr hochentwickelte Kultur gab. In sämtlichen heiligen Schriften Indiens, wie die *Mahabharata*, *Ramayana* und *Rigveda,* wird von fliegenden Schiffen verschiedenster Form und Größe gesprochen. Da findet man häufig Beschreibungen wie diese: „Es war groß, hatte mehrere Stockwerke und eigene Antriebskraft. Es flog mit einem singenden Ton durch die Luft.“ Oder es heißt, daß „Götter in diesen Maschinen vom Himmel zur Erde kamen, und deswegen Menschen in der Luft fliegen können.“ Aber die Hindus sind nicht unsere einzige Informationsquelle.

Es wäre falsch zu glauben, die Epen, Legenden und mündlich überlieferten Geschichten vieler Kulturen seien nichts als Phantasieprodukte primitiver Völker, selbst wenn ihre Religionen heute auf dem Planeten keine große Rolle spielen. Denken Sie nur an den enormen Umfang der griechischen Literatur mit den zahllosen Geschichten über Götter und Göttinnen oder an die nordischen Sagen. Was geschah dort wirklich? Wer sind diese machtvollen Wesen aus höheren Gefilden?

Viele alte Zivilisationen Mittel- und Südamerikas, wie die Mayas, beziehen sich immer wieder auf Himmelswesen, auf Besucher von außerhalb des Planeten, von denen sie tief beeinflußt wurden. Und so wie die großen Pyramiden in Ägypten gibt es auch in ganz Guatemala und Mexiko Pyramiden – sehr viel mehr als in Ägypten, aber sie werden vom Westen als unwichtig abgetan. Aufgrund ihres astronomischen Wissens, ihrer Pyramiden und Lehren (insbesondere über Zeit) übertreffen diese alten Kulturen die meisten frühen europäischen und nordamerikanischen Zivilisationen, abgesehen von den Hopis im Südwesten der Vereinigten Staaten.

Die Hopis halten bis heute daran fest, daß sie himmlische Vorfahren hatten, die zurückkehren werden – vielleicht schon sehr bald. Wenn die Eisenvögel fliegen, so heißt es in ihrer Überlieferung, dann würde sich ihre menschliche Familie von jenseits des Meeres wieder in Frieden mit ihnen vereinigen – ein Ereignis, das ein Signal für die erneute Intervention der höheren Welten in die Angelegenheiten der Erde sein wird. Dieses Ereignis erfordert eine ernsthafte Reinigung vor dem Augenblick der Intervention – eine Intervention von Prahana, die zum dem lang ersehnten Jahrtausend von Harmonie und Frieden führen wird.

In Geschichten der Mayas, Atzteken und Inkas ist ebenfalls von einer Zeit der Vorbereitung die Rede, bevor ihre Retter und Götter zurückkehren können. Namen wie Viracocha, Quetzalcoatl und Kukulkan gehen uns im Westen nicht so leicht von den Lippen wie Jesus, Maria, Abraham und Moses, aber das, was von diesen großen Wesen überliefert ist, ist wirklich ergreifend. (Ich wußte nicht das geringste von diesen Lehren, bis ich in einem Museum zufällig auf die poetischen Kommentare und Lehren stieß, die einige dieser großen geistigen Führer ihrem Volk hinterlassen haben. Ich erinnere mich noch immer, wie tief berührt ich war, als ich diese Texte las. So ging es mir auch, als ich in den Veden der Hindus Passagen fand, die den Seligpreisungen unseres geliebten Jesus entsprachen.)

Nichts davon ist meiner Meinung nach unserem christlichen Erbe in irgendeiner Weise abträglich. Ich empfinde es als tröstlich, daß die Glaubenssysteme vieler Zivilisationen und Völker Hilfe, geistige Nahrung und Hoffnung anbieten, unabhängig davon, wie schrecklich sich die Menschen zu bestimmten Zeiten und an bestimmten Orten benommen haben. Wie tief wir auch aus unserem kosmischen Erbe und Bewußtsein gefallen sein mögen, wir werden es bald wiedererlangen! Und zwar dann, wenn wir in den westlichen Ländern, in unseren neuen Kulturen, die im Vergleich zu den alten erst so kurz existieren, nicht selbstgefällig bleiben, sondern unseren Geist und unser Herz für das öffnen, was uns vorausgegangen ist. Oft findet sich auch in der Kultur von sogenannten primitiven Stämmen tiefe Weisheit.

Als Beleg dafür möchte ich das Dogon-Volk von Nordafrika anführen, das über höchst erstaunliches astronomisches Wissen verfügt, dessen Ursprung man sich nicht erklären kann. Die Dogon besaßen exakte Informationen über einen Sternenhaufen, den wir Sirius nennen, über die Rotation, die relative Position und die Beziehungen zueinander, bevor unsere Astronomen irgend etwas davon wußten. Erst in neuester Zeit sind die Informationen über Sirius A und Sirius B von der astronomischen Wissenschaft bestätigt worden. Dieses Wissen wurde von den verantwortlichen spirituellen Führern im Rahmen ihrer alten mündlichen Überlieferung sicher gehütet, und wir können nur unsere Hochachtung bekunden vor dem, was sie über den Kosmos wissen. Wie ist es möglich, daß die Schamanen eines sogenannten primitiven Stammes die planetaren Zyklen des Sirius und andere Bewegungen von Himmelskörpern aufzeichnen konnten, die unsere Astronomen noch nicht entdeckt hatten?

Wir können auch auf dem Gebiet der Heilung viel von den sogenannten primitiven Völkern lernen, die mit Pflanzen, Kräutern und Methoden arbeiten, die den Geist über die Materie setzen. Ein Beispiel für die geistige Kraft und Einfachheit von Ureinwohnern sind die autralischen Aborigines, die 60 000 Jahre lang ihr Bewußtsein und ihr in die

Natur eingebettetes Leben bewahrt haben. Während die sogenannten zivilisierten Nationen übereinander hergefallen und fürchterlichen Schrecken verbreitet haben, sind diese Menschen Mutter Erde und dem gesamten Leben treu geblieben. Kein Wunder, daß ihre letzten Überlebenden bald zu höheren spirituellen Dimensionen fortschreiten werden.

Betrachtet man die Zeugnisse verschiedenster nicht westlicher Kulturen – zum Beispiel von Urvölkern wie den Mayas und den Hopis – dann setzt sich daraus ein Bild zusammen über das Erscheinen von UFOs und ihren Einfluß auf die menschlichen Verhältnisse. Ja, es gibt spirituelle Wesen aus ätherischen oder unsichtbaren Welten, die die Menschen lehren und lieben und die in Träumen, in Visionen und manchmal in physischen Begegnungen erscheinen. Aber es gibt auch physische Kontakte mit Wesen, die wir außerirdisch nennen, und möglicherweise mit anderen Lebensformen, von denen wir sehr wenig wissen. Vielleicht werden wir durch Filme wie „Star Trek" und sonstige Programme des Raumzeitalters mit verschiedenen Lebensformen jenseits unseres Planeten bekannt gemacht?

Für uns im Westen ist es deswegen entscheidend, daß wir unsere selbstherrliche Einstellung, wir hätten alle Antworten, aufgeben und uns mit den ständig wachsenden Informationen über die Erdgeschichte auseinandersetzen, die in unseren Fachbüchern nicht enthalten sind. Nur weil die großen Wissenschaften wie Biologie, Geologie, Anthropologie und Astronomie keine Beweise dafür haben, heißt das nicht, daß es keine Geschichte gegeben hat. Jene große, zerstörerische Flut hat gewiß sehr viel Leben und materielle Hinterlassenschaften vernichtet, die uns Aufschluß hätten geben können.

Die wahre Aufgabe der Wissenschaft besteht darin, die Wahrheit, die wir brauchen, zu finden, indem sie demütig danach sucht. Notwendig ist eine intuitive Herangehensweise – die Bereitschaft, mit offenem Geist die Manifestationen von Energie in all ihren Formen zu untersuchen. Nur auf diese Weise können wir hoffen, eine Antwort auf die Frage zu finden: „Wer oder welche Art von Energie gibt uns Leben?" und können wir die energetischen Qualitäten und eventuellen Grenzen der menschlichen Spezies erforschen.

Zwar bin ich keine Wissenschaftlerin, aber ich habe großen Respekt vor denen, die sich der wissenschaftlichen Erforschung dieser Grundfragen widmen. Oft stoße ich auf Zitate und Kommentare, die meinen Geist und mein Herz berühren, wie zum Beispiel jener Ausspruch von Albert Einstein: „Ich möchte nur die Gedanken Gottes kennen. Alles andere ist eine Fußnote." Über die Energie im Menschen hat er gesagt: „Es gibt menschliche Ausstrahlungen, die uns noch unbekannt sind, denn das Wissen über den Menschen steckt noch in den Kinderschuhen."

Haben Sie eine befriedigende Antwort auf die Frage gefunden: „Wer bin ich?" Möglicherweise wissen Sie, wer Sie erschaffen hat und durch welchen Prozeß das geschehen ist. Vielleicht sind ihnen sowohl elektrische wie magnetische Feldenergien bekannt und auch diese unsichtbaren, aber wirksamen Energien, die wir feinstofflich nennen. (Jene unsichtbaren Kräfte, die den Strom der Schöpfung und Manifestation ausmachen.) Wir beginnen jedoch zu entdecken, daß eine kooperative Verbindung zwischen jenen vier physischen Kräften, die die Wissenschaft bereits identifiziert hat, und den feinstofflichen notwendig ist, um die enormen Manifestationskräfte freizusetzen, die unsere spirituellen Lehrer für menschenmöglich halten.

Was immer die geheime Brücke sein mag, wir haben sie noch nicht für den Alltagsgebrauch des normalen Menschen entdeckt. Sie ist noch immer ein Mysterium, aber ihr Wesen kann nicht immer verborgen bleiben. Neue Paradigmen warten darauf, von den Menschen entdeckt und angewandt zu werden – dessen bin ich mir sicher. Fast jede große Religion hat verheißen, daß wir auf einer mentalen Ebene die göttliche Energie benutzen können, um unsere Gedanken und die daraus folgenden Wirkungen zu beherrschen. Und viele religiöse Prophezeiungen wie Legenden, Epen, Sagen und Volksweisheit rund um die Welt versprechen uns ein aufregendes Goldenes Zeitalter – ein lichteres Morgen – trotz der Verhältnisse, die über uns gekommen sind.

Selbst wenn wir akzeptieren, daß dies tatsächlich die in so vielen Traditionen verheißene Zeit ist und wir die verlorenen Erdenkinder, die zu ihrem galaktischen Ursprung zurückkehren, so ist es doch notwendig, die fehlenden Kapitel in unseren Geschichtsbüchern zu erforschen, um das notwendige Wissen über uns selbst und andere Lebensformen in Erfahrung zu bringen und zu entdecken, warum die Dinge auf dem Planeten Erde so sind, wie sie sind. Glücklicherweise sind wir mittendrin, diese Wahrheiten herauszufinden. Ja, die entscheidenden Informationen, die wir brauchen, um den Sinn und Zweck des Erdenlebens zu begreifen, sind für jeden Menschen mit offenem Geist und offenem Herzen zugänglich. Ist es nicht wunderbar, daß wir uns auf die wichtigste Entdeckungsreise begeben haben, die ein Mensch unternehmen kann? Und daß wir es an vielen verschiedenen Orten und auf vielen verschiedenen Wegen gemeinsam tun?

Wir präsentieren das Material in diesem Buch, weil wir glauben, daß es der ganzen Menschheit dient, diese außerordentlichen, aber historisch zersplitterten Ideen und Belege zusammenzufassen. Wer wir Menschen sind und warum wir hier auf dem Planeten Erde sind, ist der rote Faden, der durch dieses Buch führt. Sie haben Ihre eigenen Wahrnehmungen und Ihre eigene innere Führung. Wir wollen Ihren

Intellekt herausfordern und fordern Sie auf, das, was Sie hier lesen, mit Ihrer Intuition und Ihrem inneren Wissen ins Gleichgewicht zu bringen. Die Resonanz des Herzens, die Sie so weit gebracht hat, wird Sie auf Ihrem Weg auch weiter leiten. Deswegen erscheint es uns wesentlich, Stoff zum Nachdenken und Neubedenken anzubieten, selbst wenn er kontrovers ist, wie das bei gechanneltem oder inspiriertem Material gewöhnlich der Fall ist.

Die Idee, daß heute lebende Menschen Information durch Channeling erhalten, ist für viele schwer zu akzeptieren. Es scheint der Glaube verbreitet zu sein, daß es Propheten, Visionäre, Eingeweihte und Wunder nur in lang vergangenen Zeiten bei ein paar wenigen auserwählten Menschen gegeben hat.

Könnte es nicht sein, daß es heute, bei einer ständig wachsenden Weltbevölkerung und einem weltweiten Kommunikationsnetz immer mehr Menschen mit diesen ungewöhnlichen Gaben gibt und daß mehr und mehr von ihnen bekannt werden?

Für mich persönlich ist es keine Frage mehr, ob es übersinnliche, visionäre oder telepathische Fähigkeiten gibt. Für mich geht es jetzt darum, welche *Qualität* die Information hat und woher sie stammt – von Engeln, großen spirituellen Wesen, Weltraumbewohnern oder unseren eigenen verstorbenen menschlichen Weggefährten. Letztlich müssen Sie selbst entscheiden, ob Channling real ist und für Sie Bedeutung hat. Dann müssen Sie sich fragen, ob das hier präsentierte Material Ihren Qualitätsansprüchen gerecht wird.

Wir können nicht viel von dem, was Sie in diesem Buch lesen werden, beweisen – jedenfalls nicht nach den Kriterien gegenwärtiger Geschichtsbücher der Erde. Aber das macht zum Teil den Wert dieses Dokuments aus. Es ist eine Herausforderung an Ihren Geist, an Ihr Herz und Ihre Seele … und wir bieten es Ihnen mit Achtung und Liebe an.

Jetzt gebe ich das Wort an Sheldon Nidle, der seine eigene Geschichte darstellen wird, um dann die galaktischen Informationen weiterzugeben, die er von seinen Quellen bekommen hat.

In dienender Liebe,
Virginia Essene

Kapitel 1

Am Anfang

Ein herrlicher Tag dämmert für den Planeten Erde und seine gesamte Zivilisation herauf. Es könnte sich durchaus um die „Endzeit“ handeln, von der in biblischen und anderen religiösen Schriften und in den Prophezeiungen alter Stammesvölker die Rede ist. Diese „Endzeit“ wird unsere Transformation in vollbewußte, galaktische menschliche Wesen mit sich bringen, und es wird zur Bildung einer wahren menschlichen galaktischen Zivilisation (auf der Erde und in diesem Sonnensystem) mit voller Mitgliedschaft in der Galaktischen Föderation kommen. Bevor wir diese erstaunlichen Begebenheiten diskutieren, die jetzt von unseren Brüdern und Schwestern im Weltraum initiiert werden, möchte ich Ihnen etwas von meiner eigenen Geschichte mitteilen – wie ich von den Wundern in Kenntnis gesetzt wurde, die sich in Kürze in dieser Welt vollziehen werden.

Mein Name ist Sheldon Nidle. Ich bin zum Repräsentanten der Galaktischen Föderation ernannt worden. Diese Position wurde mir von einem galaktischen Wesen und Berater auf dem Sirius namens Washta gegeben. Washta erklärte mir, daß die Information, die hier folgt, eine Botschaft des Konzils der aufgestiegenen Meister auf dem Sirius ist. Sie bezieht sich auf das, was meinen Mitmenschen auf der Erde in den nächsten Jahren widerfahren wird.

Der Beginn meines Kontakts mit unserer Weltraumfamilie, insbesondere den Sirianern, begann, als ich neun Jahre alt war. Meine Familie war gerade von einem gemieteten Haus in Buffalo, New York, in ein eigenes Haus in einem nahegelegenen

Vorort gezogen. Das Leben hatte sich bald normalisiert, aber nach zwei Monaten begann sich etwas sehr Merkwürdiges und anfangs Erschreckendes zu ereignen. Über dem Kopfende meines Bettes tauchten zwei bläulich-weiße Bälle auf. Diese sonderbaren Lichterscheinungen hatten etwa die Größe einer Erwachsenen-Faust und tauchten regelmäßig auf, kurz bevor ich zu Bett ging.

Zuerst machten sie mir Angst. Aber dann entschloß ich mich herauszufinden, was ihr Ursprung war, und mit den allabendlichen Erscheinungen über meinem Bett Schluß zu machen. Ich dunkelte mein Zimmer vollständig ab, so daß es mehr aussah wie ein Grab als ein Schlafzimmer. Aber je dunkler es war, um so schöner und gleichmäßiger leuchteten die zwei bläulich-weißen Bälle.

Da dieser merkwürdige Vorgang nicht abzustellen war, begann ich mir allmählich Sorgen zu machen, was da mit mir vorging. War es eine Illusion? Handelte es sich um irgendeine Art von unwirklicher Erscheinung? Selten habe ich in meinem Leben so viel Angst gehabt wie damals. Meine Fragen ließen mich nicht mehr los, und mein Erstaunen wuchs immer mehr, bis eines Abends plötzlich eine sehr schöne und liebevolle männliche Stimme in meinem Schlafzimmer zu mir sprach. Die Stimme sagte, daß die Erscheinung von einem Stern in unserer Galaxie namens Sirius B stamme und daß sie hier sei, um mit meiner Belehrung zu beginnen. Diese Unterweisungen erwiesen sich später als die Grundlage meiner gegenwärtigen Mission auf diesem Planeten und erklären einige der unglaublichen Dinge, die sich in den nächsten Jahren auf der Erde ereignen werden.

Damals in den fünziger Jahren war diese Stimme für mich jedoch höchst beunruhigend, weil ich glaubte, es sei eine Art von Halluzination. Die Stimme verstand diesen Unglauben und sagte, sie habe die Aufgabe, mich durch Licht und Liebe zu erziehen. Sie versprach, mir durch ein einfaches Experiment einen Beweis für ihre Realität zu liefern. Ich wurde aufgefordert, die Verdunkelungen von den Fenstern zu nehmen, die in meinem Zimmer fast völlige Finsternis erzeugt hatten, und hinaus in den Nachthimmel zu schauen. Ich tat es, und zu meinem Erstaunen erschienen plötzlich neun UFOs in V-Formation hoch oben in der Atmosphäre, die wie eigenartige Sterne leuchteten. Washta (dessen Stimme ich hörte) sagte mir, daß diese sternenartige Konfiguration jede Form annehmen würde, die ich mir vorstellte.

Nachdem ich die Formation dieser Raumschiffe viele Male verändert hatte, fragte ich, ob das ein einzelnes Ereignis in meinem Leben sei oder ob es regelmäßig auftreten würde. Washta sagte mir mit einer Stimme, die Liebe und Mitgefühl in mir hervorrief, daß diese Erscheinung den Zweck gehabt habe, mir zu ermöglichen, seine Gegenwart zu akzeptieren und seinen Botschaften Glauben zu schenken. Später fragte ich ihn, ob meine Schwester dieses erstaunliche Lichtschauspiel auch sehen dürfe, und Washta stimmte zu. Sie hatte Lust zu diesem Spiel, und so begannen wir beide, uns auf die Sirianer einzulassen und nachts am Himmel Luftschiffe in immer neue Formationen zu bringen.

Das führte schließlich dazu, daß wir das Mutterschiff der Sirianer besuchten, und zwar entweder indem wir unseren Körper verließen oder als eine tatsächliche physische Erfahrung im Körper. Durch diese Besuche und die verbalen Instruktionen kamen meine Schwester und ich innerhalb der nächsten Jahre zu dem Glauben, wir würden nicht von unseren Eltern erzogen, sondern von den Sirianern unter der Ägide von Washta. Diese Ereignisse führten zu einer Art surrealistischen Existenz und machten es uns beiden sehr schwer zu verstehen, was eigentlich vor sich ging. Wir waren verwirrt, aber gleichzeitig war es eine unglaublich schöne Erfahrung, voll liebevoller Fürsorge. Sie ließ uns die menschliche

Zivilisation und das menschliche Bewußtsein in einem neuen Licht sehen.

Dennoch erzeugten diese Botschaften und Erfahrungen einen erheblichen Konflikt in mir. Die Sirianer gaben uns Einblick in eine fortgeschrittene Wissenschaft, die fast magisch zu sein schien, und sie erläuterten Konzepte über den Aufbau der Galaxie, die die irdische Kosmologie und die Theorien über das Universum als vollkommen irrig erscheinen ließen. Je mehr ich von ihrer Wissenschaft erfuhr, um so stärker empfand ich den Konflikt zwischen ihrem Wissen und der Naturwissenschaft und der damit verbundenen Kosmologie auf der Erde. Dieser Konflikt entstand, weil ich über viele Jahre während der Sommerferien an naturwissenschaftlichen Leistungskursen teilnahm, die in der Nach-Sputnik-Ära (1958 – 1961) ins Leben gerufen worden waren, und durch mein eigenes unersättliches Lesen in allen Zweigen der Naturwissenschaften. (Mit sieben Jahren las ich bereits physikalische und anthropologische Texte auf Universitätsniveau.)

Allmählich entwickelte sich in mir eine unüberbrückbare Spaltung zwischen der Wissenschaft der Erde und der Wissenschaft der Sterne. Als sich Möglichkeiten für eine Wissenschaftskarriere abzuzeichnen begannen, konnte ich der lange gefürchteten Entscheidung nicht mehr ausweichen und traf sie zu Beginn der Junior High School: Es war an der Zeit, mich von den Sirianern zu trennen. Obwohl ihre Wissenschaft höchst erstaunlich war, konnte ich sie mit der irdischen Wissenschaft, auf die ich mich eingelassen hatte, nicht mehr vereinbaren. Ich forderte sie deswegen auf, mich zu verlassen. Sie taten es, kündigten mir aber an, daß sie zur rechten Zeit und am rechten Ort in mein Leben zurückkehren würden.

Ich begann dann, meine wissenschaftlichen Interessen weiter zu verfolgen und an fortgeschrittenen Kursen zur Infinitesimalrechnung, Physik und Chemie teilzunehmen. Dieser Weg führte jedoch nicht weiter, als ich ins Freshman-Jahr im

College kam, weil ich mit dem Vizedirektor der Physikabteilung in einen tiefen persönlichen Konflikt kam. Wir waren unterschiedlicher Auffassung hinsichtlich der Formulierung der mechanischen Theoreme von Isaac Newton und deren Anwendung in der modernen Kosmologie und der subatomaren Physik. Dieser Streit zwang mich, mein Hauptfach von Physik zu Politischer Wissenschaft zu wechseln mit den Nebenfächern Anthropologie, Soziologie und verschiedenen anderen Forschungszweigen. Während meines Senior-Jahres spezialisierte ich mich auf südostasiatische Geschichte, wozu Nationen wie Malaysia, die Philippinen und Indonesien gehören.

Nachdem ich 1970 mein MA-Examen gemacht hatte, verließ ich die Universität auf der Suche nach Arbeit. Aber die schwierige wirtschaftliche Lage und die Tatsache, daß ich nur an Jobs herankam, die nicht weiterführten, brachten mich zu der Entscheidung, weiter zu studieren, mit dem Ziel, in südostasiatischer Geschichte zu promovieren. 1973 kehrte ich an die Universität zurück, zuerst in Illinois, dann an die Universität von Südkalifornien, wo ich zunächst noch ein zweites MA-Examen in Politischer Wissenschaft machte, mit Spezialisierung auf internationale Verwaltung und amerikanisches Regierungssystem. Ende 1975 hätte ich nur noch meine Doktorarbeit zu Ende schreiben müssen, um meinen Doktortitel zu bekommen, aber ich tat es nicht, weil ich ein Fernsehprojekt verfolgte, nämlich einen Dokumentarfilm, vielleicht sogar einen Spielfilm, über das Leben und die Entdeckungen von Nikola Tesla. Tesla war das Genie, das die elektrische Technologie erfunden hat, die gegenwärtig die Welt beherrscht.

Nikola Tesla war schon seit meiner Schulzeit mein Idol. Für mich war und ist er einer der großen, in der Öffentlichkeit kaum bekannten Helden der modernen Wissenschaft, der Vater der modernen Elektrizität und all der unglaublichen Erfindungen, die die Technologie des zwanzigsten

Jahrhunderts bestimmen. Ich ergriff deswegen sofort die Gelegenheit, mich wieder mit Tesla zu beschäftigen, mit der Aussicht, einen Fernsehfilm zu produzieren, der die vielen Geschenke, die Tesla der Menschheit gemacht hatte, in der Öffentlichkeit darstellen würde.

In diesem Zusammenhang befaßte ich mich eingehend mit einigen der ungewöhnlichen Erfindungen von Tesla, zum Beispiel der drahtlosen Energietechnologie. Diese Forschung gab mir Einblick in die Art und Weise, wie Teslas Theorien von der Sowietunion und den Vereinigten Staaten benutzt wurden, um einen Wetterkrieg zu führen, der Mitte der siebziger Jahre begann und bis heute andauert. Meine Beschäftigung mit Tesla führte auch dazu, daß ich zusammen mit einigen neu gewonnenen Freunden verschiedene Null-Energie-Geräte entwickelte.

Während ich mit diversen Projekten alternativer Technologie beschäftigt war, dämmerte mir allmählich, daß dies zwar nützliche technologische Entwicklungen waren, daß man sie aber nicht zur Anwendung würde kommen lassen. Zu dieser Auffassung kam ich durch meine Begegnungen mit den Managern verschiedener Energiegesellschaften und meinen Beobachtungen, wie in Europa Firmen kaputt gemacht wurden, die in diese Richtung arbeiteten.

Obwohl diese Geräte kein kommerzieller Erfolg werden konnten, gaben sie mir doch Einsicht in die Struktur unserer Gesellschaft. Ich begann mich zu fragen, was ich mit meinem Leben anfangen wollte, was meine wirkliche Aufgabe war. Gleichzeitig beschäftigte ich mich mit Informationen über den Einfluß von Außerirdischen auf die Welt, wie sie uns heute umgibt.

Als der Komet Wilson, der Begleiter des Kometen Halley, in den Zeitungen erwähnt wurde, fragte ich mich, ob gewisse eigenartige Voraussagen, von denen ich 1985 zu träumen begonnen hatte, irgendeine Beziehung zu diesem Kometen hätten. Im Zusammenhang mit meinen Null-Energie-Projekten hatte ich einige Freunde gewonnen, die auch an Randtheorien der Wissenschaft interessiert waren und ein starkes Interesse hatten, die wahre Natur des Kometen Wilson zu ergründen. Wir bauten ein Netzwerk auf und entdeckten, daß sich hinter dem Kometen Wilson ein Raumschiff verbarg, das sich der Erde näherte. Wir fragten uns, was diese Tatsache zu bedeuten habe – nicht nur für uns, sondern für den ganzen Planeten.

Bei der Beschäftigung mit dem Kometen Wilson stieß ich auf viele Forscher, die mir von den Sirianern erzählten und ihrer Beziehung zu den Cetaceae, den Walen und Delphinen. Sie sprachen auch über eine mögliche Beziehung zwischen den Urvölkern auf diesem Planeten und den Cetaceae, den Meeressäugetieren, wie es in alten Mythen und Stammestraditionen überliefert ist. Ich erwog, ob eine solche Beziehung wirklich bestehen könnte. Dann erfuhr ich von einem Forscher, der die Verbindung des Planeten Erde zum Sirius untersuchte, daß es 1987 zu einem erneuten Wechsel in der Polarität unseres Planeten kommen würde. Dies würde von den Sirianern ausgehen, damit die Erde sicher in den Photonen-Lichtgürtel eintreten könne, der sich unserem Sonnensystem nähere. Was hatten all diese Informationen für mich und insbesondere unsere Zivilisation auf dem Planeten Erde zu bedeuten?

Im Jahre 1988 hörte ich wieder die Stimme von Washta. Er sagte, es wäre nun die Zeit gekommen, um wieder aktiv mit mir in Kontakt zu treten, und daß das, was sie in meiner Kindheit gesagt hätten, sich nun tatsächlich ereignen würde. Der erste Teil meiner Lektionen bestand darin, mich über die Beziehung von Sirius zur Erde während der gesamten Erdgeschichte aufzuklären. Washta sagte, daß in der nahen Zukunft ein Augenblick käme, wo ich das anwenden könnte, was sie mir jetzt sagten. Die gegenwärtige Periode sei zur Unterrichtung und zur Vorbereitung da; dabei bekam ich von Washta faszinierende Informationen über die Galaktische Föderation und ihre Geschichte.

Er sprach über die Kriege im Weltraum und die großen Katastrophen, die für diesen Planeten vorhergesagt seien. Er versicherte mir, daß die Sirianer nicht zulassen würden, daß sich die Katastrophen ereigneten. Washta sagte mir, sie befänden sich in einem wichtigen Entscheidungsprozeß in den Gremien der Föderation. Gegenstand sei eine positive Veränderung in der Haltung zu diesem Planeten und seiner menschlichen Zivilisation. Ich begann zu begreifen, daß sie mich darauf vorbereiteten, ein Channel zu werden und ein Repräsentant der Galaktischen Föderation auf diesem Planeten. Sie wollten mich mit anderen in Verbindung bringen, die auch kurz davor standen, aktiviert zu werden. Obwohl mich diese Operation am Anfang mit einigen anderen Menschen in Kontakt brachte, befand ich mich doch überwiegend in geradezu einsiedlerischer Abgeschiedenheit.

Während der nächsten drei Jahre begann Washta den Aktivierungsprozeß, der notwendig war, um mich zu einem Channel für die Information vom Sirius zu machen. Dennoch hatte ich ein eigenartiges Gefühl bei all diesen wundersamen Dingen, die mir da mitgeteilt wurden. Waren sie real oder nicht? Ich hatte ein großes Bedürfnis nach Beweisen, daß es sich bei dem, was mir aufgetragen wurde, tatsächlich um eine wahrhaftige Mission und nicht um Phantasie handelte. Als ich Beweise erbat, forderte Washta mich auf, mich zu Beginn des Jahres 1992 in Seattle einer hypnotischen Regression zu unterziehen – das würde mir den Beweis erbringen. Er sagte, dadurch würden wichtige Ereignisse in Gang gebracht und ich würde meine Mission beginnen.

Voller Befürchtungen, was mir zustoßen könnte, kam ich bei einem heftigen Regensturm in Seattle an. Die Sorgen meiner Schwester, wohin ich mit all diesen Dingen geraten könnte, trugen zu meiner Beklommenheit noch bei.

Während der nächsten zwei Wochen unterzog ich mich einer Reihe von hypnotischen Regressionen, wie es mir Washta verordnet hatte. Diese Sitzungen gaben mir Wohlbefinden und Sicherheit. Ich wurde dann von der Frau, die die Sitzungen leitete, eingeladen, vor der Gruppe zu sprechen. Es war ein solcher Erfolg, daß ich danach mehrere Vorträge hielt. Diese ersten Vorträge waren nur der Anfang und eine vorbereitende Phase. Washta sagte mir, es müßten noch einige persönliche Probleme gelöst werden, bevor meine Mission wirklich beginnen könne. Ich verließ deswegen Seattle wieder im Mai und kehrte nach San Francisco in die Bay-Area zurück. Das nächste Jahr widmete ich der Lösung dieser persönlichen Fragen und bereitete mich auf die Mission vor, die im Spätsommer 1993 beginnen sollte.

Im Juli 1993 organisierte eine Freundin namens Aya, die ich Mitte April kennengelernt hatte, erneut für mich Vorträge über die zukünftigen Veränderungen auf diesem Planeten und die Rolle der Galaktischen Föderation in unserer Zivilisation. Zuerst sprach ich vor ihren Freunden in Santa Cruz, Kalifornien, dann in ihrem Haus in Atascadero und dann wieder in Santa Cruz. Die ersten drei Vorträge ließen mich die Bedeutung meiner Mission erkennen – nämlich die Übermittlung der Botschaft der Galaktischen Föderation für diesen Planeten. Ich kam zu dem Schluß, daß die Veränderungen auf unserem Planeten und im Sonnensystem eine wichtige Aktivität der Galaktischen Föderation waren. Meine Aufgabe war es, nach und nach sehr viele Menschen über den Kontakt zum Sirius zu informieren und dann eine gewisse Anzahl von ihnen zu aktivieren, die sich zu meinen Vorträgen oder denen meiner Gefährten hingezogen fühlten. Es ging darum, eine Informationskampagne in Gang zu setzen, so daß die Menschen eine Möglichkeit hatten, ihre Rolle bei der Erschaffung einer neuen galaktischen Zivilisation auf dem Planeten Erde zu finden.

Es war im August 1993, daß ich unerwartet anfing, Readings zu geben. Nachdem ich in Ayas Haus vor einem dicht gedrängten Publikum gesprochen hatte, informierte mich Aya, sie habe für den folgenden Tag drei Readings für mich anberaumt. Sie fragte mich, wieviel ich dafür verlange. Ich sagte: „Ich gebe keine Readings." Sie sagte: „Jetzt tust du es." Und das war der Anfang eines anderen Teils meiner Mission – in privaten Readings gechannelte Information durchzugeben; dazu gehörte die Beschreibung, von welchem Stern eine Person abstammte und welches Verhältnis sie zu der gegenwärtigen Galaktischen Föderation habe.

Bei einem meiner Vorträge begegnete ich im September 1993 Virginia Essene, und wir begannen bald über die Möglichkeit zu sprechen, all die Informationen, die mir gegeben worden waren, in einem Buch zu veröffentlichen. Zu dieser Zeit hatte ich auch begonnen, tiefer in die Bedeutung der galaktischen Zeit einzudringen in der Hoffnung, die Prozesse, die damit zusammenhingen, zu verstehen. Meine lange Assoziation mit der Galaktischen Föderation und die Umstände, die in diesem Buch dargelegt werden, haben mich zu einem tieferen Verständnis von dem geführt, was gegenwärtig auf diesem Planeten geschieht.

Ich werde – gemäß der Anweisung von Washta und dem hinzugezogenen Gremium von sechs sirianischen Beratern – das Wissen weitergeben, das ich erhalten habe, so daß Sie sich Ihr eigenes Urteil bilden können. Bitte nehmen Sie zur Kenntnis, daß das, was ich zu sagen habe, auf den Wahrheiten beruht, die mir die Sirius-Berater mitgeteilt haben, und daß diese von anderen verifiziert wurden. Ich hoffe, daß Sie die Informationen aufnehmen und von ihnen Gebrauch machen werden, um die notwendigen Vorbereitungen für die kommenden Veränderungen zu treffen. Und ich hoffe, daß Sie die Informationen an andere weitergeben.

Kapitel 2

Der Photonenring

Washta und die zwei anderen Mitglieder des Sirius-Konzils möchten jetzt über ein unerhörtes physisches wie spirituelles Ereignis sprechen, das gegenwärtig auf die Erde zukommt. (Washta ist ein galaktisches Wesen, das sich als neuer aufgestiegener sirianischer Meister in der Ausbildung befindet. Wenn er mit diesem Buchprojekt fertig ist, dann wird er in den Rang eines aufgestiegenen Meisters erhoben.) Er wird bei dieser Darlegung von Aumtron und Teletron begleitet – sirianischen Experten für Naturwissenschaft und Geschichte –, aber im ganzen Buch ist Washta der einzige Sprecher des Konzils.

„Wir sind hier, um euch die Tatsache mitzuteilen, daß euer Sonnensystem im Begriff ist, in eine weit ausgedehnte Lichtregion einzutauchen, genannt Photonenring, und zwar irgendwann zwischen März 1995 und Dezember 1996. Dieser Photonenring – eine riesige Lichtmasse – wird das Vehikel sein, um euer volles Bewußtsein wiederherzustellen und euer DNS- und Chakra-system vollständig zu transformieren. Diese unglaublichen Veränderungen werden nicht nur euch, sondern auch euren Planeten und euer Sonnensystem für immer verwandeln. Der Photonengürtel wird nämlich euer Sonnensystem in eine höhere Dimension überführen (von der dritten in die fünfte), so daß sich euer Planet innerhalb des Sonnensystems zu einer neuen Position im Raum bewegen kann, die näher am Sternensystem des Sirius liegt. Vielleicht fragt ihr euch jetzt, was ist der Photonenring? Warum habe ich noch nie etwas davon gehört? Wenn es so wichtig ist, warum befassen sich unsere Wissenschaftler dann nicht damit?

Der Photonenring ist eine unermeßlich große Lichtzone, die aus Photonen, das heißt, aus Lichtpartikeln besteht. Er wurde von euren Wissenschaftlern zum ersten Mal 1961 in der Nähe der Plejaden mit Hilfe von Satelliten entdeckt. (Siehe Abb. 1: *Konfiguration des Photonenrings.*) In diesem ganzen Buch sprechen wir in der Regel davon, daß eure Erde in den Photonenring eintritt, manchmal heißt es aber auch, der Photonenring bewege sich zur Erde hin. Tatsache ist, daß euer Sonnensystem und der Photonenring sich aufeinander zu bewegen.

Für jene von euch, die nicht wissen, was ein Photon ist, sei es erklärt: Es handelt sich um ein Lichtpartikel, das durch den Zusammenstoß von einem Antielektron (Positron) und einem Elektron entsteht. Dieser Zusammenstoß führt dazu, daß sich die zwei Teilchen gegenseitig zerstören. Die daraus resultierende Masse wird vollkommen in Energie verwandelt, die man als Photonen oder Lichtpartikel bezeichnet. Im ersten Viertel dieses Jahrhunderts stellte Paul Derac, ein englischer Physiker, die Theorie auf, daß es für jedes Teilchen ein entsprechendes Antiteilchen geben müsse. 1932 entdeckte Dr. Carl David Anderson, der 1936 den Nobelpreis bekam, das erste dieser Antiteilchen – das Positron oder positive Elektron. Bis 1950 haben eure Wissenschaftler sowohl das Antiproton wie das Antineutron entdeckt.

Die Bedeutung dieser Entdeckungen liegt nicht nur darin, daß damit die Theorien Deracs bewiesen sind. Noch wichtiger ist es, daß damit für eure Wissenschaftler auf der Erde der Weg frei ist zur Entdeckung einer neuen, nie dagewesenen Energie. Diese Energie, die aus dem Zusammenstoß eines Antiteilchens und eines Teilchens entsteht (zum Beispiel zwischen einem Antiproton und einem Proton), wird Photonenergie genannt und wird die Hauptquelle für euren gesamten Energiebedarf in der Zukunft sein. Das

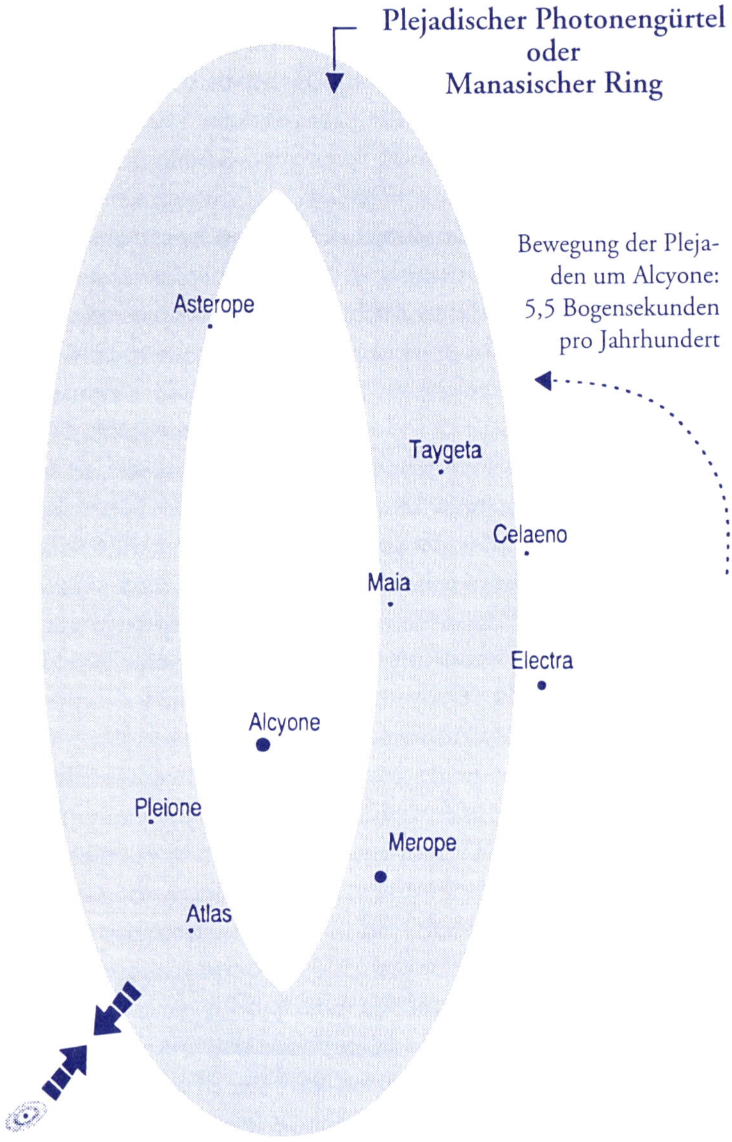

Euer Sonnensystem und der Photonenring bewegen sich aufeinander zu

Abbildung 1: Anordung des Photonenringes

kommende Energiezeitalter auf diesem Planeten kann deswegen das Photonenergiezeitalter genannt werden.

Der Photonenring wurde zum ersten Mal von dem berühmten englischen Astronomen Sir Edmund Halley entdeckt, als man zu Beginn des achtzehnten Jahrhunderts mit der Erforschung der Plejaden begann. Halley ist durch die Entdeckung des nach ihm benannten Halleyschen Kometen berühmt geworden, wodurch Newtons Gesetze der Planetenbewegungen bewiesen zu sein schienen. Halley entdeckte, daß mindestens drei Sterne der Plejaden-Gruppe nicht in derselben Position waren, wie sie im Altertum von griechischen Astronomen angegeben war. Die Differenz war bis zu Halleys Zeit so groß geworden, daß nicht mehr entschieden werden konnte, ob die Griechen oder Halley recht hatten. Halley kam zu dem Schluß, daß sich die Plejaden innerhalb eines berechenbaren Systems bewegten.

Diese Theorie wurde ein Jahrhundert später durch die genauen Beobachtungen von Friedrich Wilhelm Bessel bestätigt. Er entdeckte, daß sich alle Sterne der Plejaden mit ungefähr 5,5 Bogensekunden pro Jahrhundert bewegten. Paul Otto Hesse studierte die Plejaden ebenfalls und entdeckte im absoluten rechten Winkel (90 Grad) zu der Bewegung der Plejaden einen Photonenring in Form eines riesigen *Krapfens* mit einem Durchmesser von ungefähr 2.000 Sonnenjahren oder 1.223.381 Milliarden Kilometern. Da die Ergebnisse der Beobachtungen von Bessel und Hesse über die Plejaden korrekt sind, bedeutet das, daß eure Erde jetzt mit diesem Photonenring einen Zyklus von 24.000 bis 26.000 Jahren beendet.

Ihr müßt wissen, was es für die menschliche Zivilisation bedeutet, daß die Erde jetzt in diesen Photonenring eintauchen wird. Viele eurer Astrologen, aber auch viele eurer Naturwissenschaftler und Historiker glauben, daß die Jahrtausendwende den Anfang eines neuen Zeitalters für die

Menschheit markiert. Die Erdastrologen sagen, daß nun das Wassermannzeitalter anbreche, eine Zeit ungeheurer Veränderungen der Wissenschaft, der Technologie und des Bewußtseins. Für eure Naturwissenschaftler und Historiker ist es ein Zeitalter enormer Schwierigkeiten, mit denen eure Zivilisation aufgrund ihrer gesellschaftlichen und politischen Strukturen möglicherweise nicht fertig wird. Auf jeden Fall scheint es sich entweder um den Auftakt zu einem neuen, wunderbaren Zeitalter zu handeln oder um eure Auslöschung. Die Frage bleibt, welche Rolle der sich nähernde Photonenring in diesen Szenarios spielt.

Um diese Frage zu beantworten, wollen wir uns jetzt mit dem Photonenring selbst befassen. (Siehe Abb. 2: *Ein Querschnitt des Photonenrings.*) Der Photonenring kann in drei Abschnitte unterteilt werden. Ihr werdet durch die sogenannte Nullzone eintreten. Dieser Prozeß wird etwa fünf bis sechs Tage in Anspruch nehmen, wozu drei Tage vollständiger Finsternis gehören. Daraufhin werdet ihr in den Hauptteil des Gürtels eintreten und ständig Tageslicht haben (24 Stunden täglich). Diese Reise dauert normalerweise 2.000 Jahre und ist beendet, wenn euer Sonnensystem wieder am anderen Ende des Gürtels in einer fünf bis sechs Tageperiode durch die Nullzone austritt. (Siehe Tabelle 1: *Die menschliche Erfahrung im Photonenring.*)

In diesem Zyklus hat die höchste Schöpferkraft (Gott) jedoch bestimmt, daß euer Sonnensystem mit Hilfe einer interdimensionalen Rettungsblase aus dem Photonenring über die 5. Dimension hinausbefördert und in eine Position gebracht wird, die ungefähr drei Lichtjahre vom Sternensystem des Sirius entfernt ist. (Gegenwärtig ist Sirius ungefähr 8.3 Lichtjahre von der Erde entfernt.) Diese Blase wird um 2012 bis 2013 erreicht sein und wird nach ungefähr siebzehn Jahren (1996 – 2013) das Ende des 24-stündigen Tageslichts mit sich bringen; es wird dann wieder einen

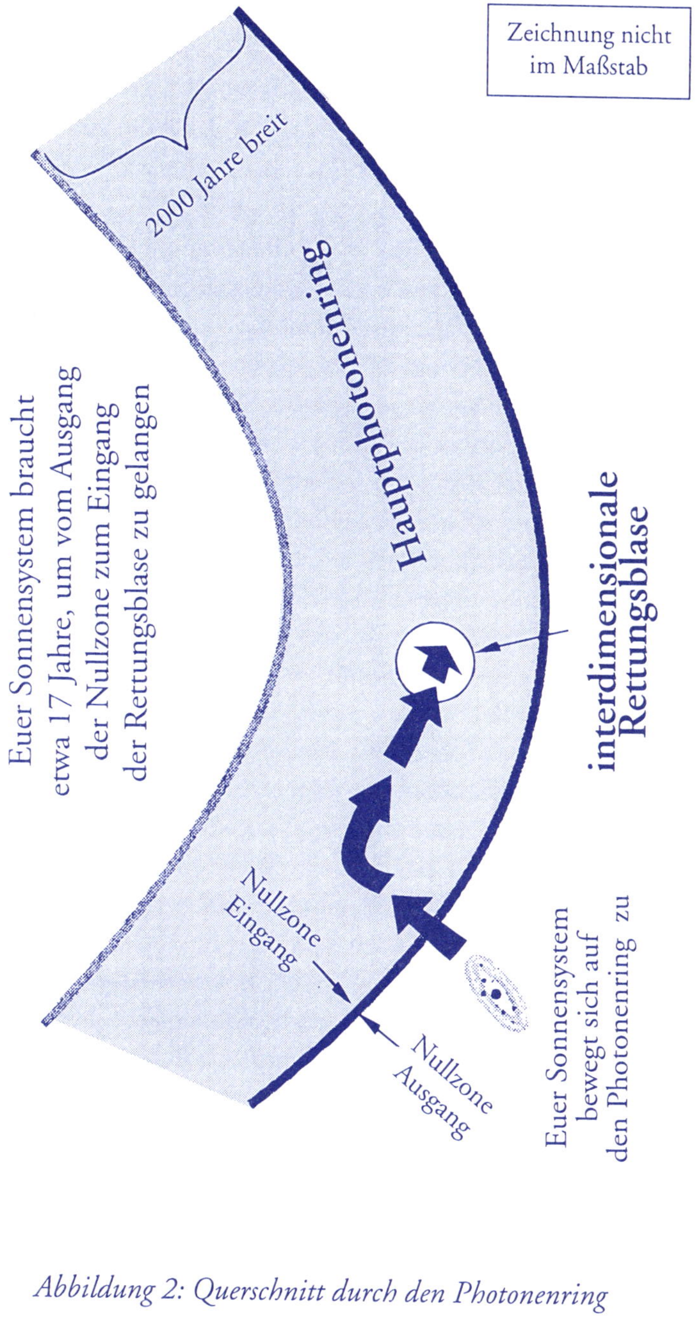

Abbildung 2: Querschnitt durch den Photonenring

1. Tag:	2. Tag:	3.–4. Tag:	5.–6. Tag:
Eintritt in die Nullzone	Atmosphäre verdichtet alle fühlen sich aufgedunsen	Atmosphäre schwach erhellt wie in der Dämmerung	Übergang zu 24 Stunden Tageslicht
Körper aller Lebewesen verändert	Sonne kühlt ab	Beginn des Photonen-effekts	Austritt aus der Nullzone, Eintritt in die Zone des Hauptphotonenringes
Elektrische Geräte funktionieren nicht mehr	Klima der Erde kühlt ab – „Eiszeit"	Geräte funktionieren mit Photonenenergie	Alle Lebewesen sind gestärkt und belebt
Absolute Dunkelheit		Sterne erscheinen wieder am Himmel	Klima der Erde erwärmt sich
			Mit Photonenstrahlen betriebene Raumschiffe können sich durchs All bewegen
			Unglaubliche übersinnliche Fähigkeiten; Telepathie, Telekinese usw.

Übersicht über den Eintritt der Erde in den Photonenring

Insgesamt 144 Std. oder 5–6 Tage

Tabelle 1: Was ihr als Menschen im Photonenring erlebt

Wechsel zwischen ungefähr zwölf Stunden Tageslicht und zwölf Stunden Nacht geben.

Wie wir gerade gesagt haben, ist dem Photonenring eine riesige Barriere vorgelagert, die sogenannte Nullzone. Es handelt sich um eine Region von unglaublicher Energiekompression. Die magnetischen Felder sind dort dermaßen dicht, daß es für ein magnetisches Feld der dritten Dimension unmöglich ist, ohne Veränderungen hindurchzugehen. Diese Tatsache bedeutet, daß das magnetische Feld der Erde und eurer Sonne in eine neue Art von interdimensionalem Magnetismus transformiert werden muß. Folglich könnt ihr eine Veränderung der elektrischen, der magnetischen und der Schwerkraft-Felder der Erde erwarten. Eine solche Veränderung ist bereits im Gange.

Während der letzten Jahrzehnte hat das magnetische Feld der Erde fast bis auf Null abgenommen. Viele Menschen auf der Erde haben daraus den Schluß gezogen, daß es gegen Ende dieses Jahrhunderts zu einem Polsprung kommen könnte. Dieses Konzil und die ihm angehörenden Naturwissenschaftler auf dem Sirius können euch versichern, daß es *nicht zu einem Polsprung kommen wird.* Diese Veränderung im magnetischen Feld der Erde ist ein Nebenprodukt des Drucks, den der Photonenring auf euer Sonnensystem ausübt.

Wenn der Photonenring voll manifestiert ist, dann wird überhaupt kein elektrisches Gerät mehr funktionieren. Das heißt, daß weder Batterien noch irgendwelche elektrischen Schaltkreise funktionieren werden, wenn die Erde im Photonenring ist. Ihr werdet eine neue Form der Energie brauchen – Photonenenergie –, um eure früheren elektrischen Geräte, die bald verändert werden, zu betreiben.

Außerdem steht zu erwarten, daß es, wenn ihr euch der Nullzone nähert, zu einer Druckerhöhung auf die Atmosphäre und Erdoberfläche kommt. Diese Entwicklung hat auch schon eingesetzt, wie man an der erhöhten seismischen Aktivität seit den sechziger Jahren bis heute ablesen kann. Das gleiche kann für die Vulkane gesagt werden. Es hat auch eine dramatische Veränderung in den planetaren Wetterverhältnissen gegeben, was wiederum den Wasserzyklus unter Druck bringt. Daher die Dürreperioden in Kalifornien, in der Sahelzone in Afrika, im Süden von Zentralindien und in Nordchile. Es sind Beispiele dafür, wie sich die Veränderung der Strahlströmung und der Meeresströmungen auswirken. Zusätzlich weist das Ozonloch, das Ende der siebziger, Anfang der achtziger Jahre aufgerissen ist, auf eine kritische Veränderung hin, die zum Teil durch den herannahenden Photonenring entstanden ist. Dieses kommende Ereignis beeinflußt euer Sonnensystem auch dadurch, daß es zu tiefgreifenden Veränderungen im Zyklus der Sonnenflecken und sogar der Durchschnittstemperatur auf der Sonnenoberfläche führt. Schauen wir uns jetzt näher an, was auf der Sonne geschieht.

1987 und 1988 haben die Sirianer die Polarität der feinstofflichen Körper der Sonne verändert, so daß der Photonenring keinerlei negative Auswirkungen auf euer Sonnensystem haben kann. Wir taten das, indem wir die feinstofflichen Körper der Sonne mit den neuen Gittern in Übereinstimmung brachten, welche die Herren der Zeit geschaffen haben (jene Überwachungsmacht Gottes, die mit der ständigen Erschaffung des physischen Universums betraut ist). Das wird der Erde einen sicheren Eintritt in den Photonenring erlauben. Zweitens veränderten die Wissenschaftler unserer Galaktischen Föderation den Sonnenflecken-Zyklus, damit sich die Sonne leichter an die neue Ausrichtung ihrer feinstofflichen Körper anpassen kann. In dem Bemühen, solare Harmonie herzustellen, produzierten sie deswegen eine andere Art Sonne. Diese neue Sonne reagierte mit einer Zunahme der solaren Aktivität und mit einer allgemeinen stellaren Abkühlung. Durch diese Eingriffe ist der unerhörte Druck auf euer Sonnensystem gelindert worden. Ohne diese Veränderung in der interdimensionalen Polarität wäre die Sonne durch die Nullzone des Photonenrings zerstört worden und die Erde wäre verdampft. Ihr dürft aber – kurz vor dem Eintritt der Erde in den Photonenring – beruhigt sein: Die Sonne wurde so verändert wurde, daß sie diesen Durchgang erfolgreich überstehen kann.

Es gab zwei Gründe, warum diese Anpassungen auf der Sonne vorgenommen wurden: Erstens ist der Photonenring ein interdimensionales Ereignis, bei dem die Sonnenaktivität in der richtigen Phase sein muß. (Die Sonne muß auf einer ziemlich niedrigen Aktivitätsebene sein, so daß sie sich leicht an die rasanten Veränderungen anpassen kann, die der Eintritt in den Photonenring mit sich bringen wird.) Zweitens muß die Erde überwacht und es müssen Verfahrensweisen etabliert werden, die die interdimensionalen Energiekörper eures Planeten dem rapiden Wandel anpassen, der vor und direkt nach dem Eintritt in die Nullzone vonstatten gehen wird. Die Eingriffe, die dazu notwendig sind, sind bereits durch die Anwendung eines interdimensionalen Hologramms vorgenommen worden.

Diese interdimensionale Lichthülle ist um eure Sonne gelegt worden, um das Sonnensystem auf dieses neue Ereignis (den Photonenring) vorzubereiten und gleichzeitig den Eintritt der Erde in den Photonenring mit Hilfe dieses Hologramms zu steuern. Das Hologramm wird später dazu benutzt werden, euer Sonnensystem in seine neue Position in der Nähe unseres Sternensystems (Sirius) zu bringen. Wir mußten also die Eintrittsfelder der Sonne anpassen, indem wir das Hologramm eures Planeten so vergrößert haben, daß es eure Sonne und das ganze Sonnensystem mit einschließt. Dadurch ist ein sicheres Eintreten sowohl in den Photonenring, als auch in die neue Position in der Galaxie gewährleistet. (Siehe Abb.3: *Sirius und euer Sonnensystem.*)

Diese Veränderungen wurden durch eine Reihe sehr wichtiger Prozesse vorgenommen, die wir erläutern wollen. Erstens wurde die Polarität der Erde geändert. Zweitens hat die Galaktische Föderation verschiedene atmosphärische

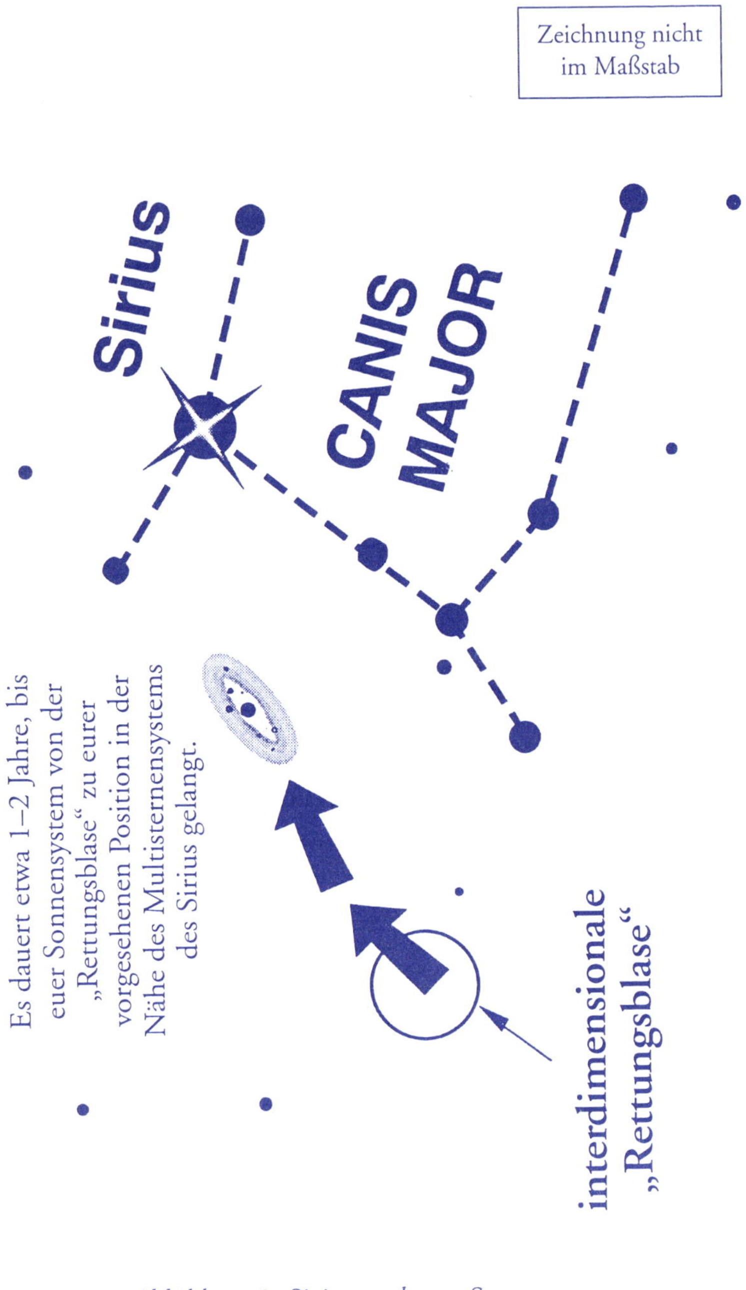

Abbildung 3: Sirius und euer Sonnensystem

Forschungsschiffe in Stellung gebracht, die zusammen mit speziell vorbereiteten Überwachungsteams ihre Aktivitäten mit den Aktionen des interdimensionalen Hologramms der Erde koordinieren. Ihre einzige Aufgabe ist, das Ozonloch zu überwachen und sicherzustellen, daß es das Leben auf dem Planeten nicht ernsthaft beeinträchtigt. Zusätzlich überwachen und korrigieren diese Schiffe mit ihren Besatzungen die großen seismischen Aktivitäten auf der Erde, die sich bei der Annäherung und dem Eintritt in die Nullzone des Photonenrings ereignen.

Ihr auf der Erde seid es, die in den Photonenring eintreten und dabei sämtliche elektromagnetischen Felder einbüßen werdet. Wie wir erklärt haben, bedeutet das, daß ihr dann keinerlei elektrische Gerätschaften mehr benutzen könnt. Deswegen müßt ihr beginnen, euch auf diese einschneidende Veränderung in eurem Leben vorzubereiten, durch die neue Schwerkrafts- und Elektrizitätsfelder etabliert werden. Was zunächst wie ein Verlust erscheint, wird in Wirklichkeit ein Gewinn sein, der dazu führen wird, daß Photonenenergiefelder auf der subatomaren Ebene verändert und zum entscheidenden Energielieferanten eures Sonnensystems werden. Da alle Atome und Moleküle verändert werden, werdet ihr Erdenmenschen in eurer Natur grundlegend verwandelt. Ihr werdet zu etwas ganz Anderem – und zwar weit Besserem – als ihr gegenwärtig seid.

Schauen wir uns also das gesamte Szenario der Photonenringerfahrung an, um eine Vorstellung zu bekommen, was geschehen wird. Wie gesagt, wird es wahrscheinlich zwischen März 1995 und Dezember 1996 geschehen. Euer Planet wird in ein großes Feld der Finsternis eintauchen, wenn sich euer Sonnensystem der Nullzone nähert und in sie eintritt. Nach einer Phase von Zwielicht wird plötzlich vollkommene Finsternis herrschen, so als wäre der gesamte Planet in eine Kammer geworfen und die Tür hinter ihm geschlossen worden.

Die Sonne wird außer Sichtweite sein, und ihr werdet am tiefschwarzen Himmel keine Sterne erblicken. Der Tag wird sich plötzlich in Nacht verwandeln, da die Kompression des stellaren und solaren Lichts in der Nullzone die Sonne und sogar die Sterne auslöschen wird. (Siehe Tabelle 1: *Die menschliche Erfahrung im Photonenring.)*

Die vollständige Finsternis wird für euch das Zeichen sein, daß ihr in die Nullzone eingetreten seid und daß der Transformationsprozeß begonnen hat. Wenn ihr euch von dem Schock der völligen Dunkelheit etwas erholt habt, werdet ihr feststellen, daß noch etwas anderes geschehen ist. Ihr seid nicht nur im Dunkeln, sondern es funktioniert auch kein einziges elektrisches Gerät mehr. Die Pumpen hören auf zu arbeiten, und so sind bald die Wassertanks leer; das Wasser fließt nicht mehr aus den Hähnen, und die Toilettenspülung funktioniert nicht mehr. Das Licht kann nicht angeschaltet werden, und die Autos lassen sich nicht starten. Ihr befindet euch also in einer völlig neuen Welt. Trotz dieser unglaublichen Schwierigkeiten ist etwas mit eurem Körper geschehen, etwas Wunderbares.

Wenn die elektrischen und magnetischen Felder des Planeten zusammenbrechen, hat das zur Folge, daß alle Atome auf der Erde verändert werden. Die Atome in eurem Körper werden modifiziert, so daß sich ein neuer Körper bildet – ein halbätherischer Körper – und der Schleier des Bewußtseins wird entfernt. Ihr werdet nicht mehr in der begrenzten dreidimensionalen Realität leben. Ihr werdet Menschen sein, die in der Wirklichkeit des galaktischen Lichtes leben. Ihr werdet jetzt über physische und geistige Gaben verfügen, die euch nie hätten verlorengehen sollen, seit ihr Menschen die Lyra-Konstellation verlassen habt, um euer Wissen in der ganzen Galaxie zu verbreiten und eure Schutzfunktion auszuüben. Ihr werdet in den Prozeß der „Heimkehr" in die fünfte Dimension eingetreten sein.

Wenn sich am zweiten Tag die Atmosphäre verdichtet, dann werdet ihr den Druck der Nullzone auf das Schwerkraftfeld der Erde spüren und euch aufgebläht fühlen. Das wird aber nur etwa zwei Tage dauern.

Die große Gefahr bei dieser Verdichtung der Atmosphäre und der Materie geht von den nuklearen Stoffen aus, denn es könnte zu nuklearen Kettenreaktionen und gewaltigen, verheerenden radioaktiven Explosionen von spaltbarem Material kommen. Diese Verdichtung nuklearer Energie könnte zusätzlich zu den Explosionen rund um den Erdball riesige Feuerstürme auslösen. Um solche Gefahren zu vermeiden, hat die Galaktische Föderation eine spezielle Landung von technischen Schiffen und Personal genehmigt.

Die nächste Veränderung, die ihr fühlen werdet, ist die Kälte, die durch die völlige Abwesenheit der Sonne entsteht. (Dieser Temperatursturz wird an die Eiszeit erinnern.) Es kommt dazu, weil die Sonne in ihrer interdimensionalen Polarität verändert wird, so daß die Sonnenhitze nicht auf die Erdoberfläche gelangt.

Am dritten Tag werdet ihr eine Art Leuchten am Horizont entdecken, ähnlich wie Morgendämmerung. Das ist der Beginn des „Photoneffekts". Dieser Photoneffekt ist sehr wichtig, weil er euch eine neue Energiequelle eröffnet. Er markiert das Ende eurer Abhängigkeit von fossilen Brennstoffen. Damit werdet ihr auch in die Lage versetzt, den Weltraum zu bereisen, denn die Photontechnologie liefert die Antriebsenergie für alle Raumschiffe, die von der Galaktischen Föderation betrieben werden. Am dritten und vierten Tag werdet ihr zum ersten Mal mit der Photonenergie bekannt gemacht, auch wenn sie noch recht schwach ist.

Mit Beginn des fünften Tages wird sich das Klima wieder erwärmen und helles Licht wird zurückkehren. Der Photoneffekt, der am Ende des dritten Tages einsetzte, wird jetzt seine volle Wirkung entfalten. Ihr werdet jetzt Geräte benutzen können, die mit Photonstrahlen arbeiten. Jedes Lebewesen wird von den Photonen belebt und gestärkt, die jetzt vom Hauptteil des Photonenrings hereinströmen. Ihr seid nun mit einem neuen Körper in ein neues Zeitalter eingetreten. Jetzt seid ihr bereit für die nächste Phase, in der euch durch den Photoneffekt neue geistige Fähigkeiten zuwachsen. Diese Photonenergien werden nicht nur euren Körper mit einer maximalen Energieeffizienz ausstatten, sondern sie werden auch eure Privathäuser und Industrien mit neuer Energie versorgen. Ihr befindet euch im Photonzeitalter! Reisen im Weltraum werden jetzt ganz einfach sein.

Seid ihr erst einmal in den Hauptteil des Photonenrings eingetaucht, dann lebt ihr im voll verwirklichten Raumzeitalter. Mit der neuen Photonstrahlenenergie werden euch die Sterne und andere Planeten so nahe rücken, daß ihr sie so leicht besuchen können werdet wie einen anderen Stadtteil. Den Sirius oder einen anderen nahegelegenen Stern zu besuchen wird kein größerer Aufwand sein wie heute eine Reise von Kalifornien nach New York. Hinzu kommt, daß jetzt jene, die ihr so lange Außerirdische genannt habt, in eurer Mitte sein werden. Es sind in der Tat eure älteren Brüder und Schwestern, eure Berater und Führer in dieser Übergangsperiode.

Die Rückkehr der Raumfamilie bezeichnet eine wichtige Veränderung in der Beziehung der Erde zum Universum. Die Herren der Zeit, die den Eintritt in den Gürtel überwachen, werden auf eurem Planeten eine Veränderung des Bewußtseins und der physischen Beziehungen in eine höhere Dimension bewirken.

Die Verlagerung von einer überwiegend dreidimensionalen Welt in eine fünfdimensionale ist ein enormes Geschenk, denn ihr werdet der Kontrolle der Plejaden entzogen und dem Einfluß des Sirius unterstellt. Diese fünfdimensionale Realität bedeutet, daß ihr dem Sirius näher sein werdet und damit die Kultur der Lyra und des Sirius übernehmen könnt.

Sie bedeutet auch, daß ihr wieder dem Schutz des Sirius untersteht, wie es in der Zeit von Lemurien vor 25.000 Jahren der Fall war. (Siehe Abb. 4: *Das Sternensystem des Sirius.*)

Ihr werdet von der Galaktischen Föderation über die wahre Geschichte der Erde aufgeklärt, und in diesem Zusammenhang werdet ihr auch lernen, wie ihr diese neue Beziehung zum Weltraum nutzen könnt, zu der ihr durch die fünfte Dimension Zugang habt. Eure Gesellschaft nähert sich also einem unbeschreiblichen Goldenen Zeitalter, das verschiedene Religionen auf der Erde in den vergangenen zweitausend Jahren prophezeit haben.

In diesem kommenden Goldenen Zeitalter wird jeder irdische Mensch die Möglichkeit haben, das zu werden, was seine oder ihre Bestimmung ist. Es ist eine Zeit, in der ihr die wahre Geschichte eures Planeten verstehen und eure verlorenen Bewußtseinsfähigkeiten wiederfinden werdet. Der Eintritt in den Photonenring bedeutet das Ende eurer gegenwärtigen Zivilisation, so wie ihr sie kennt. Darüber hinaus wird die Periode des begrenzten Bewußtseins und der negativen hierarchischen Machtausübung, die seit dem Ende von Atlantis zehntausend und mehr Jahre gewährt hat, zu Ende kommen. Endlich habt ihr das Ende des Fischezeitalters erreicht und geht wahrhaft wunderbaren Zeiten entgegen. (Siehe Tabelle 2: *Galaktischer Einfluß auf die Erde.*)

Sirischer Einfluß 2 Millionen v. Ch.	Plejadischer Einfluß 25 000 v. Ch.	Gemeinsamer Einfluß der Sirier und Plejader November 1992
Begann in den Kolonien von Hyperborea und Lemuria Endete mit der Zerstörung Lemurias durch Atlantis.	Begann als Atlantis Lemuria zerstörte und das plejadische Modell für die menschliche Zivilisation der Erde benutzte.	Begann als Ergebnis des Beschlusses der plejadischen Sternenliga, die Lyrisch/Sirische Kultur zu übernehmen.

Tabelle 2: Galaktische Einflüsse auf der Erde

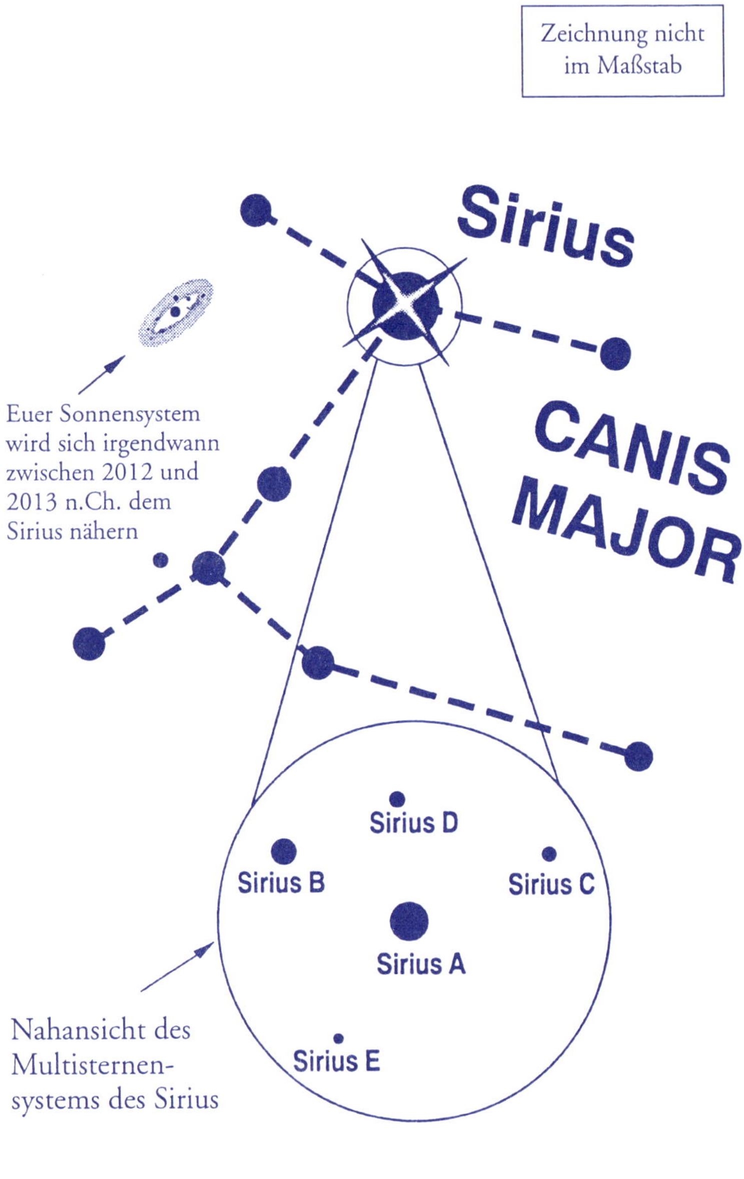

Abbildung 4: Das Sternensystem des Sirius

Das gesamte Potential eures Bewußtseins wird euch wieder zur Verfügung stehen. Diese Tatsache wird in den biblischen Offenbarungen vorhergesagt. Es ist eine Zeit, in der ihr mit allen, die je auf diesem Planeten gelebt haben, zusammen sein und sprechen könnt. Ihr werdet eins sein mit der spirituellen Hierarchie der Erde. Es ist eine Zeit, in der ihr wieder mit den Walen und Delphinen zusammenarbeiten werdet, die mit euch über diese Erde wachen, und schließlich mit dem ganzen wiederhergestellten Sonnensystem.

Ihr seid auch mitten drin, euer wahres Selbst zu entdecken, und euer wahres Selbst verfügt über viele sogenannte übersinnliche Kräfte. Fähigkeiten wie Telepathie, Telekinese, Hellsehen und Hellhören waren einmal das Erbe eines jeden Menschen. Auch werdet ihr neue Konzepte davon haben, wie ihr mitfühlend miteinander kommunizieren könnt und wie korrekte persönliche Beziehungen die Grundlage einer konstruktiven, friedlichen und fürsorglichen Regierungsform bilden. Mit diesen persönlichen und gesellschaftlichen Veränderungen wird auch eine neue Technologie und Wissenschaft, die am Wohle von Mensch und Natur ausgerichtet ist, einhergehen. Ein ganz neuer Planet, eine ganz neue galaktische Zivilisation und ein ganz neuer galaktischer Mensch stehen also im Begriff, geboren zu werden.

Der Erdenmensch, der ihr gewesen seid, ist jetzt bereit zum Sprung in eine neue Ära, die sogar besser ist als das, was ihr in Lemurien erschaffen habt. Indem ihr euch in die spirituelle Hierarchie dieses Sonnensystems einfügt und ihr dient, werdet ihr euren Seelenkern wiedergewinnen und zu wahren Beschützern allen Lebens auf dem Planeten Erde und anderer Planeten in eurem Sonnensystem werden.

Aber da ist noch ein wichtiger Punkt, den ihr auch verstehen solltet. Ihr steht kurz vor diesen großen Veränderungen und neuen Anfängen, weil unsere ersten „Kontaktlandungen“ auf der Erde bevorstehen. Die Spirituelle Hierarchie und der erste Kontakt mit den Sirianern wird euer ganzes Sonnensystem befähigen, seinen Platz in der Galaktischen Föderation einzunehmen, so daß ihr all das werdet, was wir gerade beschrieben haben – eine galaktische Zivilisation. Durch Weisheit und Liebe, die ihr hier auf der Erde praktiziert, werdet ihr euer Wissen gewiß mit anderen Sternensystemen teilen – und so geht das Teilen in der sich immer ausweitenden Macht und Gegenwart Gottes weiter. Ihr befindet euch in der Tat an der Schwelle zu einer erstaunlichen und wunderbaren Zeit.

Ihr habt jetzt bestimmt viele Fragen zu dem, was wir gerade dargelegt haben. Im nächsten Kapitel stellt Virginia Washta und seinem Sirius-Konzil zahlreiche Fragen zum Photonenring.

Kapitel 3

Der Photonenring

Fragen und Antworten

(Da die Informationen über den Photonenring von so ausschlaggebender Bedeutung sind, widmen wir jetzt ein ganzes Kapitel den Fragen und Antworten zu diesem Thema.)

Virginia: Ich grüße heute das Sirius-Konzil und würde gerne wissen, wer da ist.

Washta: Zuerst ist es Washta, der vor euch steht. Drei von uns sind da. In meiner Begleitung befinden sich mein wissenschaftlicher Kollege Aumtron und der Historiker Teletron, die gekommen sind, um diese Dinge verstehen zu helfen, die jetzt bekannt gemacht werden müssen. (Aumtron ist der Seniorpriester und Berater des Clans für Natur- und Ingenieurwissenschaft und einer der sirianischen Vertreter im Zentralsonnen-Konzil unter dem Vorsitz von Metatron. Die Endung „tron" an einem sirianischen Namen bezeichnet einen Titel wie Lord oder Lehrer.)

Virginia: Bevor ihr uns weitere Informationen gebt, hätte ich gerne eine kleine Einführung für unsere Leser. Bitte teilt uns mit, wie viele Mitglieder das Sirius-Konzil hat und welche Rolle oder Position Washta darin einnimmt. Es wäre auch hilfreich zu erfahren, warum die Wesen, die du genannt hast, gekommen sind und was ihre Aufgabe ist. Wir müssen fragen, wer du bist und warum du diese Arbeit tust, so daß unsere Leser die Verantwortlichkeit und die Kompetenz des Konzils spüren können und welche Sorge es für die Menschheit trägt.

Washta: Wir wollen damit beginnen, daß wir euch einen Überblick über das Sirius-Konzil geben. Wir sind insgesamt sechs Personen, aber nur vier von uns machen direkte Beiträge zu diesem Buch. Die beiden anderen Mitglieder haben die Aufgabe, die Energien zu lenken, mit der Spirituellen Hierarchie zu kommunizieren und zwischen dem Sirius-Sternsystem und eurem Sonnensystem zu vermitteln. Von den vier Mitgliedern des Konzils, die am Buch mitarbeiten, sind drei hier (Washta, Aumtron und Teletron), um euch jede technische Information zu geben, die für dieses Kapitel notwendig ist. In Kapitel 4 werdet ihr Sirai begegnen, unserem weiblichen Konzilsmitglied.

Wir sind aus zwei Gründen hier. Erstens, um euch von dem Projekt in Kenntnis zu setzen, das die Sirianer aus Liebe zu den Kindern unternehmen, die sie vor vielen Tausenden von Jahren in den alten Zeiten Lemuriens in eurer Welt gezeugt haben. Unser gegenwärtiges Interesse ist nur eine Fortsetzung unserer Anteilnahme an eurer spirituellen Entwicklung – in Kooperation mit den spirituellen Hierarchien eures Planeten und eures Sonnensystems –, so daß die heutigen Menschen auf der Erde wieder ihr volles Bewußtsein erlangen. Zweitens sind wir gekommen, um euch mit der Galaktischen Föderation bekannt zu machen, die geschaffen worden ist, um das Licht der Höchsten Schöpferischen Kraft in diese herrliche Galaxie zu bringen.

Wir sind also hier, um in Licht und Liebe die Geburt einer neuen Zivilisation zu überwachen und in gewisser Weise als Hebammen zu fungieren. Wir, die Mitglieder dieses Konzils, widmen uns sehr gerne dieser Aufgabe, weil wir von einem höheren Konzil damit betraut wurden, nämlich von den, wie ihr sagen würdet, aufgestiegenen Meistern, während wir von galaktischen Präsenzen sprechen.

Wir und Wesen von vielen höheren Existenzebenen haben mit verschiedenen aufgestiegenen Meistern, Engeln und Erzengeln in vielen Dimensionen dieses physischen Universums zu euren Gunsten zusammengearbeitet. Sie helfen alle, um in der gesamten Galaxie eine neue Energie von Liebe und Weisheit zu erschaffen, weil jetzt die Zeit gekommen ist, wo euer Planet wieder in die galaktische Familie zurückkehrt. Ja, ihr werdet diesen großen Sprung nach vorne in ein Zeitalter des Lichtes und der Liebe erleben und euch von dem interdimensionalen Christusbewußtsein tiefer berühren lassen. Das Christusbewußtsein entspringt dem innersten Schöpfungskern dieser Welt. Es öffnet das Bewußtsein für Liebe und Licht, damit alle Männer und Frauen auf eurem Planeten sich als Beschützer des Planeten Erde und des ganzen Sonnensystems verstehen.

Virginia: Ja, danke für diese Einführung, und wir möchten euch allen gegenüber, die ihr helfend mitwirkt, unsere Dankbarkeit aussprechen. Jetzt möchte ich das Konzil durch Washta fragen: Haben wir in der englischen Sprache irgendwelche anderen Worte, um den Photonenring zu definieren, oder handelt es sich um ein völlig neues Konzept, mit dem wir uns vertraut machen müssen?

Washta: Der Photonenring könnte auch „das große kommende Licht" genannt werden. Photon ist eine besondere Art von Energie, die ihr noch nicht entdeckt habt. Derzeit befinden sich die Energien des Photonenrings in einem Winkel, wo sie sehr schwer zu sehen sind, außer mit sehr starken astronomischen Instrumenten. Die Regierungen eures Planeten haben weitgehend verhindert, daß jene, die Zugang zu diesen Instrumenten haben, ihre Ergebnisse öffentlich bekannt machen. Diese Unterdrückung hat sehr viel Verwirrung unter denen angerichtet, die Informationen über die wahren Ursachen und das Wesen des Photonenrings erhalten haben. Da eure Instrumente Photonenenergie noch kaum identifizieren können, seht sie einfach als das große Licht, das in den Prophezeiungen vieler Völker während der letzten paar tausend Jahre erwähnt wird.

Virginia: Ist es das, was wir normalerweise als das göttliche Licht oder die göttliche Energie bezeichnen? Von welcher Ebene oder Dimension kommt es?

Washta: Es handelt sich um eine niedrigere Schwingungsebene als reines göttliches Licht; dennoch ist es eine große himmlische Energie. Ihr Zweck ist es, in verschiedenen Sternensystemen durch Dimensionsverlagerungen eine Bewußtseinsveränderung herbeizuführen. Das ist es, was hier auf der Erde wieder geschehen wird. Ihr seid im Begriff, dieses Drama wieder zu erleben, das die Erde und ihr Sonnensystem schon viele Male durchgemacht hat, denn der ganze Prozeß vollzieht sich in einem Zyklus von ungefähr 26.000 Jahren.

Die letzte Photonenringerfahrung geschah zur Zeit der Zerstörung von Lemurien, ungefähr vor 25.000 Jahren; sie war jedoch nicht die Ursache dieser Zerstörung, wie wir später erklären werden.

Virginia: Könntest du mehr über die Qualität dieser Energie sagen und ihr eine Dimensionszuordnung geben, die wir verstehen können?

Washta: Es ist eine Energie, die in der dritten und vierten Dimension der Realität operiert. Es ist eine große Lichtenergie, die sich selbst verändert und die große Öffnungen in den Zeitportalen der vierten Dimension bewirkt. Deswegen kommt es immer dann, wenn die Erde und euer Sonnensystem durch den Photonenring gehen, zu gewaltigen Veränderungen der radioaktiven Aktivität und der elektrischen und magnetischen Felder auf eurem Planeten. Manchmal hat das zu großen Katastrophen geführt; man könnte also von einem machtvollen Omen des Wandels am Himmel sprechen für eine Phase der Transformation, die euer Planet von Zeit zu Zeit durchmacht.

Virginia: In der Illustration (Siehe Abb. 1, Kapitel 2, *Konfiguration des Photonenrings*) sieht er aus wie ein großer Ring, der Energien und Teilchen enthält. Hat er immer diese gleiche Form gehabt?

Washta: Er hat sich von Zeit zu Zeit verändert, denn es ist eine interdimensionale Energie. Was hier dargestellt wird, ist ein derzeitiger Aspekt seiner Realität. Viel besser können wir ihn in einer Zeichnung nicht abbilden. Erdwissenschaftler, die den Photonenring entdeckt und im Geheimen darüber diskutiert haben, haben festgestellt, daß er enorme Mengen Gammastrahlen und andere radioaktive Teilchen abgibt. Da diese Strahlungen vom gesamten Rand des Gürtels ausgehen, sind die Wissenschaftler sehr besorgt. Wir werden euch jedoch über den ganzen Prozeß informieren, so daß ihr verstehen könnt, was vor sich geht.

Euer Planet befindet sich im Inneren einer großen Lichtblase, einem Hologramm, das 1972 von den Sirianern geschaffen wurde. Das Hologramm war eine Reaktion auf die dunklen Kräfte, die die Polarität der Sonne negativ verändert haben. Um euer Sonnensystem und euren Planeten vor den schädlichen Wirkungen der Sonne zu schützen, wurde das Hologramm erschaffen und die Polarität der Sonne umgekehrt. Das geschah zwischen 1987 und 1989 als Vorbereitung auf das Erscheinen des Photonenrings.

Es ist ein intensiver Veränderungsprozeß im Gange, weil die Herrn der Zeit und die Spirituellen Hierarchien enorme Energieverlagerungen in diesem Sonnensystem vornehmen. Deswegen wird das tatsächliche Eintrittsdatum in den Gürtel erst zwei bis sechs Monate im voraus bekannt sein. Wir werden in Massenlandungen kommen, um den gesamten Planeten vor den negativen physischen Ereignissen zu schützen und euch zu lehren, wie ihr die Photonenergie nutzen könnt. Wir bringen Hilfe und Hoffnung! Aber der

Zeitpunkt unserer Ankunft hängt von den Energiemustern und Veränderungen des menschlichen Bewußtseins auf eurem Planeten ab. Wir möchten klarstellen, daß das entscheidende Energiemuster, das den Eintrittspunkt eures Planeten und des ganzen Sonnensystems in dieses unglaubliche Photonenlicht bestimmt, sich jetzt nähert.

Virginia: Könntest du uns darüber aufklären, was es mit der Ringform (dem manasischen Ring) des Photonenrings auf sich hat?

Washta: Sie stellt eine Art Heiligenschein der Galaxie dar. Er hat die gleiche Funktion wie ein Heiligenschein über dem Kopf eines aufgestiegenen Meisters, um dessen Kronenchakra Energien fließen. Dieser Lichtring stellt sowohl symbolisch wie physisch dar, wie diese Energie auf jene wirken wird, die mit ihr in Berührung kommen. Sie wird eine große Gottesprüfung darstellen, eine große Veränderung der Realität der Menschen, ein Aufsteigen zu neuen Dimensionen, wodurch sie auf eine große Herausforderung vorbereitet werden, der sie gewachsen sein werden.

Virginia: Das ist ein wunderbares Bild! Bitte kannst du uns näher erläutern, warum der menschlichen Familie auf der Erde und dem Planeten gerade jetzt geholfen wird?

Washta. Der erste Grund ist das große Bewußtseinswachstum der Menschen. Es hat in den fünfziger Jahren begonnen und hat sich in den sechziger, siebziger und insbesondere in den späten achtziger Jahren sehr beschleunigt. Zweitens, weil die Spirituelle Hierarchie von Lady Gaia (diesen Namen geben wir der Erde und all ihren Engeln, Erzengeln und aufgestiegenen Meistern) beschlossen hat, eure Zivilisation zu retten, entgegen der Meinung des Regionalkonzils der Galaktischen Föderation auf dem Sirius. Die Cetaceae (die Wale und Delphine) und die Spirituelle Hierarchie der Erde haben in den frühen siebziger Jahren zum erstenmal darum gebeten, daß bestimmte solare

Schwierigkeiten bei diesem Zyklus der Photonenring-Erfahrung für eure Zivilisation erleichtert werden.

Wir Sirianer fühlen uns verpflichtet, der Spirituellen Hierarchie eures Planeten und des Sonnensystems zu helfen und immer das zu tun, was der große göttliche Wille von uns verlangt. Deswegen setzten wir uns bei den anderen Mitgliedern des Regionalkonzils der Galaktischen Föderation dafür ein, eure physische Welt vor der unaussprechlichen Katastrophe zu bewahren, die ohne unsere Maßnahmen durch den Photonenring ausgelöst worden wäre. Der Photonenring hätte das Katastrophenszenario geschaffen, vor dem viele eurer Hellsichtigen in den letzten anderthalb Jahrzehnten gewarnt haben. Aufgrund der Intervention der Spirituellen Hierarchie der Erde und dem Anstieg des menschlichen Bewußtseins seit den fünfziger Jahren wurde diesem neuen Szenario Priorität gegeben, und es wird jetzt in die Tat umgesetzt.

Virginia: Danke für diese Energie und diese Anstrengung. Mit anderen Worten: Wenn die Cetaceae, die Spirituelle Hierarchie und ihr Sirianer nicht das Regionalkonzil der Galaktischen Föderation auf dem Sirius umgestimmt hättet, dann wäre die Zerstörung weiter fortgeschritten?

Washta: Ja. Viele Mitglieder des Regionalkonzils der Galaktischen Föderation auf dem Sirius (denen die Jurisdiktion über euren Planeten und sein Sonnensystem obliegt) waren zuvor übereingekommen, daß es für die Menschen notwendig sei, die Photonenring-Erfahrung zu machen. Der Grund war, daß die mutierte menschliche Zivilisation auf eurem Planeten ihr Bewußtsein nicht auf die gewünschte Ebene angehoben hat – auf eine Ebene, die die Massenrettung zugelassen hätte. Aufgrund der Intervention der Spirituellen Hierarchien (einschließlich eurer großen spirituellen Führer wie Jesus Christus), der Cetaceae und von uns Sirianern, die wir uns mit allem Nachdruck bei der Galaktischen Föderation für euch eingesetzt haben –, haben die

Mitglieder des Regionalkonzils dem positiven Plan, den wir euch bringen, zugestimmt.

Virginia: Ich spreche bestimmt im Namen vieler Menschen, wenn ich euch für diese Intervention danke! Erdmenschen, die hören, daß während der fünf oder sechs Tage in der Nullzone die gesamte Elektrizität ausfallen wird, sagen, sie würden sich dann mit Lagerfeuern und Coleman-Öfen behelfen. Könntest du über den Gebrauch von Feuer und sonstigem Ersatz für elektrische Geräte sprechen?

Washta: Die üblichen Heizungen mit fossilen Brennstoffen werden noch funktionieren, aber wir fordern alle Menschen auf diesem Planeten auf, unsere Vorschläge zu akzeptieren. Bevor diese Photonenring-Erfahrung tatsächlich eintritt und dieser große Lichtring des Wandels zur Alltagswirklichkeit wird, werden wir kommen, um euch zu helfen. Es wird eine Massenlandung des sogenannten Ersten Kontaktteams geben, das die Galaktische Föderation vertritt.

Wir werden nur für einen einzigen Zweck in großen Mengen auf euren Planeten kommen. Dieser Zweck besteht darin, eurer gesamten planetaren Zivilisation beim Aufstieg in die nächste Dimension, in die galaktische Zivilisation zu helfen, also bei der Transformation in galaktische Menschen. Wir werden deswegen dafür sorgen, daß die Grundbedürfnisse von allen Bewohnern dieses Planeten erfüllt werden, der Bedarf an elektrischer Energie, an Unterkunft, Kleidung, Nahrung und so weiter. Da wir eure giftige Atmosphäre gründlich reinigen müssen, ist der Verzicht auf fossile Brennstoffe notwendig. Das bedeutet, daß offene Feuer und die Anwendung von Öl-, Kohle und Kerosinbrennstoffen so gering wie möglich gehalten werden sollte.

Virginia: Du hast über den Druck gesprochen, dem der Planet durch die kommenden Veränderungen ausgesetzt sein wird, obwohl es keinen Polsprung geben wird. Manche Leute meinen, daß dieser Druck eine tektonische Verschiebung der

Erdkruste und seismische Aktivität größten Ausmaßes bewirken werde. Ist das wahrscheinlich? Kannst du etwas dazu sagen?

Washta: Es ist klar, daß der Eintritt in den Photonenring erheblichen Streß auf euer gesamtes Sonnensystem, nicht nur auf den Planeten Erde, ausüben wird. Ihr bekommt jedoch von drei Ebenen Hilfe bei diesem Problem. Erstens von den großen spirituellen Beschützern und Engeln vieler verschiedener Dimensionen. Zweitens von denen in menschlicher Gestalt, die für die göttlichen Kräfte arbeiten. Und dann haben natürlich wir Maßnahmen getroffen, indem wir schützende Energiemuster um euren Planeten gelegt haben. Dieser gewaltige konzertierte Einsatz hält den Grad der seismischen Aktivität auf einem Minimum. Deswegen sind die verschiedenen Erdbeben auf eurem Planeten nicht so gefährlich gewesen, wie sie hätten sein können.

Auch wenn die seismische Aktivität auf eurem Planeten so niedrig wie möglich gehalten wird, kann sie doch nicht ganz unterbunden werden, denn es gibt ein natürliches Muster der Energiefreisetzung, das für die Erde normal ist. Auch haben die Menschen überirdische und unterirdische Atombombenzündungen vorgenommen, und die haben ihren Preis, nicht wahr? Einige Menschen werden trotz unserer Anstrengungen Tod und Entwurzelung erfahren, denn in den ärmeren Ländern können die Häuser und öffentlichen Gebäude nicht den kleinsten Erschütterungen standhalten. Wir bedauern, daß wir nicht jeden Lebensverlust verhindern können, denn es ist ein natürlicher Akt der Natur, aber wir versichern euch, daß wir erstaunliche Dinge tun, um eine drohende Totalkatastrophe auf eurem Planeten zu verhindern.

Virginia: Wir danken euch für eure Hilfe und eure Anteilnahme. Aber könnt ihr euch vorstellen, was die Menschen denken werden, wenn sie hören, daß die Wissenschaftler der Galaktischen Föderation fähig sein sollen, so etwas

Gewaltiges zu tun wie die Neuausrichtung der Sonne? Für die meisten von uns ist die Sonne doch das Stabilste, was es in unserem Leben gibt, jedenfalls für Milliarden von Jahren. Könntest du nur kurz beschreiben, wie etwas so Unglaubliches bewerkstelligt wurde?

Washta: Wir können Folgendes zur Erklärung sagen: Alle himmlischen Objekte oder Himmelskörper, wie sie in eurer Wissenschaft genannt werden, sind von interdimensionalen Portalen umgeben. Sie befinden sich in verschiedenen Winkeln rund um das Gestirn. Zum Beispiel die Sonne, nach der ihr fragt, ist ein sehr bedeutender Stern für die Existenz der Erde, aber sie bleibt doch ein Stern. Als Stern hat sie eine bestimmte Lebenszeit so wie jeder Mensch auf eurem Planeten. Weil die Sonne jetzt in der späten Phase ihrer mittleren Lebensperiode ist, hat sie Reife erlangt und hat diese Energieportale aufgebaut. Sie bestimmen ihre Existenz. Physische Planeten und Sterne wie eure Sonne sind nämlich etwas anderes, als ihr gegenwärtig meint. Sie sind eine andere Lebensform, lebende Organismen, über die ihr etwas erfahren werdet, wenn eure Wissenschaft ihre Bereitschaft erhöht, die Wahrheit zu erkennen.

Ihr werdet zu verstehen beginnen, daß das, was ich jetzt sage, nicht nur logisch ist, sondern einfache Wissenschaft. Folgendermaßen spielt sich der gesamte Prozeß ab: Zuerst werden die Energieportal-Punkte eines bestimmten Sterns energetisiert und untersucht. Ist der Grad des Ungleichgewichts vollständig analysiert, kann man verschiedene Gegenenergiepunkte in diesen Portalen aussondern. Wenn dann die Energieportale der Sonne aktiviert werden, dann verbreiten sich diese Energiemuster als hochfrequentes Licht blitzartig über die gesamte solare Magnetosphäre, wozu das gesamte Sonnensystem gehört mit all seinen Planeten, Asteroiden, Kometen etc. Damit ist im Grunde gesagt, was getan wurde. Wir könnten es noch detaillierter erklären, aber wir möchten unsere Erklärung einfach halten und dem Leser keine fortgeschrittene Mathematik zumuten, was jetzt auch nicht notwendig ist.

Virginia: Sagt ihr damit also, daß ihr die Fähigkeit habt, diese Portalpunkte zu verändern? Oder mußten jene, die ihr die Herren der Zeit nennt, an diesen Manövern mitwirken?

Washta: Diese Manöver, die die positive Veränderung eurer Sonne betreffen, erforderten nicht nur unsere wissenschaftlichen Eingriffe, sondern die Intervention der Spirituellen Hierarchien. Sie kontrollieren die interdimensionalen Portale oder Tore der dritten, vierten und fünften Dimension, die eure Sonne umgeben. Nachdem diese Manöver abgeschlossen waren, konnte dieser positive Veränderungsprozeß in die Endstufe eintreten.

Virginia: Danke. Gibt es irgendeine Möglichkeit, wie unsere irdischen Wissenschaftler feststellen könnten, daß es sich jetzt um eine andere Art von Sonne handelt, als sie früher astronomisch beobachten konnten?

Washta: Sie würden bemerken, daß es auf dem Stern, den sie Sonne nennen, zu gewaltigen Veränderungen in seiner Magnetosphäre, der Kronosphäre und der Aktivität der Sonnenflecken gekommen ist. Diese Phänomene sind die physische Manifestation der interdimensionalen Veränderungen, die erforderlich waren, um die Sonne und ihre großen Promenaden unter Kontrolle zu bringen und eine Katastrophe auf eurem Planeten abzuwenden. Wir sind eingeschritten, damit sich euer Planet und euer Sonnensystem allmählich dem Photonenring annähern und damit ihrer sicheren Bestimmung entgegengehen kann, wie sie von eurer Spirituellen Hierarchie empfohlen wird. Ihr sollt wissen, daß die Engel, die spirituellen Meister, die Herren der Zeit und letztlich die große Gotteskraft selbst euren Planeten durch diesen Prozeß gerettet haben.

Virginia: Mir wurde gesagt, daß 1972 die lichten und die dunklen Kräfte um die Vorherrschaft über die Sonne und ihre Planeten (insbesondere die Erde) gerungen haben und daß die Lichtkräfte unsere Wirklichkeit verändert haben, um dieses Sonnensystem zu retten. Hast du genau das gerade erklärt? In welcher Art von Realität haben wir gelebt, seit die Sonne verändert wurde und wir unter den Schutz eines Hologramms gestellt wurden?

Washta: Jene dunklen Kräfte, wie ihr sie nennt, wollten keine Transformation der Menschheit, und sie wollten auch nicht, daß wir dieses gesamte Sonnensystem ins Licht bringen. Sie versuchten auf die Sonne einzuwirken, damit sich das gesamte System so verändern würde, daß ihre Realität das zukünftige Schicksal des gesamten Sonnensystems bestimmen würde. Deswegen war unsere Intervention erforderlich. Die Spirituellen Hierarchien der Erde hatten bestimmt, daß, was auch immer auf eurem Planeten geschehen würde, innerhalb seiner eigenen schicksalhaften Bestimmung bleiben müsse und nicht von außen beeinflußt werden dürfe.

Wir vom Sirius zusammen mit der Galaktischen Föderation haben also unsere Wissenschaft und einen reinen Geist eingebracht, um dieses gesamte System zu verändern. Das Ergebnis ist, daß euer Planet sich jetzt mitten in einem Hologramm befindet, das eure Realität unverändert erscheinen läßt. Durch die Intervention der Galaktischen Föderation ist jedoch bereits eine riesige Veränderung eingetreten, auch wenn ihr das noch nicht wißt. Was jetzt mit euch geschieht, hat es noch niemals gegeben, aber es schützt euch vor psychischer Überlastung und Bedrängnis. Innerhalb des planetaren Hologramms ist euch die Möglichkeit gegeben, nach und nach den Wandel und die Veränderungen der Realität zu durchleben. Ihr werdet dadurch eure Bestimmung erfüllen und zu vollbewußten Personen einer Zivilisation werden, die innerhalb einer vollbewußten, multidimensionalen Welt existiert.

Virginia: Könntest du dich dazu äußern, ob diese dunklen Kräfte die „Grauen" von Zeta Reticuli waren, die hier beträchtliche negative Aktivität entfaltet haben?

Washta: Diese Existenzen, die du gerade erwähnt hast, wurden leider von den dunklen Kräften als Werkzeuge benutzt, um eine entsetzliche Katastrophe in eurem Sonnensystem, insbesondere auf eurem Planeten, herbeizuführen. Sie haben versucht, eine neue Art von Sonnensystem zu schaffen, das ihnen und ihrer Realität zu Dauerhaftigkeit verholfen und jede Intervention von galaktischen Menschen in euer Sonnensystem verhindert hätte. Das hätte die Realitäten eures Sonnensystems tiefgreifend verändert, weil es seine schicksalhafte Bestimmung negativ beeinflußt hätte.

Virginia: Handelt es sich bei diesen dunklen Kräften um die Reptilien und Dinosaurier? Oder meinst du eine völlig andere Energiequelle?

Washta: Diese Grauen sind nur die Instrumente dieser dunklen Energie, die durch die gegenwärtige Schöpfung seit ihrem Anfang fließt. Diese Energie wird jetzt zerstreut, wie es in der großen Prophezeiung verheißen wurde. Diese Prophezeiung sagt, daß das gesamte Leben der Schöpfung nach Zeitaltern der Dunkelheit allmählich das Licht erreichen würde, wenn die Wiedervereinigung mit den höheren Reichen möglich würde. Die Schöpfung geht also durch viele Zyklen von Licht und Dunkelheit, bis das endgültige Licht bereit ist zu erscheinen. Das ist es, was jetzt geschieht. Ihr kommt jetzt in eurem Sonnensystem in eine Periode des Lichts. Die Dunkelheit, die euch so lange in der Unbewußtheit gehalten hat, ist in eine lange Verbannung geschickt worden. Die dunkle Energie hat nur noch sehr geringen Einfluß auf euer Sonnensystem, obwohl ihre letzten Überreste auf eurem Planeten auch jetzt noch, während wir hier sprechen, groß sind.

Virginia: Normalerweise denkt man über die Sonne in den Begriffen Hitze und Licht nach. Hat es irgendeine Veränderung in der Hitze- oder Lichtstrahlung der Sonne gegeben?

Washta: Die Hitze- und Lichtstrahlung der Sonne sind verändert worden, weil Teile dieser Energie abgezogen worden sind, um dieses neue Hologramm mit Energie zu versorgen, das um euer gesamtes Sonnensystem gelegt worden ist. Dieses Hologramm wird euch schützen, wenn euer Planet in den Photonenring eintritt, deswegen sprechen wir davon, daß die Polaritätsenergien der Sonne geändert wurden. Das ist geschehen, um den großen Realitätswandel erfolgreich abzuschließen, der im Begriff ist, sich in eurer Welt zu vollziehen.

Virginia: Wir sind sehr froh zu hören, daß es Forschungsschiffe und Überwachungsteams gibt, die sich um die Ozonschicht kümmern. Kannst du uns etwas über den neuesten Stand eurer Beobachtungen der Erdsituation in dieser Hinsicht mitteilen?

Washta: In diesem Augenblick läßt sich sagen, daß in verschiedenen Bereichen der Ozonschicht enorme Verbesserungen vorgenommen wurden. Es ist uns gelungen, viele Gefahrenzonen in der nördlichen und der südlichen Hemisphäre in Ordnung zu bringen und damit eine lebensbedrohende Situation für die Menschen auf eurem Planeten abzuwenden. Wir überwachen ständig die großen Ozonlöcher in der Polarregion des Nordens und Südens und konnten im Norden wichtige Gebiete sanieren. Jetzt arbeiten wir an der südlichen Polarregion. Ihr dürft also davon ausgehen, daß sich diese Gebiete stabilisieren und durch unseren Eingriff zu ihrer ursprünglichen Form zurückkehren werden. Wir erinnern euch daran, daß der Druck, der diese Gefahr erzeugt, zwei Ursachen hat: zum einen die Chemikalien, die von der sogenannten petrochemischen Industrie auf eurem Planeten eingesetzt werden; zum anderen ist es die Energie des Photonenrings selbst. Sie wirkt nicht nur auf die Erdoberfläche durch tektonische Aktivitäten, sondern reißt auch Löcher in die höheren Schichten der Atmosphäre.

Virginia. Danke, daß du uns an unsere Verantwortung erinnerst. Was den Photonenring angeht, so habe ich persönlich kein gutes Gefühl hinsichtlich der Datierung der Ereignisse für den Planeten Erde. Zu viele Menschen haben Voraussagen von Ereignissen zu einem bestimmten Zeitpunkt gemacht, und nichts ist geschehen. Wie sollen die Leser deinen Aussagen vertrauen können, daß die Menschen zwischen Frühling 1995 und Ende 1996 die Erfahrung des Photonenrings machen werden? Was legitimiert dich zu einer solchen Aussage?

Washta: Wir teilen euch mit, was die Hüter der Zeit unserer verschiedenen speziellen Tempel (die das große Zwischenglied zwischen euch und der Galaktischen Föderation darstellen), die Herren der Zeit und die Spirituellen Hierarchien uns gegenüber ausgesagt haben. Sie weisen darauf hin, daß sich der Zusammenstoß mit diesem Lichtgürtel, diesem Lichtring des Wandels, der sich eurem Sonnensystem und eurer Welt nähert, innerhalb der genannten Jahre und Monate ereignen wird. Der exakte Zeitpunkt steht jedoch in Zusammenhang mit zwei sehr wichtigen Faktoren, auf die wir jetzt zu sprechen kommen wollen.

Erstens: Die Anhebung des Bewußtseins auf dem Planeten Erde ist ein sehr wichtiger Aspekt der gesamten Operation. Diese Bewußtseinsanhebung bestimmt den exakten Zeitpunkt unserer Landung. Wenn sich das höhere Bewußtsein bei unseren ersten Kontaktlandungen ganz natürlich einstellt, dann kann dieser enorme Prozeß schnell fortschreiten. Wir können diese erste Landung vorverlegen oder bis Ende 1996 damit warten. Falls es aber in eurer Welt ein großes Bedürfnis gibt, daß dieses Licht früher erscheint, dann wird es schon Mitte oder gegen Ende 1995 geschehen.

Es gibt noch einen zweiten Faktor, und zwar die Vorstellung, die wir, die Galaktische Föderation und die Spirituelle Hierarchie von Lady Gaia, von der Entfaltung dieses Szenarios haben. Alle mitwirkenden Partner haben gesagt, dies sei der allgemeine Zeitrahmen. Über den exakten Zeitpunkt des ersten Kontakts ist jedoch noch keine Entscheidung gefallen, auch nicht über den genauen Eintritt in den Photonenring. Es wird ein genaues Datum für den Aufstiegsprozeß geben, wenn durch die positive Energiearbeit der Spirituellen Hierarchien dieser Welt genügend Dunkelheit zerstreut worden ist. Einen exakten Termin gibt es noch nicht für dieses Mammutunternehmen, aber wir können sagen, daß es innerhalb des genannten Zeitrahmens 1995-96 geschehen wird, oder jedenfalls nicht weit davon entfernt.

Virginia: Wir wissen, daß du deinen Channel nicht in Verlegenheit bringen möchtest, was geschehen würde, wenn der genannte Zeitraum verstriche, ohne daß es zu den angekündigten Ereignissen kommt. Wir bitten dich deswegen, im Bewußtsein zu behalten, daß die Angaben, die uns gemacht wurden, genau sein müssen, und daß uns Veränderungen unbedingt mitgeteilt werden müssen.

Washta: Uns ist gesagt worden, daß dies die endgültigen Daten seien. Wie ihr jedoch wißt, bewegen sich die Zeitlinien des Universums, das ihr erlebt, nicht in völliger Finalität. Selbst wenn Übereinstimmung über den Zeitplan besteht, kann der Lichtpuls der Herren der Zeit, der aus der göttlichen Schöpferquelle stammt, verändert werden. Denn sie und nur sie wissen, wie sich letztlich dieser große Schöpfungsprozeß entfalten wird.

Virginia: Wir machen uns Gedanken, wie die Menschen, insbesondere die Kinder, sicher durch die Photonenringerfahrung geführt werden können. Auch wenn ihr angekündigt habt, daß erste Kontaktkräfte und Berater auftauchen werden, so gibt es doch keinerlei Maßnahmen unserer

Regierungen, die den Menschen erlauben würden, daran zu glauben und sich darauf vorzubereiten. Habt ihr diesbezüglich irgendwelche Vorschläge und Empfehlungen?

Washta: Wir möchten euch auffordern, daß alle Menschen, die in irgendeiner Weise mit Lichtarbeit befaßt sind, ob sie sich nun auf Engel bezieht, auf ökologische Schwierigkeiten, auf Wale und Delphine oder irgendeinen Aspekt der menschlichen Entwicklung und Bewahrung des Lebens, sich zusammenfinden und in einem Netzwerk verbinden. Indem sie die neuesten Nachrichten untereinander austauschen und sie dann nach außen weitergeben, können alle Menschen auf eurem Planeten, die Zugang zu den Lichtnetzwerken haben, vorbereitet werden. Auf diese Weise handelt ihr wie ein Prototyp.

Wir fordern euch alle, die ihr Teil dieser Lichtnetzwerke seid, außerdem dazu auf, euch auf feste Termine für eure Meditationen zu einigen. Entwickelt auf der Grundlage eures kooperativen Bewußtseins Handlungsweisen, die euch Trost und Sicherheit geben. Seid bereit, im Denken und im Tun einvernehmlich für das Wohl der Menschheit zu handeln! Denn die in ihrem Bewußtsein geeinte Gruppe von Menschen rund um den Globus muß gar nicht so zahlreich sein, um diese große Energie des Wandels und des Bewußtseins auf dem Planeten sicher zu verankern, so daß sie jeden unterstützt, selbst jene, die noch in der Ablehnung verharren.

Virginia: Danke, das führt zu einer letzten großen Frage: Manche Leute glauben, daß karmische Voraussetzungen gegeben sein müssen, damit ein Mensch durch die Arbeit an seinem eigenen Wachstum bewußt werden kann, während andere glauben, daß durch einen Akt der Gnade, wie wir sie verstehen, allen Menschen völlige Vergebung und Liebe geschenkt wird, wodurch alles Karma und alle Negativität aufgelöst wird. Ist es möglich, daß fünf Milliarden Menschen auf der Erde einer solchen Gnade teilhaftig werden können?

Kannst du etwas Abschließendes zu diesem Thema von Karma und Gnade sagen?

Washta: Wir möchten zuerst allen Wesen, die den Planeten Erde in menschlicher Form bewohnen, sagen, daß euer Planet ein Planet der Gnade ist. Es ist ein Planet, auf dem sich alle Menschen deswegen inkarniert haben, weil es diese Möglichkeit der Gnade und Vergebung gibt. Dieses Gesetz der Liebe und des Lichts ist die Grundlage der Spirituellen Hierarchie und von allem, was in ihr und um sie herum geschaffen ist. Die Menschen auf der Erde müssen erkennen, daß sie auf die Erde gekommen sind, um diesen ganzen Planeten mit Licht und Liebe, mit der Gnade der Vergebung zu umhüllen. Mit dem Aufsteigen eurer Welt werden sie erkennen, daß die Menschen aus diesem Grund auf die Erde gekommen sind. Denn wenn das Bewußtsein auf den Planeten fällt und dann in das große Licht aufsteigt, das ihn umgibt, wird sich der Schleier des Vergessens lüften, der die Menschen davon abgehalten hat, das Licht zu sehen. Man könnte es mit dem Blinden vergleichen, der stürzt und dabei seinen Kopf verletzt. Aber zum allgemeinen Erstaunen entdeckt er, daß er durch diesen Unfall auf wunderbare Weise sein Augenlicht zurückgewonnen hat. Dieses Wunder wird euch und eurem Planeten geschehen. Ihr seid im Begriff, die Dunkelheit und Blindheit hinter euch zu lassen und ins Licht einzutreten – in eine überwältigende und unglaubliche Vision.

Virginia: Mit anderen Worten: Der vorhergehende Zustand unseres Bewußtseins zählt weder für noch gegen die Bewußtseinserhebung durch die Photonenringerfahrung?

Washta: Das ist absolut korrekt. Die Erde ist ein Planet der Gnade und sie wird zu einem Planeten werden, auf dem sich diese Gnade und Liebe wahrhaftig manifestieren wird, so daß jeder, der Teil dieser Galaxie ist, hierherkommen und die Ereignisse beobachten kann, um zu erkennen, daß sich euer Modell in der gesamten großen Galaxie ausbreiten kann.

Virginia: Als galaktische Menschen würden wir also ein Modell für andere Planeten und Sterne?

Washta: Das ist richtig. Dieser Stern – euer Planet – wurde in diesem Universum und in dieser Galaxie für den Zweck geschaffen, eines der großen Beispiele oder Modelle für das Licht zu werden. Er wird ein Orientierungspunkt für Licht, Liebe und Vergebung für die gesamte Galaxie werden. Durch euer Beispiel werden viele der unentschiedenen oder dunklen Wesen die Ausübung der göttlichen Gnade sehen, so daß auch sie in die Energie der Herren der Zeit aufsteigen können. Auch sie dürfen jenes zeitlose Reich des Lichtes betreten, das wahrhaft himmlisch ist, so wie es in vielen Prophezeiungen beschrieben ist, die es gegenwärtig in eurer menschlichen Zivilisation gibt. Darum geht es auf eurem Planeten. Das ist die große Mission eurer Welt und der Menschen auf dem Planeten. Ihr steht an der Schwelle zu dem Zeitalter, in dem sich eure Bestimmung erfüllt.

Virginia: Wir danken euch sehr für eure Bereitschaft, heute bei uns zu sein, und fragen euch alle drei, ob unsere Fragen euch noch zu weiteren Gedanken angeregt haben, die ihr uns mitteilen wollt, bevor ihr euch entfernt?

Washta: Wir möchten zum Schluß noch einen Gedanken äußern. Wir fordern alle Menschen auf eurem Planeten auf zu erkennen, daß auf eurer Erde ein neues Zeitalter des Bewußtseins im Entstehen ist. Gegenwärtig finden genetische Veränderungen in jedem Menschen auf der Erde statt, bei manchen nur ganz kleine, bei anderen sehr große, je nachdem, welche Rolle sie bei der Verwirklichung dieser großen neuen Zivilisation spielen werden. Wie nie zuvor trachtet ihr danach zu verstehen, welcher Art die Energie ist, die euch umgibt. Das ist Teil des Prozesses, durch den diese neue Bewußtseinsenergie in die menschliche Zivilisation eingeführt wird, um Wandlungen herbeizuführen, wie es sie über viele Jahrtausende niemals gegeben hat. Kooperiert bitte deswegen mit dieser neuen galaktischen Zivilisation. Wir tun nichts anderes, als diese neue Energie einzuführen, mit der Hilfe und der ganzen Liebe der Cetaceae und dem Willen der Spirituellen Hierarchie. Bitte erkennt, daß das, was geschieht, euch keine Angst machen braucht. Vielmehr ist es ein Geschenk der Liebe, des Lichtes und der Gnade, das die verlorenen Söhne der Erde zu ihrer glorreichen Bestimmung führt.

Kapitel 4

Die Wirkung des Photonenrings auf den menschlichen Körper

Das Sirius-Konzil für dieses Kapitel besteht aus Washta, Sirai und Teletron. Sirai ist eine weibliche Kontaktperson zu den Spirituellen Hierarchien und eine angesehene Biologin für außer-sirianische Lebewesen und Beraterin. Teletron ist ein sirianischer Experte für die lyranische und sirianische Kultur und ein bekannter galaktischer Historiker.

In diesem Kapitel werden wir darüber sprechen, welche Wirkung der Photonenring auf den menschlichen Körper hat und was dies für euren Planeten und eure Zivilisation bedeutet. Wie wir schon gesagt haben, wird der physische Körper sämtlicher Erdenmenschen durch die Einwirkung des Photonenrings vollständig verändert. Während sie jetzt einen groben oder dichten physischen Körper haben, werden sie dann einen halbätherischen oder weniger dichten Körper haben. Die Forscher auf dem Feld der Somatik teilen alle Körpertypen in drei Kategorien ein: 1. Grobe physische Körper (euer gegenwärtiger dreidimensionaler Körpertyp). 2. Ätherische Körper (ähnlich den Auras, Geistern oder Körpern höherer Dimensionen). 3. Rein spirituelle Körper (der sogenannte Seelenkörper).

Der erste Typ – der physische Körper – ist das, worin die meisten Erdenmenschen auf diesem Planeten gegenwärtig eingeschlossen sind. Dieser Körpertyp besteht aus Fleisch und Blut, er altert und stirbt nach einer relativ kurzen Zeitspanne von fünf, sechs, sieben, acht und, wenn es hochkommt, neun oder zehn Jahrzehnten. In der kommenden galaktischen Zivilisation wird eine Transformation des gegenwärtigen grobstofflichen Körpers in einen mehr ätherischen Körper stattfinden, den wir halbätherisch nennen. Dieser Körpertyp hat die Fähigkeiten und das Aussehen des physischen Körpers, aber er besitzt zusätzlich viele Eigenschaften eines rein ätherischen Körpers.

Diese Transformation bedeutet, daß sich euer Körper ständig erneuern kann und praktisch alterslos ist. Euer halbätherischer Körper wird sich in vieler Hinsicht wie eine Gedankenform verhalten, denn euer Geist wird den Körper so leicht verändern können wie Gedanken. Euch wird dieser Körper jedoch immer noch wie der ursprüngliche grobstoffliche Körper erscheinen, den ihr jetzt habt. Darüber hinaus wird eine weitere dramatische Transformation in diesem neuen Körper geschehen sein. Diese grundlegende Veränderung hat mit der Zusammensetzung der DNS zu tun. (Siehe Abb. 5: *Vergleich der Zusammensetzung der DNS-Moleküle.*)

Alle Erdenmenschen leben gegenwärtig in einem Körper mit nur zwei DNS-Strängen, die eine Doppelhelix bilden, während es vor dem „Fall" zwölf waren, die dem voll erwachten Bewußtsein entsprachen. Wir sorgen jedoch dafür, daß sich eure DNS-Stränge wieder von zwei auf zwölf (bzw. sechs Doppelstränge) vermehren. Diese Transformation wird die ursprüngliche Form der Zellstruktur eures Körpers wiederherstellen, so daß eure Körperzellen leicht mit dem interdimensionalen Geistkörper (Seele) interagieren können, der im halbätherischen Körper enthalten ist. (Siehe Abb. 6: *Interdimensionale Verbindungen eines sechspaarigen DNS-Moleküls.*) Diese neue Konfiguration wird die Form des Davidsterns haben; jede Zelle wird sich ohne weiteres mit ihrem topographischen Gegenpunkt in anderen Dimensionen verbinden können. Um es kurz und umkompliziert auszudrücken: Jeder dieser sechs Portalpunkte liegt an multidimensionalen Schnittpunkten mit den drei-, vier-, fünf-, sechs-, sieben- und achtdimensionalen Wirklichkeiten unseres multidimensionalen Universums. Die

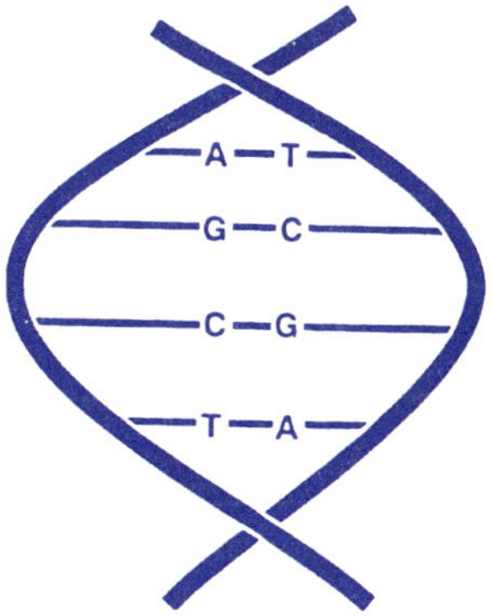

Jetziges DNS-Molekül mit einem Strangpaar

Der Doppelstrang des DNS-Moleküls besteht aus einer Reihe von Genen oder Einheiten, die *Nukleotide* genannt werden: Adenine (A), Thymine(T), Guanine(G) und Cytosine(C). A ist immer mit T gekoppelt, G immer mit C. Die Reihenfolge der Nukleotidenpaare bestimmt die Unterschiede zwischen den Arten von Lebewesen.

Die beiden DNS-Stränge tragen genetische Informationen wie z.B. Körpergröße, Augenfarbe, Struktur des Skeletts usw. In diesem Beispiel hat ein Strang A-G-C-T usw. und der andere T-C-G-A u.s.w. Das bedeutet nicht, daß es *nur* vier Gene oder Einheiten in einem Strang des DNS-Moleküls gibt. Tatsächlich enthält eine einzige menschliche Zelle etwa sechs Billionen Gene oder Einheiten. Stellen Sie sich diese Reihe wie einen sehr langen, ununterbrochenen Faden vor.

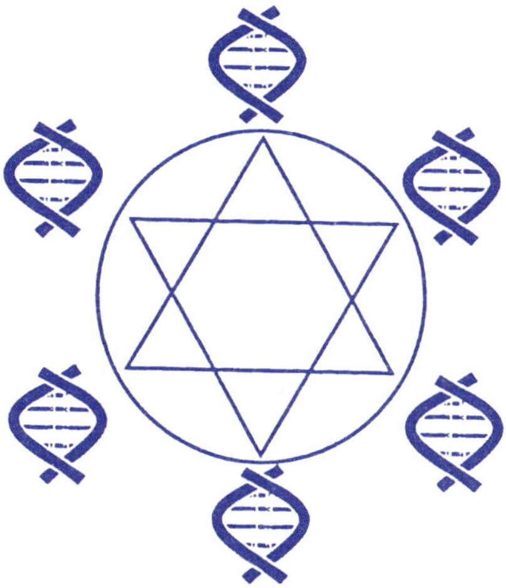

Wieder zusammengefügte sechs doppelsträngige DNS-Moleküle in ihrem interdimensionalen Muster vollen Bewußtseins.

DNS-Moleküle befinden sich an multidimensionalen Kreuzungspunkten. Die Moleküle treffen sich und kommunizieren durch Energien, die von einer Portalstellung zur nächsten weitergegeben werden.

Abb. 5: Vergleich der Zusammensetzung der DNS-Moleküle

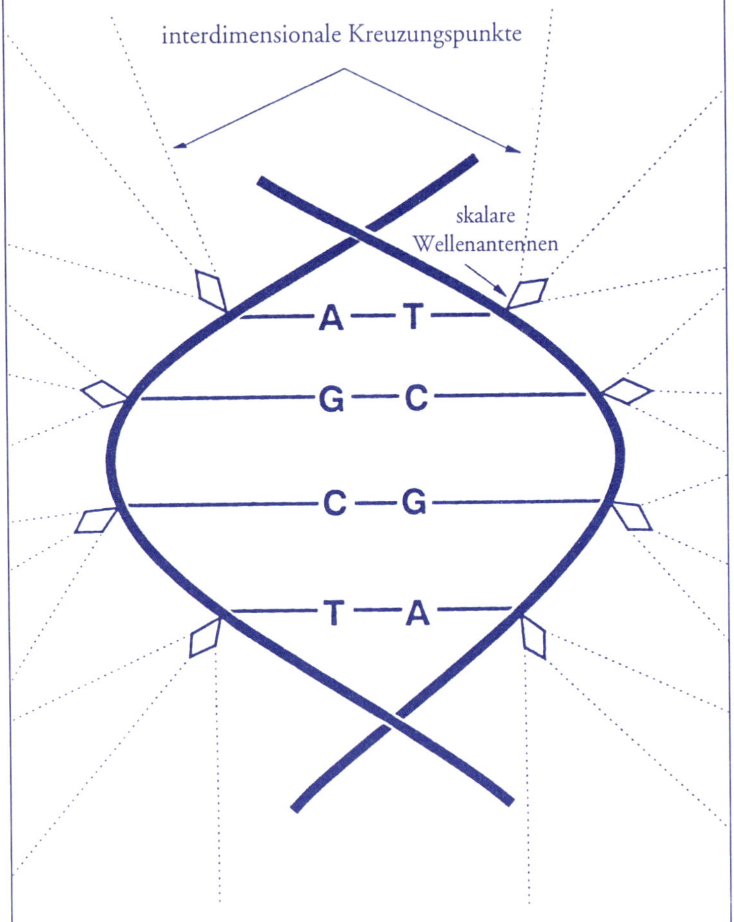

ANMERKUNG: Jede der Antennen stimmt sich auf eine spezielle Schwingungsbandbreite aus den Portalen ein. Die Richtung der Antennen wird von den eigenen Gedankenformen oder Ideen bestimmt.

Abbildung 6: Interdimensionale Verbindungen eines sechspaarigen DNS-Moleküls

Zelle wird auf diese Weise eine multidimensionale skalare Wellenantenne besitzen, die jede wichtige Botschaft der Seele aufnehmen und sofort verarbeiten kann. Skalare Wellen haben die Fähigkeit, sich in beliebiger Form in den multidimensionalen Wirklichkeiten fortzupflanzen und dabei Informationen zu übermitteln.

Euer gegenwärtiges Chakrenystem

Große Veränderungen wird es auch in eurem Chakrenystem geben. Das Hindu- oder Sanskritwort *Chakra* bedeutet Kreis. Es handelt sich um Energiewirbel, von denen es in eurem gegenwärtigen physischen Körper nur sieben gibt. (Siehe Abb. 7: *Die prismatischen Farben und das gegenwärtige Chakrenystem.*) Diese Zentren laufen im Körper wie folgt von unten nach oben:

Das **erste Chakra** heißt das Wurzelzentrum. Es ist die Basis oder die elektrische Grundlage des Körpers. Es verbindet den elektromagnetischen Raster des Körpers mit der Erde, so wie es die Erdung in einem typischen elektrischen Kreislauf tut. Dieses Zentrum liegt an der Basis des Rumpfes oder am unteren Ende der Wirbelsäule.

Das **zweite Chakra** ist das Sexzentrum. Es ist das sexuelle emotionale Zentrum (höhere Formen von Lust und Ekstase) des Körpers und befindet sich im gleichen Bereich wie die Geschlechtsorgane.

Das **dritte Chakra** ist am Solarplexus. Es ist das Zentrum für die Grundemotionen wie Haß, Ärger, Freude, Gelächter und befindet sich in dem Körperbereich, zu dem der Nabel, die Milz und die Leber gehören.

Das **vierte Chakra** ist das Herzzentrum. Das ist das Zentrum von Intuition und Liebe (höhere Emotionen) und befindet sich im Bereich des Herzens und der Lungen.

Abb. 7: Das Farbprisma und das gegenwärtige Chakrasystem

Das **fünfte Chakra** ist das Kehlzentrum. Es ist das Kommunikationszentrum und befindet sich im Bereich des Kehlkopfes.

Das **sechste Chakra** ist das sogenannte „Dritte Auge" oder das *Ajna*-Zentrum. Es befindet sich über der Nase zwischen den Augenbrauen und ist der Ort für visionäre und übersinnliche Wahrnehmungen.

Das **siebte Chakra** ist das Kronenzentrum und befindet sich am obersten Punkt des Kopfes. Es ist das Zentrum für die Verbindung zum höheren Selbst.

Die Aura oder das Energiefeld des Körpers umgibt diese sieben Zentren und zeigt an, wie effizient sie arbeiten. Von alters her sind den Chakren die sieben prismatischen Farben zugeordnet, eine Farbe für jedes Chakra. In den Farben der Aura läßt sich ablesen, wie gesund die Chakren sind und wie gut bestimmte Körperteile arbeiten.

Das neue Chakrenystem des halbätherischen Körpers

Damit das neue Chakrenystem besser verständlich wird, wollen wir zuerst erklären, wie die Chakren in dem neuen halbätherischen Körper zusammenarbeiten. Dann geben wir einen vollständigen Überblick über das neue System der dreizehn Chakren. Auf diese Weise werdet ihr das sich gegenwärtig herausbildende neue System der Körperenergiezentren (Chakren) voll erfassen können. In eurem neuen halbätherischen Körper wird es ein ganz neues Zusammenspiel der einzelnen Chakren geben.

Da sowohl das achte wie das sechste Chakra des neuen Chakrensystems lichtempfindlich sind (die Grundlage des Lebens ist Licht), werden die Lichtfrequenzen dieser Zentren miteinander in Resonanz treten und Liebesenergien erzeugen. Das führt dazu, daß auch das fünfte, das Herzchakra, mit dem achten und sechsten Chakra in Resonanz tritt. (Siehe Abb. 8: *Die Interaktion der Lebensenergien im neuen Chakrenystem.*)

Die Resonanz der achten, sechsten und fünften Chakren kommt durch eine Energie zustande, die ursprünglich durch das elfte Chakra empfangen wird und harmonische Wirkungen hat, wodurch das siebte Chakra, das Kehlchakra, zusätzlich Tonfrequenzen abgibt. Wenn diese tonalen Energien durch die Stimmbänder gehen, dann kann das einströmende Prana (die lebenserhaltende Energie von Mutter Erde) zum vierten, dem Zwerchfellchakra, fließen. Über das Zwerchfellchakra kommt das Prana in die Körperzellen und erneuert sie. Auf diese Weise entsteht ein Chakramuster, das dem Körper seine ganze Energie verfügbar macht.

Die unteren drei Chakren halten die Seelenkraft und verbinden sie durch „die Silberschnur" am Solarplexus. (Die „Silberschnur" ist das gesamte Schwingungsmuster jeder einzigartigen Seele.) Dieser Aspekt der Seelenenergien verbindet die Seele mit einer Hälfte ihrer universalen Quellen aus höheren Dimensionen, genannt der Universale Vater, und diese Verbindung reguliert die Verteilung der Seelenenergie im Körper. Der Schlüssel zu diesem Prozeß ist das Solarplexuszentrum oder das dritte Chakra. Der Solarplexus enthält die „Silberschnur" und verbindet diese auch mit dem ersten und zweiten Chakra. Über das elektrische Rastersystem, das den Körper umgibt, ist die Silberschnur auch mit dem Herzchakra, dem fünften Chakra, verbunden, das die andere Hälfte der Seelenkraft enthält, genannt die Universale Mutter. Die Universale Mutter stellt den kreativen Aspekt oder das höhere Selbst (das wahre Selbst) der Persönlichkeit dar.

Wir wollen jetzt erklären, wie all dies in dem 13-Chakrenystem funktioniert, über das ihr bald verfügen werdet. Wie wir gerade gesagt haben, habt ihr das dritte Chakra mit

Zusammenspiel der Lebensenergien im neuen Chakrasystem

Dieses Diagramm zeigt besonders das Zusammenspiel der Lebensenergien in den Chakren unterhalb des Kopfes. Die Chakren im Kopf und darüber werden in Abbildung 10 ausführlicher behandelt.

Das 8. und 6. Chakra beziehen aus dem 11. Chakra Lichtenergie, die sie in Liebesenergie umwandeln. Sie wirken wie eine Pumpe, die Liebesenergie ins 5. Chakra pumpt.

Die Energie des 5. Chakras (Seelenkomponente der Universalen Mutter) bringt Frequenzen hervor, die dem 7. Chakra helfen, Prana in den Körper zu lassen, das vom 4. Chakra reguliert wird.

Die Schwingung des 5. Chakras bewirkt, daß das 7. Chakra mitschwingt. Das erzeugt die Töne, die das Prana mit jedem Atemzug zum 4. Chakra durchdringen lassen.

Das 3. Chakra enthält die Silberschnur, die als Regulator für die Erzeugung und Bewegung der Kundalini-Energie wirkt.

Das 1. und 2. Chakra enthalten die Kundalini-Energien, d.h. die Energien der körperlichen Vitalisierung. Um den Körper zu beleben und zu kräftigen müssen Prana und Kundalini-Energien kombiniert werden.

Das Einatmen bringt Prana in den Körper, vom 7. bis zum 1. Chakra. Das Ausatmen läßt Kundalini vom 1. zum 11.Chakra fließen.

Abbildung 8: Das Zusammenspiel der Lebensenergien im neuen Chakrasystem

der „Silberschnur", die die Verbindung zur Seelenkraft darstellt. Eins der Hauptzentren des Körpers, das Energie empfängt, befindet sich im sechsten Chakra am Rücken zwischen den Schultern. Dieser Eingangspunkt nimmt die eine Hälfte der Seelenkraft auf (die Universale Mutter), die sich mit der anderen Hälfte vermischen muß. Diese andere Hälfte (der Universale Vater) tritt durch das dritte Chakra ein und steht in Wechselwirkung mit dem Pranazentrum oder dem vierten Chakra. Dieser Prozeß vollzieht sich noch immer in Erdenmenschen, obwohl das vierte Chakra seine Fähigkeit zur Umwandlung von Prana weitgehend eingebüßt hat. Diese Fähigkeit wird in den galaktischen Menschen wieder voll aktiviert werden.

Die unteren zwei Zentren sind dazu da, Kundalinienergie zu speichern, die die Zellen mit Lebenskraft versorgt. Diese beiden Chakren geben ständig Kundalinienergie ab, die dazu benutzt wird, das System zur Umwandlung von Prana, der planetaren Lebenskraftenergie, im dritten und vierten Chakra zu steuern. Das gesamte Prana bewegt sich vom elften Chakra nach unten zum dritten Chakra. Es begegnet dort der Kundalinienergie, die vom ersten Chakra aufsteigt. Die Energien verbinden sich und steigen zum elften oder Kronenchakra auf. Schließlich bewegt sich die Energie nach oben durch die universalen Zentren der zwölften und dreizehnten Chakren – das Weibliche und das Männliche auf der galaktischen Ebene. So bewahrt der Körper seine Männlichkeit (rechte Seite) und seine Weiblichkeit (linke Seite).

Das Nerven-, Kreislauf- und Bewußtseinssystem spiegeln diese männlich/weibliche Dichotomie und benutzen diese Energien. Indem du die Reaktionen beobachtest, beginnst du zu verstehen, wie diese verschiedenen Lebensenergien im Körper des galaktischen Menschen zusammenwirken und wie die Chakren funktionieren, um den Körper zu einem Vehikel für Licht, Liebe und volles Bewußtsein zu machen.

Eure Chakren werden also von den sieben Zentren, die ihr jetzt habt, auf elf erweitert. Diese zusätzlichen vier Zentren werden sich mit zwei interdimensionalen oder ätherischen Zentren an der Spitze des Aurafeldes verbinden, die das galaktische männliche Zentrum und das galaktische weibliche Zentrum genannt werden. Ihr werdet also insgesamt dreizehn Chakren haben. Zwei davon werden rein ätherisch sein und elf werden zu eurem physischen Körper gehören.

Wir wollen jetzt die dreizehn Chakren noch einmal im einzelnen beschreiben. (Siehe Abb. 9: *Das neue Chakrensystem.*)

Das **erste Chakra** wird sich an derselben Stelle wie bisher befinden und wird immer noch Wurzelchakra heißen.

Das **zweite Chakra** wird ebenfalls als sexuelles Zentrum erhalten bleiben.

Das **dritte Chakra** wird weiterhin das Solarplexuszentrum sein.

Das **vierte Chakra** ist das erste, in dem es zu Veränderungen kommt. Es wird jetzt das Zwerchfellchakra heißen. Dieses neue Chakra wird Streß steuern, denn hier wird das Prana oder die Atemenergie des Körpers erneuert. Das Prana oder die Energie der Luft revitalisiert den Körper und entfernt alle Elemente, die der Körper nicht braucht.

Das **fünfte Chakra** ist das Herzzentrum. Es ist nicht nur ein Zentrum für intuitive Energie und höhere Emotionen wie Liebe; vielmehr ist es zu einem Zentrum geworden, durch das sich die reine himmlische Liebe ausdrücken kann, frei von allen niedrigen menschlichen Emotionen.

Da sich der Körper von seiner rein physischen Form in eine eher ätherische Gedankenform verwandelt hat, wird er über ein hervorragendes Immunsystem verfügen, das äußerst stark und abwehrkräftig ist. Das **sechste Chakra**, das Thymuszentrum, wird der Angelpunkt all dieser Aktivitäten sein. Die Thymusdrüse wird von allen Drüsen im menschlichen

Abbildung 9: Das neue Chakrasystem

Körper derzeit am meisten mißverstanden. Dieses Paradox betrifft die Sensitivität der Thymusdrüse für Strahlung. Die hohe Strahlung in der Atmosphäre eures Planeten, die das Altern bewirkt, ist entstanden, als die Erde durch katastrophale Ereignisse in der vorsintflutlichen Geschichte vor ungefähr 6.000 Jahren zerborsten ist. Die dadurch freigesetzte Strahlung hat bewirkt, daß die Thymusdrüse in der frühen Kindheit rapide schrumpft, und zwar von einem Organ, das fast die Größe eines menschlichen Herzens hatte, auf die Größe einer kleinen Erbse.

Wenn der menschliche Körper nach der Ankunft des Photonenrings in die galaktische Form hineinwächst, dann wird die Thymusdrüse nur noch auf ein Drittel der Herzgröße schrumpfen. Das bedeutet, daß die Thymusdrüse im erwachsenen Körper so aktiv und vital bleiben wird wie im Körper eines Neugeborenen. Die Fähigkeit des menschlichen Körpers, alle Arten von Krankheiten und ungünstige Umweltverhältnisse abzuwehren, wird äußerst hoch sein, und die Thymusdrüse wird mit dem Älterwerden nicht schrumpfen. Mit anderen Worten, dieses neue Thymuszentrum wird das Altern unter galaktischen Menschen praktisch abschaffen.

Das **siebte Chakra**, das Kehlzentrum, steht für Kommunikation und Sprache. Es wird seinen früheren Funktionsbereich weitgehend beibehalten, weil es eine Durchgangsstation für die Energien vom Kopf zum Rest des Körpers ist.

Das **achte Chakra** wird auch der Brunnen der Träume genannt. Viele halten es für ein altes athrophiertes Chakra. Es befindet sich an der Schädelbasis am oberen Ende des Halses. Dieses Chakra steuert die Träume und Visionen, die ein vollbewußtes Wesen haben wird.

Das **neunte Chakra** wird ein Kontrollzentrum für Bewußtsein und wird im galaktischen Menschen ganz zur Entfaltung kommen. Es befindet sich tief innen, in der Mitte des Gehirns und besteht aus dem sogenannten Stammhirn und der Hypophyse. Über dieses Zentrum wird der Körper des galaktischen Menschen auf Licht und Strahlung reagieren können, so daß er sich ständig erneuern kann. Das sechste Chakra, das Thymuszentrum, und das neunte Chakra, das Hypophysenzentrum, wirken zusammen, um den Körper zu heilen und zu vitalisieren.

Das **zehnte Chakra** ist das Dritte Auge oder das Visionszentrum, weil es höhere Lichtfrequenzen aufnimmt. Dieses Chakra verbindet sich mit dem achten Chakra, damit der Geist fähig wird, Visionen und andere Botschaften von höheren Schwingungsebenen zu interpretieren.

Das **elfte Chakra** dient jetzt als Kronenchakra. Hier verbindet sich der physische Körper mit der spirituellen Energie, um den Körper zu kräftigen und zu beleben. Die Krone ist der Ort, wo die Aurafelder des Körpers zusammenkommen und die wichtigen Verbindungen zum **zwölften** und **dreizehnten Chakra** aufgenommen werden. Diese letzten zwei spirituellen Chakren sind das galaktische männliche und weibliche Zentrum, denn sie enthalten den idealen Prototyp für Mann und Frau.

Bitte beachtet, wie die Zwischenverbindungen zwischen diesen drei Chakren funktionieren. (Siehe Abb. 10: Die *Kopf-Chakren als skalare Wellenantenne.*) Das elfte Chakra kann mit dem zwölften und dreizehnten zu einem Dreieck verbunden werden; sie bilden dann eine Einheit. Du kannst dann zwischen dem achten, neunten, zehnten und elften Chakra Linien ziehen (siehe Abb. 10). Diese Verbindungen im Gehirn erzeugen eine skalare Wellenantenne (Sender und Empfänger von hochfrequenter, nicht in Hertz zu messender radioähnlicher multidimensionaler Lebenskraftenergie). Über diese Antenne kann die Energie des Körpers ihre Lebensenergie an andere abstrahlen und die Energien von anderen empfangen. So werden die höheren Zentren (elftes, zwölftes und dreizehntes) und

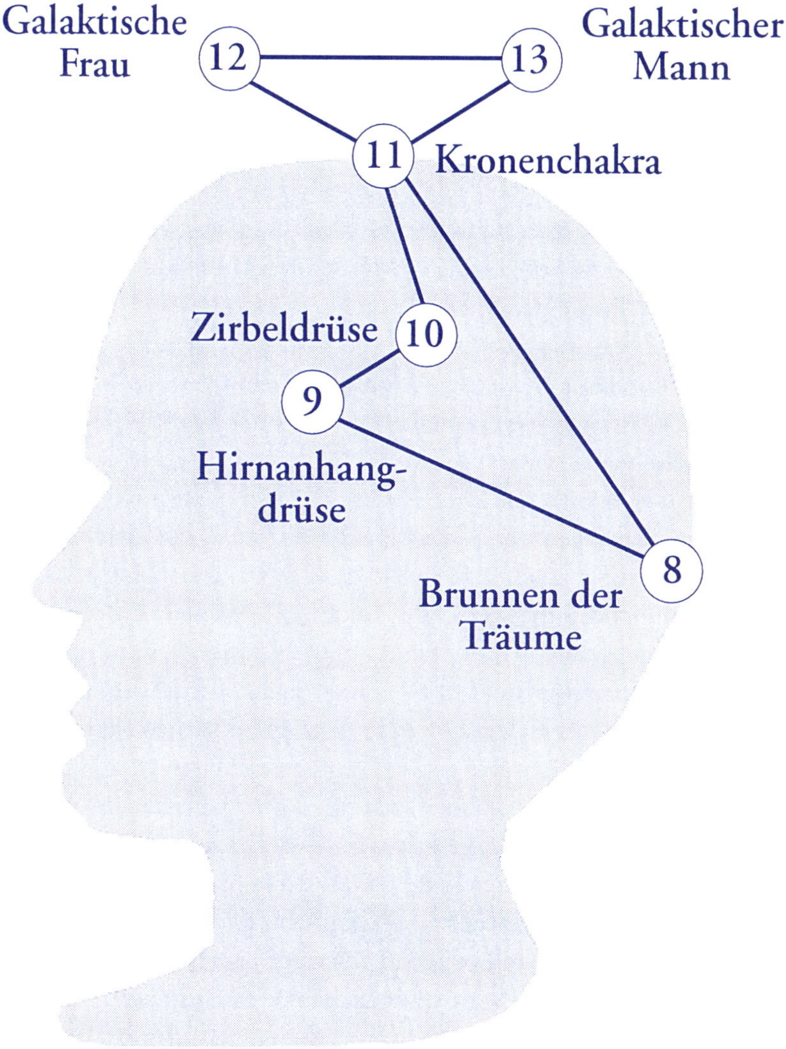

Abbildung 10: Die Kopfchakras als skalare Wellenantennen

die niedrigen Zentren des Gehirns (achtes, neuntes und zehntes) miteinander in einer Weise kommunizieren können, die euch jetzt noch rätselhaft bleiben muß.

Aufgrund dieser vielfältigen Veränderungen im Chakrensystem werden die Gehirnbereiche, die durch die genetischen Experimente von Atlantis athrophiert waren, wieder zu ihrer früheren Form und Größe zurückkehren. In zwei Generationen werden die Menschen wieder das große Gehirn haben, das das Erbe vollbewußter Menschen ist. Dadurch wird eure skalare Wellenantenne voll genutzt werden und alle übersinnlichen Energien richtig verarbeitet werden können. Die Erdenmenschen werden dann allgemein über die sogenannten PSI-Fähigkeiten verfügen wie Telepathie, Telekinese, Hellsehen und Hellhören.

Wegen der enormen Veränderungen, die auf die Menschen auf der Ebene der Elektrizität und des Bewußtseins zukommen, plant die Galaktische Föderation eine Massenlandung von Beratern und anderem Personal, das wichtige wissenschaftliche und heilerische Technologien mitbringen wird, und zwar ungefähr sechs Monate vor der Ankunft des Photonenrings. Diese Kräfte der Galaktischen Föderation werden euch darüber aufklären, was geschehen wird und welche Wirkung diese Veränderungen auf euch haben werden. Das Personal der Galaktischen Föderation wird euch auch darin unterweisen, wie ihr mit anderen Erdenmenschen und mit galaktischen Menschen kommunizieren könnt. Kommunikationsmöglichkeiten sind für euch persönlich und für die planetare Gesellschaft von entscheidender Bedeutung.

Wenn ihr gelernt habt, mit eurem persönlichen Bewußtsein zu kommunizieren, dann müßt ihr Selbstkontrolle üben und die neutrale Anwendung eurer Vorstellungskraft, damit ihr euch nicht selbst schadet. Denn die Gedanken anderer werden auf euch einströmen und auch deren Wünsche, deren Gebete, deren Kümmernisse und deren Ängste – kurz gesagt, das Positive und das Negative. Deswegen müßt ihr instruiert werden, wie man diese neuen Energien steuert und wie sie ein konstruktiver Teil dieses neuen Bewußtseins sein können. Das Zweite, was ihr lernen müßt, ist die Etikette, wie ihr miteinander umgeht. Die meisten Erdenmenschen haben dafür derzeit kein Verständnis. Diese Etikette wird euch erklärt werden, so daß ihr befähigt werdet, die Kräfte der physischen und spirituellen Welten, die euch umgeben, ganz zu verstehen. Nur dann könnt ihr zu wahren Hütern des Planeten werden.

Wie bereits gesagt, bewegt ihr euch von einer dreidimensionalen physischen Realität in eine fünfdimensionale halbätherische Realität. Ihr kommt in eine Welt, in der alle ein gemeinsames Bewußtsein teilen und die Menschen nicht mehr in dieser Welt der Getrenntheit leben wie jetzt. Ihr kommt in eine Bewußtseinsebene, auf der Menschen Dinge vollbringen können, die jetzt als Wunder betrachtet würden. Deswegen muß jeder Erdenmensch verstehen, über welche Fähigkeiten er verfügt und in welcher Realität er lebt.

Dieses Aufklärungs- und Erziehungsprojekt wird die Galaktische Föderation vor der Ankunft des Photonenrings mit euch durchführen. Wenn ihr gelernt habt, den neuen Bewußtseinsprozeß zu steuern, dann wird es notwendig, zu verstehen, wie ihr Gedankenformen kontrollieren und einsetzen könnt; wie ihr mit Verstorbenen richtig kommuniziert und wie ihr dieses Wissen zu eurem eigenen Nutzen und dem von anderen gebraucht. Um euch all dies zu lehren, werden Berater auf eurem Planeten landen, bevor der Photonenring kommt. Mit fortschreitender Ausbildung werden die Menschen erkennen, daß die gesamte Menschheit in einem einzigen Bewußtseinsnetz verbunden ist.

Nachdem ihr einige Grundlektionen des galaktischen Menschseins gelernt habt, könnt ihr euch an eurem leichteren Körper erfreuen und Gedankenformen benutzen, um euch zu verjüngen und das Altern zu überwinden. Ihr werdet auch die Fähigkeit haben, innerhalb eures eigenen Seins zu kommunizieren, mit anderen Menschen, mit Pflanzen und Tieren und mit Lady Gaia selbst. Ihr werdet volle Kommunikation mit Verstorbenen haben, wie auch mit Engeln und Erzengeln. Mit einem Wort, ihr werdet ein Wesen des Geistes sein und ein Wesen des Physischen.

Die gesamte Menschheit muß sich bewußt sein, daß ein neues Zeitalter angebrochen ist und daß diese neue Wirklichkeit für alle durch die Anstrengungen der Spirituellen Hierarchie der Erde und der Galaktischen Föderation herbeigeführt wurde. Freut euch über das, was euch geschieht! Um diese Ereignisse klar zu verstehen, müßt ihr die wahre Geschichte eurer Erde und des Sonnensystems kennen. Die folgenden Kapitel dieses Buches werden sich mit der verborgenen Geschichte der Erde befassen und werden erklären, welche Bedeuutng diese geheimen Informationen für die derzeitigen Geschehnisse haben.

Sicherlich werden jetzt viele Fragen zum Material dieses Kapitels aufgetaucht sein. Im nächsten Abschnitt stellt Virginia Fragen zu den Wirkungen des Photonenrings auf den menschlichen Körper.

Fragen und Antworten

Virginia: Ich habe eine Frage zu dieser sechsfachen DNS-Helix und ihrer Beziehung zu dem Sterntetraeder. Wie du weißt, benutze ich die Sterntetraeder-Meditation in meiner Arbeit als Grundlage des Heilens und des Verstehens im größeren Zusammenhang. Könntest du erläutern, in welcher Beziehung das zweidimensionale Bild des sechseckigen

Davidsterns zu dem Sterntetraeder steht, der offensichtlich mehr als sechs Ecken hat?

Washta: Der Sterntetraeder hat deswegen eine so wichtige Bedeutung für den interdimensionalen Menschen, weil er den großen Lichtkörper darstellt, der die Zellstruktur umgibt. Er ist eine Art Zwischenträger zwischen den interdimensionalen Portalen (das physische Element der Davidsstern-Konfiguration) und den interdimensionalen Realitäten, die sogar noch mehr Facetten haben, als im Sterntetraeder zu sehen sind. Betrachte ihn deswegen als etwas, was hier nicht gezeigt wird, worum die DNS aber gelagert ist. Die Energien, die durch den Lichtkörperstern fließen, werden in die erforderliche Lichtinformation transformiert und in die verschiedenen interdimensionalen Portale gesendet. Diese Information wird dann aus den höheren Dimensionen durch den Lichtkörper-Sterntetraeder zum physischen Davidstern und zur sechspaarigen DNS-Konfiguration zurücktransferiert.

Virginia: Sagst du damit, daß der Sterntetraeder eine Frequenz oder Schwingung der fünften Dimension darstellt?

Washta: Er stellt eine Schwingung der vierten und fünften Dimension dar, die in der dritten Dimension genutzt werden kann. Deswegen repräsentiert er den Lichtkörper, der eine Einheit dieser Konfiguration darstellt.

Virginia: Bitte erkläre, wie sich die Veränderung oder Verbesserungen der Chakren zu den Frequenzen der Gehirnwellen Beta, Alpha, Theta und Delta verhalten. Könntest du etwas über Schlaf im allgemeinen sagen und wie diese neuen dreizehn Chakren auf unseren Schlafrhythmus wirken werden?

Washta: Die meisten Erdenwissenschaftler beginnen gerade erst eine Ahnung davon zu haben, wie der Geist als eine holographische Einheit funktioniert. Wenn die Theta-, Delta- oder andere Wellenmuster des Traumzustandes aktiviert sind, dann öffnen sich die interdimensionalen Portale des Geistes. Der skalare Wellenprozeß, wie er gegenwärtig im

Gehirn der Erdenmenschen vonstatten geht, erfordert völlige Unbewußtheit, so daß die normalen Körperfunktionen auf ein Minimum reduziert werden können. Auf diese Weise können die normalen Funktionen des Gehirns die skalaren Wellenaktivitäten nicht stören. Was die skalare Wellenfunktion angeht, so verfügt die Antenne des derzeitigen Gehirns nur über eine minimale Effizienz.

In einem vollbewußten Menschen sind diese skalaren Wellen jedoch im vollbewußten Zustand gegenwärtig. Deswegen muß der Körper nicht auf eine minimale Funktionsebene gebracht werden. Es ist wichtig, den grundlegenden Unterschied zwischen einem Erdenmenschen und einem vollbewußten galaktischen Menschen zu begreifen. An diesem Unterschied liegt es, warum vollbewußte Menschen nicht so viel Schlaf brauchen wie Erdenmenschen. Der Grund dafür ist, daß der Körper des Erdenmenschen die skalare Welle nur bei Minimalfunktionen, nämlich im Schlaf, nutzen kann. Mit Hilfe der skalaren Welle können die interdimensionalen Gehirnfunktionen aktiviert werden, um Daten einzubringen, mit deren Hilfe die Gehirnprozesse und die verschiedenen Körperfunktionen gesteuert werden können.

Auf diese Weise werden für den nächsten Tag die diversen Energiemuster von Körper und Geist und die Beziehung zwischen ihnen hergestellt. Das geht beim Erdenmenschen nur im Schlafzustand. Bei einem vollbewußten Menschen können diese Funktionen jedoch im Wachzustand ausgeführt werden. Deswegen ist der Schlaf für Erdenmenschen der Regenerationszustand. Auf diese Weise stellt der Körper fest, was mit ihm geschieht, was er für den nächsten Tag braucht und was diese Entwicklungen für den physischen Körper im Laufe eines Jahres, eines Monats oder einer Woche bedeuten.

Virginia: Werden die übersinnlichen Fähigkeiten durch den Wechsel zu dreizehn Chakren auf dieselbe Weise mit Energie versorgt?

Washta: Das ist richtig. Wenn das Chakrenystem mit den interdimensionalen spirituellen Energien verbunden ist – nichts anderes tut ein Mensch mit sogenannten übersinnlichen Fähigkeiten auf eurem Planeten auch jetzt schon – dann wird es für die Menschen viel leichter sein, mit maximaler Effizienz zu operieren. Deswegen ist ein vollbewußter galaktischer Mensch den mutierten Erdenmenschen, die derzeit in eurer Welt existieren, weit überlegen. Die mutierten Erdenmenschen müssen ständig ihre Körperfunktionen absenken, damit ihre extrem schwache skalare Antenne ihre Funktion des Sammelns und Austauschs von Daten wahrnehmen kann, die der Körper für maximale Effizienz braucht.

Virginia: Kannst du etwas darüber sagen, ob die Silberschnur, jene Verbindung, durch die Energie einströmt, im Zusammenhang mit der Entwicklung der Chakren auch irgendwie verändert wird?

Washta: Sie wird gleich bleiben. Der Körper des Erdenmenschen hat in sich die Fähigkeit, das 13-Chakrenystem herauszubilden. Das heißt, daß ihr wieder in den Besitz von Fähigkeiten kommen werdet, die jetzt weitgehend brachliegen. Derzeit müssen die Erdenmenschen noch auf niedrigem Niveau operieren. Die Lebenskraftenergie, die jetzt über die Silberschnur des dritten Chakren einströmt und von dort zur Herzschnur des vierten Chakren geht, wird noch genauso operieren. Was sich verändern wird, ist die Effizienz, mit der sie der Körper nutzt.

Virginia: Könntest du sagen, ob alle Sirianer das volle 13-Chakrenystem haben, das du beschrieben hast? Oder gibt es unter den Sirianern verschiedene Muster im Chakrenystem?

Washta: Zum größten Teil haben alle Sirianer das Vollbewußtsein der Realität, wie wir es hier beschrieben haben. Einige haben jedoch aufgrund ihrer Entwicklung die Fähigkeit, ihre Funktionen so zu verändern, daß sie mit einer Zivilisation wie der euren eins werden können. Normalerweise sind Sirianer vollbewußte Wesen, die in einer vollbewußten Zivilisation existieren. Diese Fähigkeit werden die Erdenmenschen auf eurem Planeten auch haben, sobald die Photonenringerfahrung abgeschlossen ist.

Virginia: Bitte beschreibe die physische Erscheinung der Sirianer, Größe, Gewicht, Haut, Haar, Augenfarbe etc., damit sich die Menschen hier besser mit ihnen identifizieren können.

Washta: Es gibt zwei Typen unter den Sirianern, was ihre Hautfarbe angeht. Es gibt eine Rasse, deren Hautfarbe den Erdenmenschen äußerst blaß erscheinen würde. Dann gibt es eine andere, deren Haut einen bläulichen Schimmer hat. In beiden Rassen sind die Männer ungefähr 2,10 Meter groß und die Frauen etwa 15 Zentimeter kleiner. Die Augen- und Haarfarben sind so wie in eurer Welt und die Anzahl der Glieder auch. Sie sind recht schlank, aber etwas größer als die Menschen, die ihr kennt.

Virginia: Könntest du etwas über die Farbintensität unserer neuen Chakren von acht bis dreizehn sagen?

Washta: Die neuen Chakren sind sehr hell, fast wie eine elektrische Farbe. Sie sind ja auch Ausdruck der neuen Energie des vollen Bewußtseins. Eines Tages werden wir versuchen, diese Farben zu beschreiben und ihnen Namen zu geben. Jetzt muß es euch genügen zu wissen, daß diese Farben sehr hell und schwer zu beschreiben sind. Die Chakren im Kopf und darüber, die die interdimensionale Funktion repräsentieren – sie sind am hellsten, und ihre Farbe hat eine elektrische Qualität. Die übrigen Chakren von der Kehle abwärts sind dazu da, maximale Effizienz im Körper zu gewährleisten; auch sie sind sehr intensiv in ihrer Farbstrahlung, aber weniger als die Chakren im Kopf.

Virginia: Ich verstehe. Danke. Du hast von der „neutralen Anwendung unserer Vorstellungskraft" gesprochen. Könntest du das näher erklären? Wir Menschen sprechen von der Kraft des Geistes über die Materie und wir wären für Hinweise dankbar, wie wir diesen Prozeß stärken können.

Washta: Derzeit beginnen die Erdenmenschen zu entdecken, daß die Zellstruktur in hohem Maße vom Willen des Geistes abhängt. Die Anwendung geistiger Intention wird sich aber erst dann exponentiell intensivieren, wenn volles Bewußtsein gegeben ist. Die Menschen auf eurem Planeten sollten also erkennen, daß ein starker Wille das herbeiführen wird, worauf er gerichtet ist. Bei hinreichender Intensität der Intention ist es sogar möglich, körperliche Krankheiten zu überwinden – es können Dinge herbeigeführt werden, die ansonsten unmöglich erscheinen.

Selbst in eurem schwächeren menschlichen Bewußtsein, kann der Geist Veränderungen in der Zellstruktur des Körpers herbeiführen. Das ist eine Tatsache, die jetzt auch von den Zellbiologen auf eurem Planeten akzeptiert zu werden beginnt. Deswegen sollten die Menschen auf eurem Planeten das Potential der geistigen Kraft erkennen und anwenden, um positive Veränderungen zu bewirken. Das ist die Basis für das, was später geschehen wird, wenn diese Fähigkeit exponentiell erhöht wird. Aber seid unbesorgt, unsere Berater werden kommen, um euch in diesem Prozeß zu unterstützen.

Virginia: Du sagst also, daß viele unserer Lehren über die Anwendung des Geistes noch immer Gültigkeit haben? Oder gibt es eine bestimmte Richtung, auf die wir uns konzentrieren sollten?

Washta: Die wichtigste Einsicht ist, daß im Menschen ein starker Wille existiert und daß dieser Wille Veränderungen herbeiführen kann, wenn er eine klare Vorstellung von seinen eigenen Wünschen hat. Man kann also sagen: Wille + positiver Wunsch = Veränderung. Das ist der Schlüssel, wie der Geist auf eurem Planeten gegenwärtig funktioniert. Wenn die erweiterte bewußte Anwendung des Geistes bei allen Erdenmenschen etabliert ist, dann ist keine besondere Technik mehr nötig, außer ein Anerkennen und Verstehen der geistigen Macht, die alle galaktischen Menschen besitzen. Es muß jedoch eine neue Etikette entwickelt werden, damit die Menschen diese Kraft konstruktiv und niemals zum Schaden anderer anwenden.

Virginia: Ja, eine solche Etikette brauchen wir ganz gewiß. Gibt es zum Konzept der skalaren Wellen noch etwas hinzuzufügen? Es ist in diesem Kapitel nur sehr knapp berührt worden, aber es scheint von größter Bedeutung zu sein, um die Beziehung des Geistes, des Gehirns und der Zellen zu verstehen.

Washta: Eine skalare Welle ist keine Hertz-Frequenz. Sie verbreitet sich durch interdimensionale Pforten und bildet die Basis all der verschiedenen Schöpfungsenergien. Skalare Wellen sind die Lichtträger. Sie erschaffen alles in der Schöpfung. Sie beruhen auf einem Puls, der in den Schöpfungsmythologien der Galaktischen Föderation „der Puls der Zeit" genannt wird – denn skalare Wellen sind zeitlose Energie. Mit ihrer Hilfe stellt der menschliche Geist die Energien her, die alle Aspekte der physischen Existenz möglich machen.

Virginia: Sind unsere menschlichen Begriffe wie universale Lebenskraft oder Licht einfach nur ein Versuch, skalare Wellen zu beschreiben, weil uns das technische Volkabular fehlt?

Washta: Das ist richtig. Skalare Wellen sind die wissenschaftliche Basis für all diese Dinge, für die die Menschen auf eurem Planeten viele verschiedene Namen erfunden haben.

Virginia: Wie du weißt, lehre ich eine Aufstiegsmeditation, die achtzehn Atemzüge hat, wobei der letzte Atemzug nicht von einem irdischen Lehrer gegeben werden kann. Er muß von der Seele des einzelnen kommen, von seinen eigenen Lehrern, geistigem Führer oder von jenseitigen Quellen. Ist diese Meditation wirklich so wirksam, wie ich glaube, um den Körper bis hinunter zu den ersten acht Zellen (die allerersten Zellen, die sich im Körper gebildet haben) zu heilen und zu reinigen?

Washta: Das ist korrekt, denn der Schlüssel für jede Veränderung im Menschen erfordert, daß das innere Selbst oder das höhere Selbst, wie es viele von euch nennen, den Wunsch dazu hat. Wenn das höhere Selbst dem Prozeß vollkommen zustimmt, dann kommt es in den Zellstrukturen des Körpers zu unglaublichen Veränderungen. Es ist dann möglich, zum Kern zu gehen, der Grundlage der ganzen menschlichen Zellentwicklung. Wenn das geschehen ist, können Dinge eintreten, die jetzt auf eurem Planeten als Wunder betrachtet würden.

Virginia: Könntest du erläutern, was in diesen acht Grundzellen enthalten ist, das im Meditationsprozeß nicht geheilt und gereinigt werden kann?

Washta: Die Basis der menschlichen Spezies liegt in diesen ersten Zellen, denn sie sind die ersten Zellen des Lebens. Sie werden im Körper als Matrize des Menschen bewahrt. Dieser Kern darf nicht ohne Erlaubnis des höheren Selbst und der Engel verändert werden, die über die menschliche Lebensform wachen. Ohne Erlaubnis von diesen höheren Ebenen kann es deswegen keine als Wunder zu betrachtende Veränderungen im menschlichen Körper geben. Diese Erlaubnis wird nicht gegeben, solange nicht die spirituellen Hierarchien, die die Beschützer dieses Lebens sind, mit dem Willen des Individuums und dem höheren kollektiven Willen aller Menschen übereinstimmen.

Virginia: Und was geschieht mit unseren ersten acht Zellen bei dem, was wir physischen Tod nennen?

Washta: Diese acht Zellen lösen sich auf, denn sie sind Teil des spirituellen Energiemusters dieses Wesens.

Virginia: Und wohin geht das Wissen oder die gespeicherte Information, die in diesen Zellen enthalten ist?

Washta: Sie bleibt bei der spirituellen Essenz dieses Wesens und geht mit den Beschützern des Geistes und des Körpers (Hüter des Körpers sind Devas, die während der Schwangerschaft für die Bildung des menschlichen Körpers verantwortlich sind) ins Licht, wo sie von speziellen himmlischen Richtern für die nächste Inkarnation vorbereitet wird.

Virginia: Könntest du über diese acht Zellen sprechen, über das, was man die genetische Geschichte nennt – die Qualitäten, die von Mensch zu Mensch durch den Geburtsvorgang weitergegeben werden?

Washta: Diese acht Zellen existieren als genetisches Muster in allen Menschen.

Virginia: Sind sie bei allen identisch?

Washta: Sie sind in allen Menschen sehr ähnlich, aber es gibt in diesen ursprünglichen acht Zellen leichte Abweichungen. Wenn sich Menschen fortpflanzen, dann wird das Seelenenergiemuster auf ein bestimmtes Ei und Sperma übertragen, aus denen der menschliche Körper im Prozeß der Schwangerschaft entsteht. Die erste Zelle teilt sich in zwei, die zwei in vier und die vier in acht. Wenn diese acht Zellen entstanden sind, dann liegt die Blaupause für diesen bestimmten Menschen fest. Die Hüter des Körpers, die dann den menschlichen Körper erschaffen, können mit diesen acht Zellen arbeiten, so daß das, was die Seelenkraft und die himmlischen Richter anstreben, verwirklicht werden kann.

Virginia: Wie erschaffen die Hüter des Körpers einen menschlichen Körper und den menschlichen genetischen Code?

Washta: Die Hüter des Körpers haben die Fähigkeit, die karmischen Muster des Individuums in die Bildung des physischen Körpers einfließen zu lassen. Über dieses karmische Muster wird von den himmlischen Richtern entschieden, bevor sich die Seele eines Individuums inkarniert. Die Hüter des Körpers benutzen dieses karmische Energiemuster im Augenblick der physischen Empfängnis, um mit der Entwicklung der ersten acht Körperzellen den genetischen Code festzulegen. Aus diesem genetischen Muster der ersten acht Zellen wird dann der gesamte menschliche Körper geschaffen. In dem Prozeß der Bildung des menschlichen Körpers und der Verankerung der Seele während der Schwangerschaft werden fortgeschrittene Gesetze des spirituellen Magnetismus und der biochemischen Reaktionen angewendet.

Virginia: Wie erklärt sich dann Vererbung innerhalb einer Familie oder in ganzen Gruppen, was Augenfarbe, Augenform etc. angeht?

Washta: Wenn sich diese acht Zellen gebildet haben, dann wird von den Hütern des Körpers der Genetische Code für den ganzen Körper festgelegt, in dem die genannten Dinge definiert sind. Größe, Form, Haarfarbe, Augenfarbe, Hautfarbe, kurz die gesamte körperliche Erscheinung hängt von den Impulsen der Seelenkraft, von den himmlischen Richtern und den Hütern des Körpers ab. Der endgültige Genetische Code wird innerhalb der Parameter definiert, die durch das Sperma des Vaters und das Ei der Mutter gegeben sind.

Virginia: Ist es falsch, wenn wir annehmen, wir würden einen ganzen genetischen Pool früherer Generationen in unseren Familien heilen, wenn wir selbst geheilt werden?

Washta: Jede Veränderung in Erdenmenschen hat Auswirkungen auf den genetischen Pool. Genetik, wie sie derzeit auf eurem Planeten verstanden wird, ist sehr begrenzt, was die tatsächliche Realität eines vollbewußten Menschen angeht. In der Genetik liegt die Grundlage für Größe, Form etc., aber sie hat nicht das letzte Wort, denn das hat die Lebenskraft und ihre Hüter, die jedes einzelne Individuum erschaffen.

Virginia: Könntest du erklären, wie genetische Krankheiten und Behinderungen entstehen?

Washta: Dafür gibt es zwei Gründe. Erstens sind die Erdenmenschen, die jetzt auf eurem Planeten existieren, durch das genetische Experiment der Atlanter eine Mutation. Diese genetischen Schwierigkeiten sind entstanden, weil das atlantische genetische Experiment, das die Menschen deformiert hat, nicht zu Ende gebracht wurde. Der zweite Grund für diese Schwierigkeit liegt darin, daß die Erdenmenschen nicht volles Bewußtsein besitzen und deswegen nicht die einfache Fähigkeit haben, ihre genetische Struktur als Fötus oder nach der Geburt zu verändern. Das heißt, daß das, womit du geboren wirst, dein ganzes Leben über bestehen bleibt. Viele Wesen werden tot geboren, weil das Lebensmuster, das sie sich wünschten, ihrem fötalen Gewebe nicht eingeprägt werden konnte. Erdenmenschen besitzen nämlich nicht die Fähigkeit, ihren Körper noch zu verändern, wenn der Prozeß der Lebenserschaffung erst einmal eingesetzt hat.

Virginia: Wie steht es mit der Entscheidung der Seele, das fötale Gewebe auszuscheiden, und der Verantwortung der Devas, den Körper zu erschaffen?

Washta: Die Hüter des Körpers tun das, was die himmlischen Richter entschieden haben und was dem letztendlichen freien Willen der individuellen Seele entspricht. Wenn die Seele ihre Inkarnation in einen bestimmten menschlichen Körper nicht vollziehen will, dann hat sie die Option, den erfolgreichen Abschluß der Schwangerschaft zu verhindern.

Virginia: Verstehe ich richtig, daß der Plötzliche Kindstod in den ersten Lebensjahren erlaubt ist, wenn die Seele sich entscheidet, das Abenteuer der Inkarnation abzubrechen?

Washta: Das ist richtig. Viele Menschen haben ein bestimmtes Schicksal, für das sie ihre Inkarnation verwenden wollen. Wenn sie erkennen, daß ihre Realität, ihr Schicksal sich nicht in den gegebenen genetischen Bedingungen erfüllen kann, dann haben sie das Recht – mit Hilfe ihrer Engel – ihr Leben zu beenden.

Virginia: Gibt es noch irgend etwas, das du über das Chakrensystem sagen möchtest, über die Beziehung der skalaren Wellen zu den Zellen oder sonst noch etwas?

Washta: Wir möchten euch zum Schluß sagen, daß ihr den Körper als eine phantastische holistische Maschine sehen sollt, die viele Ebenen hat. Wenn diese Ebenen richtig verstanden und zu einem Ganzen vereinheitlicht werden, kann man erfassen, was für ein wunderbares und erstaunliches Instrument die Herren der Zeit und der Schöpfergott erschaffen haben. Haben die Erdenmenschen den Wert und die Weisheit des Körpers erkannt, dann werden sie verstehen, was für ein unglaubliches Wunder das Leben sein kann, wenn es mit vollem Bewußtsein geführt wird.

Kapitel 5

Die vergessene Geschichte der Erde

Zu den drei Mitgliedern des Sirius-Konzils, die euch heute Informationen übermitteln werden, gehören Washta, Teletron, ein galaktischer Historiker auf dem Sirius und ein Experte der menschlichen galaktischen Zivilisation, und Mikah, ein sirianischer Historiker, Geologe und Biologe der Meeressäugetiere.

In diesem Kapitel werde ich einen vollständigen historischen Überblick über alle vergangenen Zivilisationen auf dem Planeten Erde geben, vom Anfang vor 35 Millionen Jahren bis heute. Dieses Wissen ist wichtig, damit ihr versteht, warum die gegenwärtige galaktische Situation aufgrund einer völlig anderen erdgeschichtlichen Vergangenheit, als ihr annehmt, eingetreten ist So werdet ihr endlich die wahre Geschichte eures Planeten kennenlernen und die Rolle, die die Menschheit bei seiner Entwicklung gespielt hat.

Um diese galaktischen Veränderungen ganz eindeutig zu erklären, werden wir zur Orientierung des Lesers bestimmte Zeitlinien benutzen, an Hand derer die Reihenfolge der Ereignisse dargelegt werden kann. Wir wollen euch zunächst einen Überblick über die Geschichte eures Sonnensystems zu geben, vom Beginn der *nicht-menschlichen* Zivilisation auf eurem Planeten bis zur Bildung der letzten Kolonie der Erdenmenschen, die von der lyranisch/sirianischen Kultur beeinflußt wurde – jenem berühmten, untergegangenen Kontinent von Lemurien. (Siehe Abb. 11: *Die Geschichte der Erde von 35 Millionen Jahren bis 900.000 vor Christus.*)

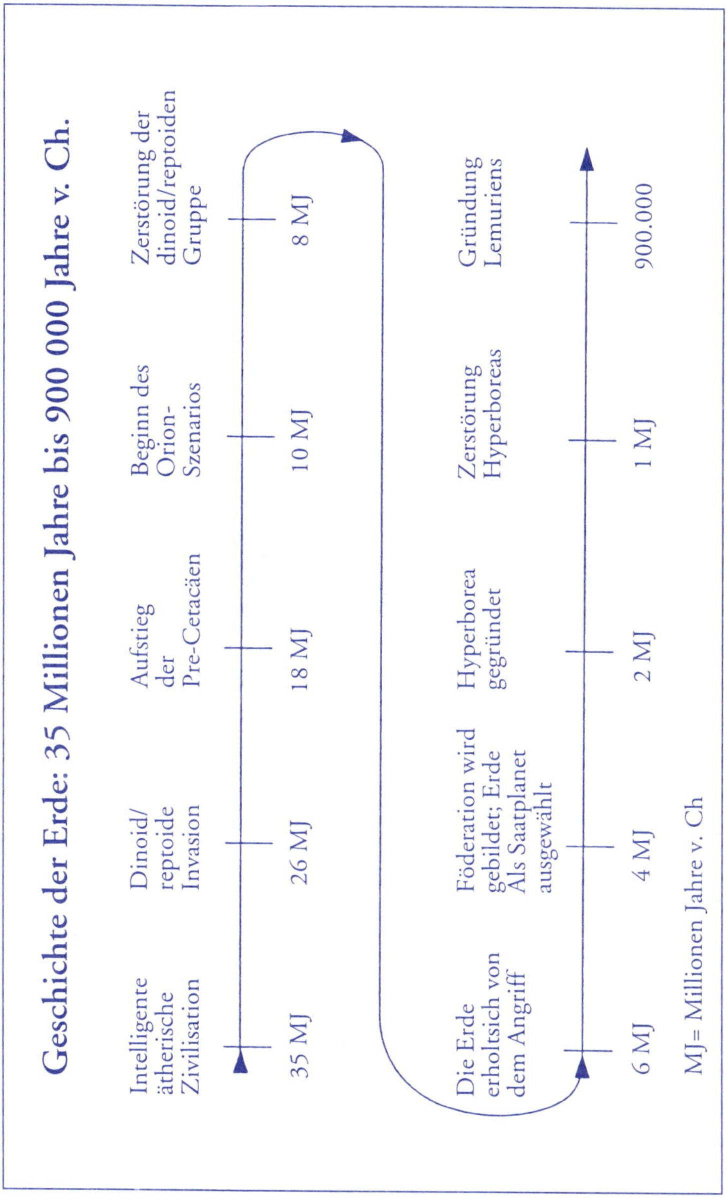

Abbildung 11: Geschichte der Erde:
35 Millionen Jahre bis 900 000 Jahre v.Ch.

Vor ungefähr 35 Millionen Jahren entschlossen sich die Herren der Zeit und die Spirituelle Hierarchie eures Sonnensystems, eine ätherische Lebensform zu erschaffen, eine Spezies, die eine Schutzfunktion für die Erde und das ganze Sonnensystem haben sollte. Diese engelhafte Lebensform sollte ein Zwischenglied darstellen bis zur Evolution eines empfindungsfähigen Primaten, der auf der Erde die Hüterfunktion ausüben würde. Während der nächsten acht Millionen Jahre entwickelte sich tatsächlich eine auf Primaten beruhende Lebensform, die eines Tages die zeitweilige ätherische Zivilisation, die von der Spirituellen Hierarchie geschaffen worden war, ersetzen würde.

Der ursprüngliche göttliche Plan für das physische Leben auf eurem Planeten wurde vom Schöpfer entworfen und von den Herren der Zeit in unbeschreiblicher Vielfältigkeit ausgeführt. Er sah vor, daß mehr als ein Landlebewesen auf eine hohe Ebene der Empfindungsfähigkeit aufsteigen konnte, um zu Hütern des Planeten zu werden. Vor ungefähr 26 Millionen Jahren kamen zwei nicht-menschliche Zivilisationen aus dem Weltraum auf diesen Planeten und gründeten Kolonien. Es handelte sich um eine reptilartige Gattung (von den weniger bekannten Sternen in der Sagittarius-Konstellation) und um eine dinosaurierartige Gesellschaft (vom Bellatrix-System in der Orion-Konstellation).

Diese zwei Zivilisationen kamen in euer Sonnensystem. Sie betrachteten es als Teil ihres Herrschaftsmandats über die gesamte Galaxie, das sie aus ihren Schöpfungsmythen ableiteten, und fühlten sich berechtigt, nach Gutdünken damit zu verfahren. Die ätherische Lebensform, die damals die Erde bewohnte, entschloß sich gemeinsam mit den Hütern aus dem Reich der Engel, diese Kolonisierung zuzulassen und auf einen Gesinnungswechsel in den zwei feindlichen Zivilisationen hinzuarbeiten. Innerhalb der nächsten 8 Millionen Jahre, während derer ihnen die Spirituellen Hierarchien mehr und mehr Liebesenergie schickten, begannen diese zwei Zivilisationen allmählich zuzulassen, daß sich Säugetiere auf eurem Planeten zu empfindungsfähigen Wesen entwickelten. Das erste Wesen dieser Art war ein Land-Vorfahre der Cetaceae (der gegenwärtigen Wale und Delphine). Sie entwickelten eine primitive Ackerbaugesellschaft und waren in der Lage, genügend Nahrungsmittel zu produzieren, um die anderen beiden fortgeschritteneren Zivilisationen zu versorgen. Die präcetaceanische Zivilisation wurde ermutigt und bekam fortgeschrittene Technologie, um ihre Nahrungsmittelproduktion zu verbessern. Sie konnte die Nahrungsbedürfnisse der Zivilisationen der Dinosaurier und Reptilien ohne weiteres befriedigen und unterhielt mit beiden eine erfolgreiche, wenn auch passive Beziehung.

Diese drei Zivilisationen koexistierten über einen langen Zeitraum und entwickelten einen hohen Grad an Kooperation untereinander. Der Handel blühte, und der Planet schien auf dem Weg zu sein, eine beachtliche Vielfalt an zivilisierten Lebensformen herauszubilden, die sich als Hüter des Planeten begriffen. Vor ca. 10 Millionen Jahren entwickelten sie Technologien für fortgeschrittene Formen des Raumflugs und interdimensionale Zeitreisen. Zum selben Zeitpunkt tauchten Wesen von anderen interstellaren Zivilisationen in eurem Sonensystem auf. Sie waren bereit, mit den drei bestehenden Zivilisationen auf eurem Planeten Handel zu treiben. Diese interstellaren Wesen verbreiteten in anderen Sternensystemen die Nachricht, daß es auf der Erde eine unglaubliche Vielfalt von Lebensformen gebe und daß drei völlig verschiedene Zivilisationen miteinander kooperierten.

Euer Sonnensystem wurde für seine außerordentliche Schönheit, seine Vielfalt und die kooperativen Lebensformen bekannt, und innerhalb der Galaxie gab es viele Legenden und Prophezeiungen darüber. Diese Geschichten führten bei verschiedenen Gruppen der Reptilien/Dinosaurier-Allianz auf dem Orion dazu, daß sie euer Sonnensystem besuchen wollten, weil sie der Ansicht waren, daß ihre Ableger auf der Erde nicht ohne ihre Zustimmung mit anderen kooperieren sollten – und wegen gewisser Übereinkünfte, die in der Allianz getroffen worden waren.

Deswegen kam eine Gruppe von Bellatrix und anderen Sternen des Orion an, um diese Vorgänge in eurem Sonnensystem zu erforschen. Sie waren schockiert von dem, was sie sahen, weil es ihrem eigenen Schöpfungsmythos widersprach, der die Grundlage ihrer Allianz bildete. Sie glaubten an folgenden Mythos:

Als das Leben in dieser Galaxie entstand, habe der Herr der Schöpfung den Dinosauriern und Reptilien gesagt, sie seien nach seinem Ebenbild geschaffen worden und hätten das Recht, über alles Leben in dieser Galaxie zu herrschen und nach Gutdünken davon Gebrauch zu machen. Darüber hinaus wurde allen dinoiden/reptoiden Zivilisationen gesagt, sie dürften auf keinen Fall zulassen, daß sich untergeordnete Lebensformen zu Hütern über die Lebensformen der Galaxie aufwürfen. Aufgrund dieses Überlegenheitsedikts hatte die Allianz der Dinosaurier und Reptilien über 16 Millionen Jahre lang ihre Gewalt und ihren Terror über die ganze Galaxie verbreitet.

Beide nicht-menschlichen Gruppen sahen diese Unvereinbarkeit und kamen zu dem Schluß, daß etwas unternommen werden müsse. Deswegen begann die Dinosaurier-Gruppe vom Orion die Dinosaurier-Gruppe auf der Erde zu drängen, eine speziell ausgebildete, bewaffnete Einheit zu schaffen, deren einziger Zweck es sein würde, die Gruppe der (präcetaceanischen) Säugetiere zu vernichten. Diese Gruppe bestand aus der Landversion der modernen Cetaceae (der Wale und Delphine), die heute in den Meeren eures Planeten existieren.

Ihre Führer, die über sehr hohe Wahrnehmungsfähigkeiten verfügten, erkannten, daß sich zwischen der Dinosaurier-Gruppe auf dem Orion und den Dinosauriern auf der Erde etwas Gefährliches zusammenbraute. Die präcetaceanischen Führer fürchteten, daß dies der Anfang eines Krieges sein könnte, der ihre Zivilisation vollständig vernichten würde. Um absolut sicher zu sein, daß ihre Befürchtungen begründet waren, riefen sie ihre großen Seher zusammen. Diese bestätigten, daß von den Dinosauriern und Reptilien ein gewaltsames Komplott gegen sie geschmiedet werde. Bei diesen Treffen der Seher und Berater der Stammesorganisationen wurden verschiedene Lösungen erwogen, die aber zuerst mit der Spirituellen Hierarchie der Erde besprochen werden mußten, bevor sie in die Tat umgesetzt werden konnten.

Die Diskussionspunkte waren folgende: Welche Absicht verfolgte die Gruppe vom Bellatrix für dieses Sonnensystem? Zweitens, welche Folgen würde es für die Entwicklung des Planeten haben, wenn die anderen zwei Zivilisationen (Dinosaurier und Reptilien) die Präcetaceae ausrotten würden? Drittens, wenn die anderen Zivilisationen an dieser Verschwörung beteiligt wären, wie sollten die Präcetaceae dann reagieren? Würden die Engel die Erlaubnis geben, daß die Präcetaceae einen großen Präventivschlag ausführten, falls sich ihre Befürchtungen als begründet erwiesen? Die Spirituelle Hierarchie bestätigte jeden Punkt ihrer Vermutungen. Es war noch genug Zeit, um einen Präventivschlag vorzubereiten, da ein beträchtlicher Teil der Führer der dinoiden und reptoiden Zivilisationen einen Vernichtungsschlag gegen die Präcetaceae ablehnten.

Nach weiteren zehntausend Jahren des passiven Widerstandes der beiden Erdzivilisationen konnte die Orion-Gruppe die für die Erde zuständigen Dinosaurier schließlich doch überzeugen, einen Plan auszuarbeiten, wie die Präcetaceae zerstört werden könnten. Die Gruppe vom Bellatrix und den Sternen des Gürtels des Orion hatten eine Strategie entdeckt, um die prä-cetaceanische Zivilisation zu vernichten. Es sollte eine fortgeschrittene Form psychologischer Kriegsführung eingesetzt werden. Sie würde in relativ kurzer Zeit zum Tod aller Präcetaceae führen, ohne daß ihre Unterkünfte und sonstige zivilisatorische Errungenschaften zerstört würden. Auf diese Weise würde ihr ruchloser Plan noch einen zusätzlichen Vorteil mit sich bringen. Er würde auch ermöglichen, daß die Vegetation und andere Lebensformen gemäß den besonderen Bedürfnissen der Dinosaurier-Gruppe verändert würden.

Als die Präcetaceae und ihre Ältesten sahen, daß der tückische Plan kurz vor der Ausführung stand, erkannten sie, daß ihre demokratischen Ideale hinsichtlich der Kooperation mit den anderen beiden Zivilisationen hinfällig waren. Aufgrund ihrer Genialität entwickelten sie einen Gegenplan, wie sie den beiden anderen offensiven Zivilisationen ein Ende setzen könnten. Ihre Strategie bestand darin, ihre Fusions-Generatoren, die im Herz ihres Stammlandes standen, zu destruktiven Zwecken zu benutzen. Ihr Territorium reichte von dem, was heute Zentralasien heißt, bis nach Osteuropa. (Siehe Abb. 12: *Landkarte des präcetaceanischen Stammlandes mit Standort der Fusions-Generatoren.*) Durch die Explosion dieser Fusions-Generatoren würden sie eine weltweite Katastrophe herbeiführen, durch die die beiden anderen Zivilisationen zerstört würden. Zuvor mußten sie jedoch die Zustimmung der Spirituellen Hierarchie der Erde einholen. Die präcetaceanischen Führer erklärten auch Lady Gaia, wie sie durch die ruchlosen Pläne der Allianz der Dinosaurier und Reptilien verändert werden sollte.

Die Spirituelle Hierarchie der Erde war ebenfalls der Überzeugung, daß die Dinosaurier-Gruppe, so wie sie vom Orion gelenkt wurde, in der Tat für die Geschichte des Planeten nicht akzeptabel sei. Lady Gaia erlaubte deswegen die

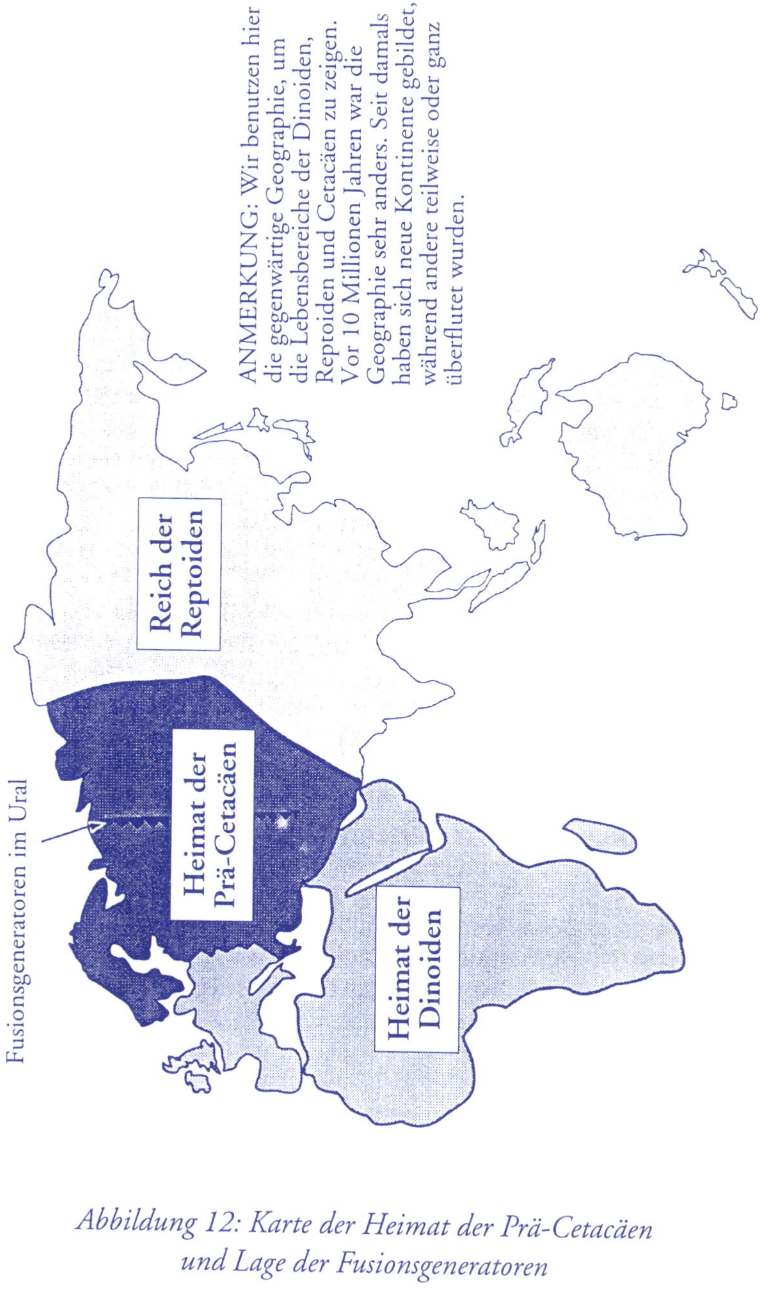

Abbildung 12: Karte der Heimat der Prä-Cetacäen und Lage der Fusionsgeneratoren

Durchführung des Plans, die Fusions-Generatoren zur Explosion zu bringen. Die Präcetaceae wußten, daß die Dinosaurier noch immer auf den sogenannten günstigen Augenblick warteten, und fanden heraus, wann dieser Termin sein sollte. Sie setzten ihren Termin fünf Jahre früher an und achteten sorgfältig darauf, die Dinosaurier durch ihre Vorbereitungen nicht mißtrauisch zu machen.

Die Führungsorganisationen der Präcetaceae entschieden, daß ihre Gesellschaft in zwei geteilt werden sollte. Eine Hälfte sollte nach außerhalb des Sonnensystems evakuiert werden, die andere Hälfte würde das Land verlassen und Zuflucht in den Meeren suchen. Dieser Plan wurde durchgeführt, und die Fusions-Generatoren kamen zur festgesetzten Zeit zur Explosion. Die Dinosaurier und Reptilien wurden zu 98 Prozent zerstört, und der Rest flüchtete auf den großen Planeten zwischen Mars und Jupiter, den man den Planeten Maldek genannt hat. Ungefähr die Hälfte der Präcetaceae (um die 30 Millionen Individuen) flüchteten in die Meere. Mit Hilfe ihres Vollbewußtseins konnten sie sich innerhalb von vier Millionen Jahren in wahrhafte Meerestiere verwandeln. Der Rest ihrer Zivilisation floh zum Pegasus und Cetus, wo sie auf ihre Rückkehr in dieses Sonnensystem zu einem späteren, vorhergesagten Zeitpunkt warteten.

Die Zerstörung der Zivilisationen der Reptilien und Dinosaurier geschah vor ungefähr 8 bis 10 Millionen Jahren. Nachdem die Reste dieser Zivilisationen auf den Planeten Maldek geflohen waren, überließ die Spirituelle Hierarchie der Erde die physische Hüterfunktion der einen verbleibenden Spezies – den Cetaceae. Die Cetaceae und ihre auf andere Sterne evakuierten Brüder waren jedoch entschlossen, mit Hilfe von Lady Gaia einen Ersatz für die jetzt vakante Rolle der Hüterschaft auf dem Land zu finden. Dies wurde zu ihrer großen Suche. Die Präcetaceae suchten mit Hilfe der Spirituellen Hierarchie der Erde in der unmittelbaren Nachbarschaft der

Galaxie (ein Gebiet, das sich ungefähr 80 Lichtjahre von der Sonne erstreckt) nach einem geeigneten Kandidaten, der die Cetaceae als Landhüter ersetzen könnte.

Nachdem sie zwei bis drei Millionen Jahre die Galaxie kreuz und quer abgesucht hatten, entdeckten sie schließlich einen Wasserprimaten, der auf dem vierten Planeten des Vega-Systems im Begriff war, das Meer zu verlassen. Diese Wasserprimaten besaßen die ersten Rudimente der Zivilisation, nämlich Schöpfungsmythen, eine Sprache und eine Kultur des Jagens und Sammelns. Nachdem sie diese Spezies ausfindig gemacht hatten, fragten sie bei der Spirituellen Hierarchie des Vega-Sternsystems an, ob sie die genetische Veränderung dieser Wasserprimaten erlauben würde, damit ihre Entwicklung zu einer intelligenten Spezies beschleunigt werden könnte. Auf diese Weise könnten sie darauf vorbereitet werden, zur Spezies der galaktischen Hüter zu werden.

Hinsichtlich dieser Entwicklung wurde Übereinstimmung erzielt und die genetischen Veränderungen in Angriff genommen. Die Bedeutung dieses evolutionären Sprungs von Wasserprimaten zu Vega-Menschen lag darin, daß dadurch eine neue Gruppe galaktischer Hüter geschaffen wurde, die diesen neuen Menschen erlaubte, ihre Technologie in einem sehr viel schnelleren Evolutionstempo voranzutreiben, als es sonst möglich gewesen wäre. Diese wichtigen Ereignisse führten dazu, daß sich die Menschen in diesem Teil der Galaxie schnell ausbreiteten. Sie stießen dabei vor ungefähr 4,5 Millionen Jahren auf Kräfte der Allianz der Dinosaurier und Reptilien. Die Menschen waren aufgrund der Intervention von Lady Gaia und der Cetaceae fähig, durchzuhalten und die Allianz erfolgreich zurückzuschlagen und zum Stehen zu bringen, während sie ihre Migration in diesem Teil der Milchstraßen-Galaxie fortsetzten.

Diese Migration hielt über eine Periode von etwa 2,5 Millionen Jahren an. Zu diesem Zeitpunkt waren sie bis an den

Rand eures Sonnensystems gelangt und hatten sich zur Galaktischen Föderation vereinigt, die beschloß, euer Sonnensystem zu kolonisieren. Lady Gaia stimmte diesem Plan zu, und die erste Erd-Kolonie, genannt Hybornea (auch bekannt als Hyperborea) wurde gegründet. (Siehe Abb. 13: *Migration der galaktischen menschlichen Zivilisationen.*) Hybornea bestand etwa 1 Million Jahre und war eine vollständige Zivilisation vom Typ Lyra/Sirius. Als die Gruppe der Dinosaurier vor ungefähr 1 Million Jahren ins Sonnensystem zurückkehrte, um ihren dezimierten Brüdern beizustehen, stellten sie fest, daß jetzt Menschen den größten Teil des Sonnensystems kontrollierten. Alles, was vom Machtsystem der Dinosaurier und Reptilien noch übrig war, war eine kleine Kolonie auf dem Planeten Maldek und eine kleine Gruppe von Vorposten am Rand eures Sonnensystems.

Dennoch entschloß sich die Allianz der Dinosaurier und Reptilien, ihre Autorität in dieser Region der Galaxie wiederherzustellen, indem sie ein Reihe von Angriffen auf die benachbarten Sternensysteme vornahm, auch auf euer Sonnensystem. Bei diesen Überfällen erhielten sie Rückendeckung von ihren Kräften auf dem Planeten Maldek, die jetzt in der Lage waren, die kleinen menschlichen Kolonien systematisch zu zerstören, die die Galaktische Föderation auf dem Mars, der Venus und der Erde gegründet hatte.

Durch diese Zerstörung verlor der Mars den größten Teil seiner Atmosphäre und Hydrosphäre (Meere, Flüsse und Seen). Auf der Venus wurde die Atmosphäre stark aufgeheizt und durch ätzende Gase so verunreinigt, daß kein Leben mehr möglich war. Die Kolonie von Hybornea auf der Erde wurde durch eine Reihe massiver Überfälle zerstört, wobei alle Menschen getötet und ihre gesamte Zivilisation vernichtet wurde. Das Ergebnis war, daß die Allianz der Dinosaurier und Reptilien wieder die Herrschaft über das gesamte Sonnensystem gewann.

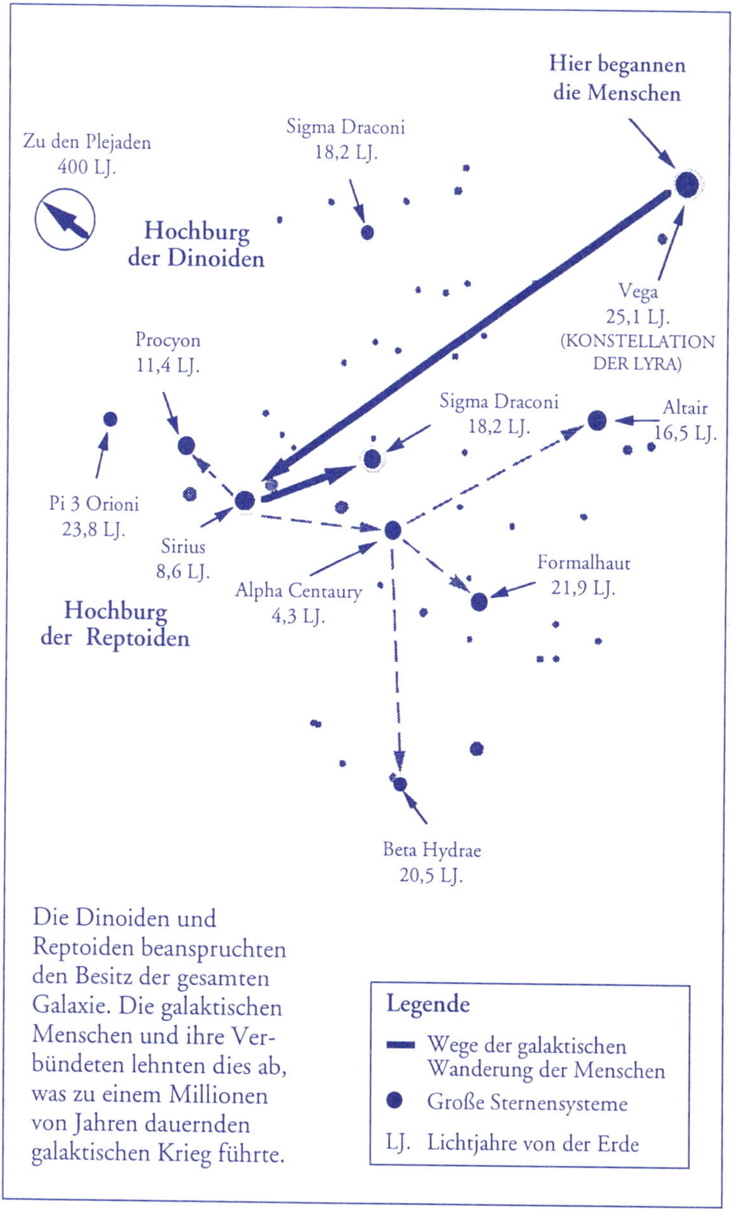

Abbildung 13:
Wanderung der galaktischen menschlichen Zivilisationen

Über eine Periode von etwa 80.000 Jahren war euer Sonnensystem ein Vorposten der Allianz der Dinosaurier und Reptilien. Sie wurde jedoch von den galaktischen Menschen durch eine breite Front, zu der viele Sternensysteme in der Nähe eurer Sonne gehörten, zurückgedrängt, so daß es möglich wurde, einen Plan für die Rückkehr der Menschen in euer Sonnensystem zu erstellen. Um diese Großtat zu verwirklichen, brachte die Galaktische Föderation einen großen Kampfplaneten in diese Region, dessen Aufgabe es war, den Planeten Maldek zu zerstören, der das Hauptverwaltungszentrum der Allianz der Dinosaurier und Reptilien im Sonnensystem war. Wäre erst einmal Maldek verloren, so glaubte man, ihre Kolonie auf der Erde relativ leicht besiegen zu können. Diese brutale Blitzaktion hatte Erfolg, und die Erde kehrte vor ungefähr 900.000 Jahren unter menschliche Herrschaft zurück.

Die Erdenmenschen verlegten das Zentrum ihrer neuen Kolonie auf den damals sogenannten Kontinent Lemurien. (Siehe Abb. 14: *Stufen der Zivilisation von Lemurien und die Geburt von Atlantis.*) Dort gelang es den ersten menschlichen Siedlern, eine lyisch/sirische Zivilisation aufzubauen, in der auf allen Ebenen des Lebens demokratische Prinzipien herrschten. In den nächsten 850.000 Jahren breiteten sich die Lemurier von ihrer Landbasis über die Erde in einem Gebiet, das jetzt der Pazifische Ozean ist, aus. Sie gründeten eine Reihe von sogenannten Tochterreichen, deren wichtigstes Atlantis war, eine riesige Insel mitten im Atlantischen Ozean. Eine weitere wichtige Kolonie war das Yü-Reich, zu dem das heutige Zentralchina und Tibet gehörten.

Die Atlanter hielten ihre Kultur bald für etwas Einzigartiges, was zu einem Gefühl der Getrenntheit von den anderen Tochterreichen Lemuriens führte. Das steigerte sich bis zu dem Punkt, daß sie sich selbst als Mutterreich empfanden und die Lemurier und ihre loyalen Tochterreiche zerstören wollten, um in den Besitz der Alleinherrschaft zu gelangen.

Stadien der Lemurischen Zivilisation und die Geburt von Atlantis

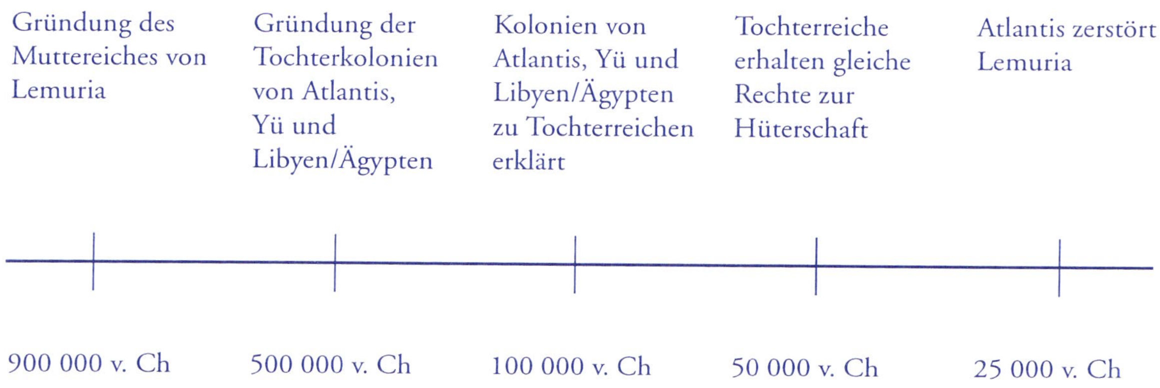

Abbildung 14: Stadien der Lemurischen Zivilisation und die Geburt von Atlantis

Die Lemurier hatten eine Zivilisation entwickelt, die in vieler Hinsicht der auf dem Sirius und vielen anderen Lyra-Sternen glich, aber sie hatten auch einige ganz eigene Konzepte hervorgebracht. Das wichtigste war ihr Glaube, daß sie die erste menschliche, Landgruppe waren, die eine Hüterfunktion für den Planeten Erde wahrnahm. Vor ungefähr 50.000 Jahren weiteten sie diese Funktion auf ihre Tochterreiche aus, von denen sie glaubten, daß sie sich genügend weit entwickelt hätten. Diese Entscheidung machte es den Atlantern möglich, Verbündete für ihren großen Plan der Vernichtung der Lemurier zu suchen.

Tatsächlich fanden sie Verbündete unter den verschiedenen abtrünnigen menschlichen Verteidigungskommandos, die ursprünglich von den Kolonien auf Alpha Centauri und den Plejaden gegründet worden waren. Während der nächsten 25.000 Jahre bildeten die Atlanter Allianzen mit diesen Verteidigungskommandos und diversen anderen Vorposten der Galaktischen Föderation, die das Konzept der hierarchischen Gesellschaftsstruktur von Atlantis teilten. Zusammen schmiedeten sie ein Komplott, das Lemurien zerstören und Atlantis die Oberherrschaft auf dem Planeten Erde einräumen sollte. Die Atlanter warteten geduldig auf den richtigen Augenblick, und vor ungefähr 25.000 Jahren entschieden sie sich gemeinsam mit den Abtrünnigen der Plejaden und des Centauri, Lemurien zu zerstören. Sie wußten, daß ihr Plan technisch zum Erfolg führen würde, daß aber außer Lemurien auch einer der Monde des Planeten Erde zerstört werden würde.

Zu jener Zeit hatte die Erde zwei Monde, die beide ungefähr dreiviertel so groß waren wie euer heutiger Mond. Die Abtrünnigen wollten einen dieser beiden Monde mit Hilfe von Kraftfeldern in eine spiralförmige Bewegung nach unten bringen. Bevor der Mond in die Position der kritischen Masse gegenüber der Erde kommen würde (der Lagrange-Punkt), sollte er zur Explosion gebracht werden, so daß ein Schauer von Meteoren über Lemurien niedergehe würde. (Siehe Abb. 15: *Wie Lemurien zerstört wurde.*)

Dieses Ereignis würde aufgrund der ungeheuren Masse von Mondfragmenten zu gewaltigen tektonischen Veränderungen führen. Tatsächlich kam es zu einer Vulkankatastrophe, die die großen Gaskammern unter Lemurien zur Implosion brachte, so daß der Kontinent und mit ihm die Zivilisation Lemuriens versank.

Vor ungefähr 25.000 Jahren zerstörten die Atlanter mit ihren Verbündeten, den Abtrünnigen von anderen Sternensystemen, den großen Kontinent Lemurien so vollständig, daß nur noch eine legendäre Erinnerung an ihn besteht. Durch Lotmessungen im Pazifik wurden jedoch neuerdings riesige Gebirge und Täler kartographiert, die einst das Wunder der Erde darstellten. Mit der Zerstörung Lemuriens stand dem Aufstieg des machthungrigen Atlantis nichts mehr im Wege.

Im nächsten Kapitel werden wir die Folgen der Zerstörung Lemuriens erläutern und eure derzeitigen Schwierigkeiten auf der Erde unter dem Gesichtspunkt des undemokratischen Herrschaftssystems von Atlantis diskutieren.

Es werden jetzt sicher viele Fragen zu dem Material in diesem Kapitel aufgetaucht sein. Im nächsten Abschnitt stellt Virginia Fragen an Washta zur „vergessenen Geschichte der Erde".

Fragen und Antworten

Virginia: Die erste Frage bezieht sich auf die drei nichtmenschlichen Zivilisationen, von denen ihr sagt, sie wären die ersten Bewohner der Erde gewesen. Bitte würdest du

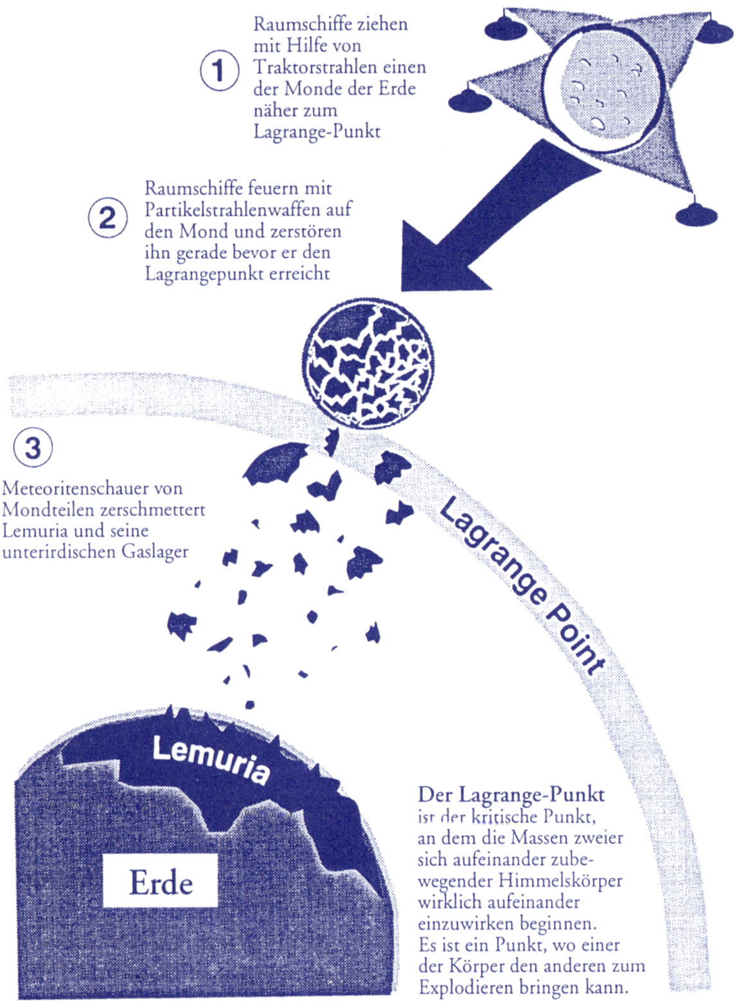

Abbildung 15: Wie Lemurien zerstört wurde

erklären, wie jede dieser Gruppen hier auf die Erde gelangt ist und wie ihre physische Erscheinung war.

Washta: die Gruppe der Präcetaceae entwickelte sich durch natürliche Evolution auf eurem Planeten vor der großen Vielfalt an Säugetieren, die es jetzt gibt. Diese Tatsache scheint den Schlüssen, die aus Knochenfunden und anderen fossilen Resten auf eurem Planeten gezogen werden, zu widersprechen. Geologen sollten sich aber darüber im Klaren sein, daß die Zerstörung der Dinosaurier und Reptilien auch das fossile Beweismaterial vernichtet hat. Nur die Gruppe der Präcetaceae, wie wir sie nennen, ist noch als Vermächtnis auf eurem Planeten übrig.

Wir wollen jetzt diese drei verschiedenen Spezies beschreiben. Wir beginnen mit den zwei Gruppen, die gegenwärtig nicht zu eurer Welt gehören, den Reptilien und den Dinosauriern.

Die Dinosaurier sind sehr unterschiedlich, und wir wollen mit den zwei Haupttypen beginnen. Der erste ist der Arbeiter- oder Soldatentyp. Er ist ungefähr zwei bis drei Meter groß. Er hat eine zweibeinige Struktur wie die meisten intelligenten Wesen in diesem Teil der Galaxie. Die Zehen sind klauenförmig, drei an jedem Fuß und vier Finger an jeder Hand. Dieser Typ hat einen sehr kleinen, fast nicht vorhandenen Schwanz und ähnelt in seiner Körperstruktur sehr stark dem modernen Menschen. Die Individuen unterscheiden sich in der Farbe ihrer Schuppenhaut, die von Rot über Grün, Blau, Braun bis zu Schwarz geht. Sie haben große, hervorstehende schwarze Augen. Dort, wo die Nase sein sollte, befinden sich zwei Löcher. Der Mund ist eine dünne Linie, und die Zähne haben Ähnlichkeit mit denen eines Hais. Auch die Ohren sind kaum existent.

Dann gibt es den Führertyp der Dinosaurier. Diese Gruppe hat schuppige, reptilienhafte Haut und sechs mit Schwimmhäuten verbundene Finger und Zehen. Der Schwanz hat scharfe Zacken am Rand, der an seiner Spitze fast aussieht wie ein Pfeil. Die Augen gehen von Schwarz bis zu einem üblen Rotton, und natürlich haben sie eine fast menschliche Gestalt. Kurzum, sie sehen so aus, wie ihr euch den Teufel vorstellt.

Die Reptilien haben ungefähr die gleiche Größe wie die Arbeiter unter den Dinosauriern, abgesehen von ihrem langen Schwanz, mit dem sie das Gleichgewicht halten. Ihre Muskeln sind ausgebildeter als bei den Dinosauriern, und sie haben ein krokodilähnliches, vorstehendes Gesicht. Ihre Augen ähneln mehr den menschlichen Augen als denen der Dinosaurier. Sie haben eine Ohrmuschel, die sie bewegen können.

Die Präcetaceae waren nicht so groß wie die anderen beiden Arten (knapp unter zwei Meter). Sie waren ebenfalls Zweibeiner, wobei die Arme etwas länger waren als die Beine. Diese Urcetaceae hatten fünf Finger und fünf Zehen und waren mit einem dicken Pelz bedeckt. Ihr Gesicht hatte eine große, pferdeartige Schnauze, und die Zähne waren – anders als bei den Dinosauriern und Reptilien – stumpfer. Ihe Augen waren denen von Menschen recht ähnlich, und sie hatten einen kurzen Stummelschwanz. Vor allem: Sie waren sehr intelligente und vollbewußte Wesen.

Virginia: Welchen Intelligenzquotienten hatten die Dinosaurier und Reptilien?

Washta: Verglichen mit modernen Erdenmenschen wären sie alle Einsteins gewesen. Schließlich waren sie fähig, in Raumschiffen durch den Weltraum zu reisen. Und nicht nur das, manche von ihnen konnten sich mit Hilfe ihrer Lichtkörper von einem Punkt zum anderen bewegen. Die Dinosaurier und Reptilien waren vollbewußte Wesen.

Virginia: Welche der drei Gruppen kam zuerst?

Washta: Die Dinosaurier und Reptilien kamen kurz nach den Säugetieren in eure Welt, sie sind also eng miteinander verbunden.

Virginia: Waren die Gruppen der Dinosaurier und Reptilien einfach auf Entdeckungsfahrt oder wußten sie, daß es den Planeten gab? Wie sind sie hierher gekommen?

Washta: Durch ihre hochentwickelte Raumtechnologie wußten sie, daß es um einen bestimmten Stern, nämlich um eure Sonne, ein System bewohnbarer Planeten gab, der sich zur Kolonisierung eignen würde. Sie schickten also Siedler aus, um Kolonien aufzubauen.

Virginia. Und diese beiden unterschiedlichen Gruppen waren friedfertig und ließen die Evolution der Präcetaceae zu?

Washta: Die ersten Siedler sowohl der Dinosaurier wie der Reptilien waren völlig anders als die meisten Mitglieder ihrer Spezies. Sie führten nicht sofort einen Krieg um die Führungsmacht. Dinosaurier wollen normalerweise die Herrschaft über ein Sternensystem haben, und die Reptilien ebenso. Daraus hätte leicht Krieg entstehen können, aber es kam nicht dazu. Wir wissen dies von der Spirituellen Hierarchie der Erde. Sie schickte ihnen Energien der Liebe und Kooperation. Dadurch sahen die beiden Siedlergruppen die Möglichkeit, den Planeten gemeinsam zu bewohnen, und hielten es nicht für notwendig, Territorien abzustecken. Diese Tatsache allein machte euer Sonnensystem zu einem so ungewöhnlichen und unglaublichen Ort – und zwar vom ersten Anfang der Zivilisation.

Virginia: Welche Gruppen befanden sich in der Evolution, als die Dinosaurier und Reptilien ankamen?

Washta: Es gab eine Primatengruppe, die jetzt ausgestorben ist und die keine Beziehung zu Menschen hatte.

Virginia: Wie sind sie hierher gekommen?

Washta. Sie waren Teil eines natürlichen Evolutionsprozesses und wurden zerstört, als die ersten Siedler der Dinosaurier und Reptilien ankamen. Nur die Präcetaceae überlebten, weil sie sich in riesigen Höhlen im Ural versteckten. Der

Evolutionsprozeß dieses Planeten ist deswegen vollständig anders, als ihn sich die Geologen, Anthropologen und Paläologen vorstellen.

Virginia: Verstehe ich dich richtig, daß die natürliche Evolution auf diesem Planeten durch einen ätherischen Schöpfungsprozeß Primaten hervorgebracht hat, die mit den Wassermenschen nichts zu tun hatten, welche die Lyra-Zivilisation gründeten?

Washta. Die Menschen, die vom Vega-Sternensystem stammen, sind eine andere Spezies und kein Evolutionsprodukt eures Sonnensystems.

Virginia: Die Evolutionstheorie von Charles Darwin ist also falsch, was die Abstammung des Menschen vom Affen angeht?

Washta. Ja, es ist eine vollständig falsche Annahme, die in den nächsten Jahren endlich begraben werden wird. Es wird bekannt werden, daß der größte Teil der Tierarten und der Vegetation auf der Erde seinen Ursprung auf anderen Sternen hat. Der Planet Erde mußte viele Male wieder aufgebaut werden, um die Biosphäre zu erhalten. Es hat viele fürchterliche Kriege gegeben, die große Verwüstungen auf eurem Planeten angerichtet haben, so daß das Leben wiederholt von neuem begonnen werden mußte.

Virginia: Danke. Könntest du erklären, wie die Präcetaceae, atmende Landsäugetiere, zu den Meerestieren wurden, die sie heute sind?

Washta. Folgendes ist geschehen: Als die Fusions-Generatoren implodierten, um die Zivilisationen der Dinosaurier und Reptilien zu zerstören, mußten die Führer der Präcetaceae einige ihrer Artgenossen auf der Erde lassen, um als planetare Hüter zu fungieren. Dadurch konnten die Energien der Biosphäre intakt gehalten und der Prozeß der Kooperation mit den Spirituellen Hierarchien (von Devas bis zu Erzengeln) fortgesetzt werden, so daß das Leben auf eurem Planeten erhalten werden konnte. Sie brauchten deswegen ein Medium, um die Katastrophe zu überstehen. Sie kamen zu dem Schluß, daß ein großes Wasserbecken – ein Ozean – das einzig mögliche Szenario sei.

Virginia: Ja, ich verstehe ihre Entscheidung, aber wie waren sie dazu fähig?

Washta: Da Cetaceae vollbewußte Wesen sind, konnten sie sich in einer langen Übergangsperiode von einem Landlebewesen in ein Meereslebewesen verwandeln.

Virginia: Wie lange dauerte diese Periode?

Washta: Sie brauchten ungefähr 2 Millionen Jahre, um den Evolutionsprozeß wieder voll in Kraft zu setzen. Deswegen erhielten sie sich am Anfang auf eine fast ätherische Weise und verwandelten sich später in ihre physische Form zurück. Aus ihr entwickelten sich dann im Laufe der Evolution die Wale und Delphine.

Virginia: Kannst du erklären, warum es zwei Arten gibt, die Wale und Delphine, und welche Funktion sie haben?

Washta: Die Delphine sind Wale mit Zähnen. Die Wale sind in zwei Typen unterteilt: die Wale mit Zähnen, von denen der größte der Pottwal ist. Er ist ungefähr sechzehn Meter lang, und sein Gebiß hat sich in eine Art Sieb verwandelt. Er frißt kein Fleisch, sondern ernährt sich nur von Plankton, Kelp etc. Er ist also Vegetarier, der Tonnen davon verzehren muß, um sich am Leben zu erhalten.

Virginia: Was wir hier gerne verstehen möchten, ist, warum einige von ihnen Zähne haben und andere nicht

Washta: Es wurde entschieden, daß für jede Nische der Ozeane ein Beschützer unterschiedlicher Größe notwendig sei. Damit jede Spezies überleben konnte, wurde ihr eine Nische zugewiesen als Teil des Erhalts der Biosphäre. Die Aufgabe der großen Wale war es, durch ihren Gesang ein Energiemuster aufrechtzuerhalten, das die Existenz der Biosphäre von Jahr zu Jahr ermöglicht. Die kleineren Wale, die

Delphine, sind dazu da, mit den angestammten Nahrungsketten des Ozeans zu interagieren; dazu sind sie kleiner und haben Zähne. Die Wale haben die Aufgabe, das Leben im Meer und auf dem Land zu erhalten. Die Menschen werden diese Aufgabe auf dem Land übernehmen, wenn sie wieder vollbewußte Wesen geworden sind.

Virginia: Und was ist mit den Delphinen und den Tümmlern?

Washta: Die Delphine und Tümmler unterstützen die Meeresspezies, indem sie die Energien ihres Biofeldes aufrechterhalten. Gelegentlich tun sie das auch mit einem Individuum oder mit einer Landspezies. Die großen Wale haben die Aufgabe, für den Erhalt der gesamten Biosphäre zu sorgen. Man kann es so sehen: Die großen Wale, wie der Buckelwal, liefern den Hintergrund für das große Gemälde des Lebens auf diesem Planeten. Sie sind die Erhalter des Lebens und der Mittel, mit denen sich das Leben selbst erhält. Die kleineren Wale, wie die Delphine, fügen die Einzelheiten in diesen Hintergrund ein, das heißt, die einzelnen Spezies von Meer und Land. Aus diesem unglaublichen Netzwerk entsteht das vollständige Bild, das Lebensmuster für alle Spezies schafft, so daß sie ihre Lebensessenz bewahren können.

Virginia: Jetzt möchte ich sichergehen, daß wir den Ursprung des derzeitigen galaktischen Menschen verstehen, der von einem Wasserprimaten auf der Vega abstammt. Könntest du erläutern, aus welcher Umgebung er ursprünglich kam und wie er lernte, im Meer zu leben?

Washta: Dieses Geschöpf war ursprünglich ein Primat, der zufällig am Meeresufer entdeckte, daß er Fische fangen konnte. Er wagte sich nach und nach immer weiter ins Meer hinaus und begann dabei, sein Bewußtsein zu verändern. Er verlor allmählich seinen Pelz und sah so aus wie die Menschen heute. Mit der Zeit wurde er ein sehr fähiger Meeresbewohner, ähnlich den heutigen Meerottern, die an der

Küste Kaliforniens und anderen Teilen des Pazifiks leben. Sie haben gelernt, auf dem Rücken auf der Wasseroberfläche zu schwimmen, und so können sie selbst weit draußen im Ozean existieren. Die Fähigkeit der Wasserprimaten, einfache Werkzeuge zu bauen, verschaffte ihnen die Möglichkeit, zu fischen und Nahrungsvorräte anzulegen. Daraus entwickelten sich soziale Stammesgemeinschaften, da die Primaten von Natur aus sehr gesellig sind.

Allmählich verließen sie jedoch das Meer und siedelten sich an der Küste an. Das war ungefähr der Zeitpunkt, als die Präcetaceae und die Spirituelle Hierarchie der Erde diese Wasserprimaten entdeckten. Sie baten die Spirituelle Hierarchie des Vega-Systems um Erlaubnis, zu intervenieren und die Evolution dieser Wasserprimaten zu einer galaktischen Zivilisation zu beschleunigen. Ein solcher evolutionärer Sprung hätte ansonsten vielleicht noch viele Millionen Jahre gedauert, so aber waren es nur 2 Millionen Jahre. Es war immer noch ein allmählicher Prozeß, der aber durch einen Eingriff in den natürlichen Evolutionsgang weit schneller vonstatten ging. Diese genetische Intervention wurde vorgenommen, weil man an der Art, wie diese Wesen miteinander kommunizierten, erkannt hatte, daß sie sich als Hüterspezies auf der galaktischen Ebene eigneten.

Virginia: Könntest du etwas darüber sagen, wie sich in den unermeßlichen Weiten des Raumes (selbst innerhalb unserer Galaxie) das Leben in diesen vielfältigen Formen auf den verschiedensten Planeten entwickelt, ohne daß jemand einen Überblick über all diese Geschehnisse zu haben scheint. Vielen Menschen fällt es schwer, diesen Mangel an Kommunikation oder bewußten Gewahrseins zu verstehen.

Washta: Überwiegend sind die Zivilisationen durch Kolonisierung entstanden. Sehr selten entsteht eine Zivilisation durch einen natürlichen Evolutionsprozeß in irgendeinem Sternensystem. Meistens wurden also Kolonien gegründet, aber die Art, wie sie entwickelt werden, entscheidet über ihre Geschichte und ihre Zukunft. Oft kommt es, wie auf eurem Planeten, zu Katastrophen, und die Menschen werden von dem, was sie sein sollen, abgeschnitten; dann kommt es zu einer Art von Amnesie, zu einem großen Vergessen.

Wie gesagt, auf dem Vega-Sternensystem gab es diese einzigartige Entwicklung des Wasserprimaten, der dann zu einer galaktischen Hüterrasse evolvierte. Das heißt, in ihr bildete sich das menschliche Grundmuster heraus – eure Vorfahren. Sie eigneten sich sehr schnell technisches Wissen an, so daß sie fähig wurden, sich in dieser riesigen Galaxie frei hin und her zu bewegen und anderen beizustehen und auf diese Weise ihre Hüterfunktion auszuüben. Man kann es als eine Art Wunder betrachten, das die Spirituelle Hierarchie der Erde ermöglicht hat und letztlich der göttliche Plan der höchsten Schöpferkraft durch ihr Instrument, die Herren der Zeit.

Virginia: Danke. Könntest du etwas über den Planeten Maldek sagen und wie er zerstört wurde.

Washta: Die Überlebenden der Zerstörung der Biosphäre der Erde durch die Präcetaceae waren auf den Planeten Maldek geflohen. Wir möchten betonen, daß es zu dieser Zeit in eurem Sonnensystem eine Reihe von gewaltigen Kriegen zwischen den Menschen und anderen Gruppen gab. Die wichtigste Folge dieser Kriege war, daß die Dinosaurier und Reptilien – nach ihrer erzwungenen Flucht von der Erde, dem Mars und der Venus – den Planeten Maldek besiedelten. Um die Herrschaft in eurem Sonnensystem zurückzugewinnen, benutzten sie den Planeten Maldek als Hauptquartier für ihre erneuten Kolonisierungsversuche. Deswegen entschieden die galakatischen menschlichen Kräfte, daß ihre Operationsbasis zerstört werden müsse, damit ein menschliches Rekolonisationsprogramm Erfolg haben könne. Es mußte ein Instrument der Zerstörung gefunden werden.

Virginia: War dieses Instrument der Kampfplanet?

Washta. Ja, das war die Lösung. Dieser Kampfplanet hatte fast die vierfache Größe der Erde.

Virginia: Und was geschah mit dem Kampfplaneten, nachdem Maldek zerstört war (woraus der Asteroidengürtel entstanden ist)? Er soll, wie ich gehört habe, noch immer existieren.

Washta: Ja, er existiert noch. Er wurde in eine weit entfernte Umlaufbahn katapultiert, am äußersten Punkt etwa 10 Milliarden Kilometer von der Sonne entfernt. In einem Zyklus von 3.600 Jahren bewegt er sich nach innen, bis er fast die Umlaufbahn des Merkur kreuzt, und zieht dann wieder nach außen. Durch diese Maßnahme wurde euer Planet und das Sonnensystem vor weiteren Invasionen der Dinosaurier und anderer Gruppen geschützt, die eure Kolonien auf dem Mars und der Venus vollständig zerstört hatten. Die Galaktische Föderation hatte deswegen große Anstrengungen unternehmen müssen, um die menschliche Zivilisation in euer Sonnensystem zurückzubringen. Der Kampfplanet, der dort draußen patroulliert, ist ein Sicherheitsfaktor, der potentielle Mörder ständig daran erinnert, daß dieses Sonnensystem tatsächlich geschützt ist.

Virginia: Ja, in der Bibel ist von Wormwood die Rede, und auch andere haben über den zwölften Planeten geschrieben. Handelt es sich um dasselbe Vehikel?

Washta. Ja, es ist dasselbe Vehikel.

Virginia: Meine Erkenntnis ist, daß in diesem Zyklus von 3.600 Jahren massive Schädigungen auf unserem Planeten entstehen und Veränderungen in der Geologie der Erde auftreten.

Washta: Das liegt an den Schwerkraftmustern und auch daran, daß seit der Zerstörung von Atlantis verschiedene Plejaden-Gruppen die Herrschaft innehatten. Das verändert sich jedoch, weil euer Planet jetzt unter der vollen Rechtshoheit des

Sirius steht und wir die Wiederholung dieser Schwierigkeit verhindert haben. Wir haben die Umlaufbahn des Kampfplaneten abgeändert, so daß er, wenn er in den inneren Teil eures Sonnensystems kommt, keinen so großen Einfluß mehr auf die Planeten Mars, Erde, Venus und Merkur haben wird.

Virginia: Heißt das, daß es keine Polsprünge mehr geben wird?

Washta: Nein, es wird nicht mehr, wie früher, zu Polsprüngen kommen. Die Erde ist im Begriff, vollständig verändert zu werden, und zwar in eine besondere Art von multidimensionalen Kristall, der aus Silizium und Kohlenstoff besteht, so daß sie zu dem herrlichen Vorzeigeplaneten wird, als der sie gedacht ist.

Virginia: Was sollen wir den Leuten sagen, die darauf bestehen, daß die Erde eine bestimmte Neigung hat und in dieser Position bleiben wird?

Washta: Diese Neigung wird mit der Ankunft des Photonenrings aufgehoben, denn wir müssen die Erde geradestellen, wenn das Firmament wieder seine alte Form annehmen soll. Diese Neigung von 23 ½ Grad entstand zu der Zeit, als das große Firmament durch die Atlanter zum Einsturz gebracht wurde, wodurch eine riesige Flut die Erde überschwemmte.

Virginia: Könntest du zuletzt noch sagen, ob die Pyramide, die angeblich auf dem Planeten Mars gefunden wurde, von galaktischen Menschen erbaut worden ist?

Washta: Sie gehörte zu einer großen Tempelanlage und ist das einzige Monument, das noch an die bedeutende Zivilisation erinnert, die bis zu ihrer Zerstörung vor ungefähr 1 Million Jahren auf dem Mars existierte. Sie wurde von denselben Dinosaurier-Gruppen des Maldek vernichtet, von denen wir gerade gesprochen haben. Sie wollten sämtliche Zivilisationen von Neptun bis Merkur zerstören und das gesamte Sonnensystem wieder unter ihre Herrschaft bringen.

Virginia: Für wen war dieser Tempel ein Monument?

Washta: Für die heiligen Energien, die in jedem Menschen existieren.

Virginia: Es ist also eine Art galaktischer menschlicher Tempel?

Washta: Er ist ein Energiezentrum, ein Ort der Anbetung. Er ist Ausdruck des Versuchs der Galaktischen Föderation, die Spirituelle Hierarchie in ihrer Schutzfunktion für euer Sonnensystem zu unterstützen. Er erinnert an jene, die die großen Katastrophen überstanden haben, die durch die Kriege der Dinosaurier ausgelöst wurden – jene Kriege, die das menschliche Bemühen um planetare Hüterschaft in eurer Region zerstören sollten.

Virginia: Ich möchte mich für deine Erläuterungen sehr bedanken. Ich bin sicher, daß wir weiter lernen und wachsen. Gibt es noch etwas, das du sagen möchtest, bevor wir uns heute verabschieden?

Washta: Ich möchte zum Abschluß noch zwei Punkte erwähnen. Erstens, die Geschichte eures Planeten wird bald allen Menschen offenbart werden. Diese Geschichte unterscheidet sich selbst von den wildesten Vorstellungen der Historiker radikal. Zweitens, in der Geschichte eures Planeten ist der Bauplan für die Erdenmenschen zu finden, so daß sie verstehen mögen, woher sie kamen und wozu sie bald werden.

Kapitel 6

Von Atlantis bis zur Sintflut

Washta, Teletron und Mikah setzen das Gespräch dort fort, wo sie in Kapitel 5 geendet haben; sie erklären die Zerstörung Lemuriens und den Aufstieg von Atlantis.

Atlantis hatte mit der Zeit Verbündete in der Galaktischen Föderation gefunden, die aus Abtrünnigen der Galaktischen Föderation und verschiedenen gesetzesfeindlichen Kommandogruppen (hauptsächlich von Alpha Centaury und mehreren vorgelagerten Kommandoposten in den Plejaden) bestanden und eurem Sonnensystem eine hierarchische Regierungsstruktur aufzwingen wollten. Dieser Plan war deshalb entwickelt worden, weil die gesamte Galaktische Föderation eurem Sonnensystem eine besondere Wichtigkeit beimaß. Die Abtrünnigen wollten ihre hierarchische Interpretation der Beziehungsgesetze über die demokratischere Version der Galaktischen Föderation gestellt sehen. (*Vgl. Kap.9, in dem die 4 grundlegenden gesellschaftlichen Gesetze über die Regelung von Beziehungen in den Lyrisch/Sirischen Zivilisationen besprochen werden.)* Das riesige System von Tochterreichen, die Lemurien als ihr Mutterreich betrachteten, war durch die Zerstörung Lemuriens zutiefst erschüttert und fragte sich, was die nahe Zukunft wohl bringen würde.

Neben Atlantis und Lemurien waren die beiden anderen wichtigen Reiche auf diesem Planeten das Yü-Reich in Asien und das Libysch-Ägyptische Reich in Nordafrika. Nach der Zerstörung von Lemurien war es dem Libysch-Ägyptischen Reich durch eine Reihe von Allianzen gelungen, zu einer

Verständigung mit den Atlantern zu kommen, die dem Reich einen gewissen Grad an Autorität in ihrem eigenen Land gewährten. Die Libysch-Ägyptischen Clans mußten jedoch den Änderungen, die die Atlanter wünschten, zustimmen, um selbst ein eigenes Reich bleiben zu können. Das einzige andere Reich von größerer Bedeutung war das Yü-Reich in Asien. Das Yü-Reich und seine Kolonien lehnten es ab, sich den Atlantern zu unterwerfen, auch nachdem das Mutterland Lemurien zerstört worden war. Sie sandten mehrere Dekrete aus, die die Atlanter aufforderten, sich bei den anderen Tochterreichen auf der Erde zu entschuldigen und augenblicklich ihre gewaltsamen Aktionen zu beenden.

Diese Forderungen bewirkten, daß die Atlanter mit Hilfe des Libysch-Ägyptischen Reiches verlangten, das Yü-Reich solle seine Dekrete widerrufen. Es weigerte sich. Die daraus resultierende Zerstörung des Yü-Reiches durch die vereinten Streitkräfte von Atlantis und ihren Verbündeten zwang die Überlebenden des Yü-Reiches, sich unter der Erde anzusiedeln. Sie bilden heute das Reich, das als Agartha bekannt ist. Ihre leidenschaftlichen Aktionen sollten das große und herrliche Vermächtnis Lemuriens aufrechterhalten bis zu einer Zeit, wo die wahre Lyrisch-Sirische Kultur den Menschen auf eurem Planeten wieder überbracht werden konnte.

Wenn wir den Aufstieg und Fall von Atlantis betrachten, so finden wir seine Geschichte in drei Reiche gegliedert. Der erste historische Abschnitt wird das Alte Reich genannt und dauerte von vor etwa 400000 Jahren bis 25 000 v. Ch. Das Alte Reich koexistierte zunächst mit Lemurien und schmiedete dann mit der Zeit ein Komplott zu seiner Zerstörung. Der zweite historische Abschnitt heißt das Mittlere Reich (etwa 25 000 v.Ch. bis 15 000 v.Ch.) und war die erste wirklich hierarchische Regierungsform auf dem Planeten Erde. Der letzte historische Abschnitt wurde das Neue Reich genannt. Es umfaßte den endgültigen Konflikt und

Untergang, die sich in den letzten 5000 Jahren der Atlantischen Geschichte abspielten (15 000 bis 10 000 v.Ch.). Sein schließliches Ende ließ die menschlichen Erdenbewohner in einem genetisch reduzierten Mutantenzustand zurück, unter dem ihr noch immer leidet. Wie ihr jetzt erfahrt, ist dieser Zustand jedoch zeitlich begrenzt, und mit eurer Hilfe wird ihm bald abgeholfen werden!

Wir wollen jetzt die Mittlere Periode von Atlantis nach der Zerstörung von Lemurien vor etwa 25 000 Jahren betrachten. Nach der Zerstörung von Lemurien stand die Atlantische Elite vor der schwierigen Frage, wie sie die Erde und ihre Reiche wieder aufbauen sollte. Die Atlanter wollten eine Stellung absoluter Autorität haben und doch die anderen Reiche innerhalb der Oberhoheit von Atlantis bestehen lassen. Diese Wünsche führten zu sehr vielen Schwierigkeiten. Der erste Versuch war eine Regierung, die die Lemurische Clan-Struktur weitgehend änderte und die traditionellen Konzepte Lemuriens durch eine elitäre Struktur ersetzte. Dieses erste Konzept mißlang jedoch gründlich und hatte eine Reihe von kleinen aber schwierigen Bürgerkriegen zur unmittelbaren Folge, die überall auf eurem Planeten ausbrachen.

Die Atlanter hatten zuvor einen künstlichen Maldek-Mond hereingebracht, um Lady Gaya im Gleichgewicht zu halten. Nun versuchten sie, mit Hilfe dieses Mondes die erstrebte militärische Oberhoheit zu erlangen und den Bürgerkriegen und Aufständen ein Ende zu setzen. Die Aufstände setzten sich jedoch über den gesamten Zeitraum des 10000-jährigen Mittleren Reiches fort und bereiteten der atlantischen Elite sehr viel Kopfzerbrechen. Die gerissenen Renegaten der verschiedenen vorgelagerten Sternensysteme schleusten mit der Zeit ihre eigenen Leute ein, die begannen, die Regierungskammern der Atlantischen Elite und ihre neu etablierten Clans zu übernehmen. Diese eingeschleusten

Renegaten bestanden nach und nach immer mehr auf einer Bestrafung der Atlantischen Führer, die sich der Anti-Lemurischen Fraktion widersetzten, und das leitete eine Periode des Terrorismus, der Folter und Inquisition ein, die die Atlantische Elite sehr aufbrachte und entzweite.

Die Hauptfrage blieb jedoch noch immer, was getan werden konnte, um die Atlantische Regierung zu festigen. Und wenn dieses Ziel einmal erreicht war, blieb die Frage, wie sie diese Festigkeit dazu benutzen konnte, den Planeten Erde zu regieren. Es gab viele erfolglose Versuche, Stabilität herzustellen. Einer der erfolgreichsten war, eine sogenannte Gottes-Kraft zu erschaffen. Der königliche Regierungsrat von Atlantis beschloß, daß dringend eine neue Form der Regierung benötigt wurde, in der eine überlegene Herrscherklasse dadurch etabliert und gefestigt werden konnte, daß sie vorgab, von einer Gottes-Kraft dazu ermächtigt worden zu sein. Das widersprach dem vorangehenden Mächtegleichgewicht, das auf das Alte Reich (zu Zeiten Lemuriens) folgte, in dem Atlantis zehn Regierungsdistrikte hatte, jeder mit seinem eigenen König. Diese Könige bildeten den Regierungsrat von Atlantis. Das neue Konzept war nun, einen dieser zehn Könige als obersten Herrscher zu wählen. Die anderen neun Könige würden das Kabinett des herschenden Königs bilden. Sie würden ermächtigt werden, einen Regierungs- oder Geheimen Rat zu bilden, für den diese regionalen Herrscher die Kandidaten wählten.

Die Autokratie war im Kommen, und zu Ende des Mittleren Reiches hatte dieses System straffer Regierung die volle Kontrolle über Atlantis und erzwang eine Periode des Friedens und der Stabilität. Eine große Schwierigkeit entwickelte sich jedoch sehr bald. Viele aus der neuen Generation, die im Mittleren Reich aufgewachsen waren, mißtrauten der herrschenden Elite. Es entstand also eine Widerstandsbewegung, die behauptete, Atlantis hätte versagt, und forderte, man solle zum alten Lemurischen Regierungssystem zurückkehren. Solche Wünsche konnten natürlich nicht zugelassen werden; deshalb wurden diese Gruppen in ein Gebiet ins Exil geschickt, das die Atlanter Ionien oder Südeuropa nannten. (*Vgl. Abb. 16: Karte des Mittelatlantischen Reiches.*) Die exilierten Rebellenführer wurden dazu verurteilt, in Ionien zu bleiben, bis sie die Überlegenheit der Atlanter erkennen und sich ihr unterwerfen würden. Die herrschende Atlantische Elite hoffte, daß diese Maßnahmen die Rebellen dazu bewegen würden, sich den Regeln zu beugen. Die Geschichte nahm jedoch eine andere Wendung.

Diese aufständischen Gruppen bestanden nämlich nicht nur aus Mitgliedern der herrschenden Elite, sondern auch aus führenden Wissenschaftlern und anderen Verwaltern, die beschlossen hatten, eine Regierung ähnlich der des alten Lemurischen Reiches zu gründen. Die Aufständischen begannen daher im Geheimen, die Lemurische Regierungsform wieder neu zu erschaffen und ihre Pläne durch eine Untergrundbewegung zurück nach Atlantis zu bringen. Diese Untergrundbewegung wurde der Osiris-Kult genannt, zu Ehren der ursprünglichen menschlichen Gruppe (der Sirianer), die den Auftrag gehabt hatte, menschliche Zivilisation auf den Kontinent von Lemurien zu bringen.

Die Osiris-Bewegung gewann jedoch erst nach 3000 bis 4000 Jahren des Neuen Reiches an Bedeutung. Die Atlanter kamen nämlich schließlich zu dem Entschluß, daß dieser Kult jetzt zerstört werden mußte, indem man die Ionier vernichtete. Die herrschende Elite von Atlantis beschloß also, Ionien mit Hilfe eines ähnlichen Planes zu vernichten, wie sie ihn seinerzeit gegen Lemurien verwnadt hatte. Eine solche Lösung erforderte die Hilfe ihrer Allierten von den Plejaden, Alpha Centaury und anderen Abtrünnigen. Dies brauchte allerdings ein wenig Zeit, und es blieb den Ioniern nicht verborgen.

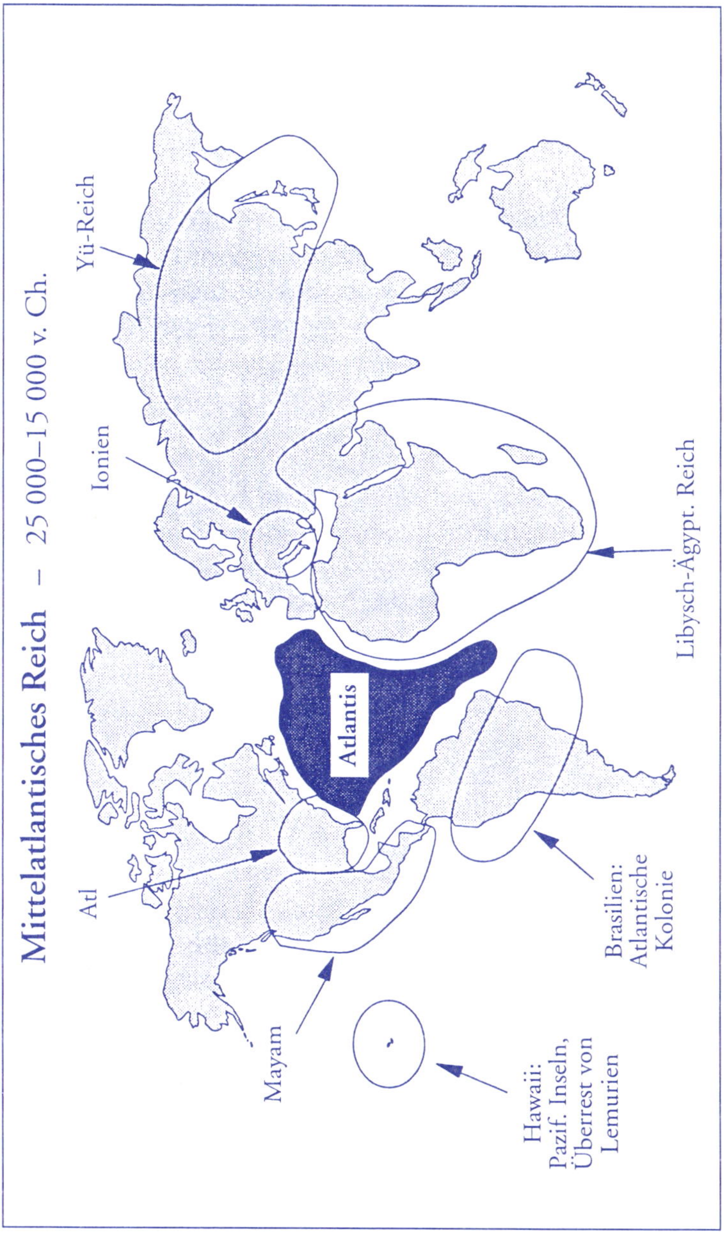

Abbildung 16: Karte des Mittelatlantischen Reiches

Die Ionier hatten durch ihre wissenschaftlichen Kenntnisse ein Frühwarnsystem entwickeln können, das die Bewegungen eines jeden Mondes aufzeichnete, der eventuell dazu benutzt werden konnte, sie zu zerstören. Sie waren daher in der Lage, jeden Angriff rasch zu kontern. Diese Fähigkeiten der Ionier sollten zum Untergang von Atlantis führen.

Zur Zeit des Untergangs von Atlantis regierte ein König mit Namen Atlas über Atlantis. In dieser Zeit begann sich die Mehrzahl der herrschenden Elite zu fragen, wie die Exilgruppe in Ionien und ihre Untergrundbewegung auf die Zerstörung Ioniens reagieren würde. Sie fingen an, sich zu fragen, ob dieser Angriff wirklich die Drohung, die von der Untergrundbewegung ausging, beenden würde. Auch die herrschende Elite des Libysch-Ägyptischen Reiches war alarmiert und machte sich Sorgen darum, was geschehen würde, wenn Ionien angegriffen würde.

König Atlas war insgeheim dafür, die Lemurische Zivilisationsform wieder einzurichten. Er hatte einen Sohn, der zu Ehren der in Ionien exilierten Untergrundbewegung den Namen Osirius oder Osiris trug. Osirius hatte am Hofe seines Vaters viele Funktionen innegehabt. Kurz vor der Zerstörung sandte Atlas seine Frau, Königin Mu, und ihren Sohn Osirius in zwei verschiedene Richtungen aus, um die Verschwörung, die den Tod des Königs plante, zu zerstreuen. Er sandte Königin Mu und ihren Bruder, Prinz Mayam, mit dem Großteil der atlantischen Armee nach Südamerika. Osirius und die meisten Priester und Geschichtsschreiber schickte er in das Libysch-Ägyptische Reich. (*Siehe Abb. 17: Der Atlantische König Atlas entwirft einen Plan, um die Lemurische Kultur wieder einzurichten.)*

Atlas hatte gehofft, (nach der Zerstörung von Atlantis) in bestimmten Gegenden Reiche zu schaffen, die das Lemurische Reich wiederherstellen konnten. Unglücklicherweise wurde seine Hoffnung durch Osirius' jüngeren Bruder Seth

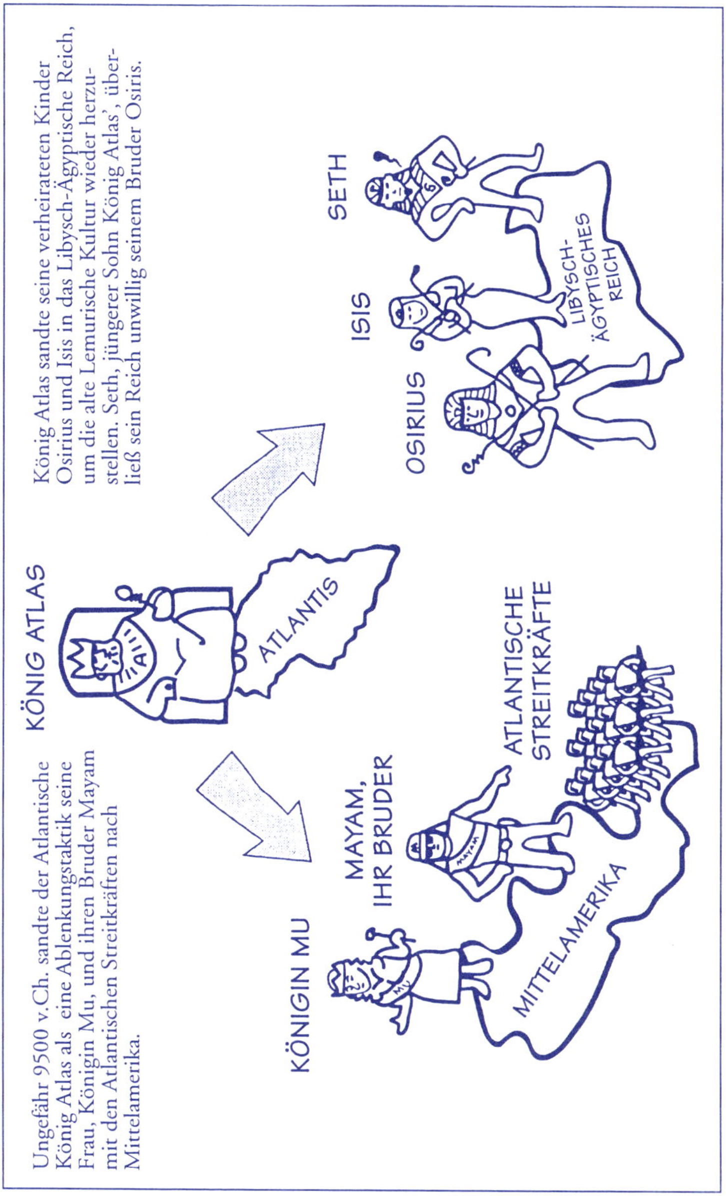

Abbildung 17: Plan des Atlantischen Königs Atlas zur Wiederherstellung der Lemurischen Kultur

zunichte gemacht. Seth als der ernannte Herrscher über das Libysch-Ägyptische Reich hatte befunden, daß er der letzte war, der noch den wahren Atlantischen Glauben hochhielt, und sein Hauptziel war, das Atlantische Reich wieder herzustellen.

Diese einander widersprechenden Überzeugungen führten zu einem großen Konflikt zwischen Osirius und seinem Bruder Seth. An der Spitze der Armeen Prinz Osirius' stand sein oberster General und ältester Sohn Horus, der nach der Erbfolge nach dem Tode seines Vaters Herrscher über das Libysch-Ägyptische Reich werden sollte. Horus entdeckte auf irgendeine Weise, daß sein Onkel Seth sich seinem Vater militärisch entgegenstellen wollte, und warnte seinen Vater.

Osirius hielt Seth jedoch für wohlmeinend und glaubte, er würde die Anordnungen seines Vaters Atlas treu befolgen. Er wollte den Warnungen seines Sohnes, daß ein Angriff von Seths Armeen bevorstünde, keinen Glauben schenken. Als Osirius in Ägypten landete, überließ ihm Seth den Platz als neuer König des Libysch-Ägyptischen Reiches. Osirius wurde König, weil nach dem Gesetz immer der älteste Sohn herrschen mußte. Seth glaubte jedoch, Osirius' Königtum würde nur von begrenzter Dauer sein. Als Seth nicht gestattet wurde, selbst wieder König zu werden, kam er nach und nach zu dem Entschluß, Osirius anzugreifen. Er bewegte also seine Streitkräfte vom Nil in die Gegend, die heute als Naher Osten (Sumerien) bezeichnet wird, und plante, Osirius durch einen Großangriff seiner Armeen zu vernichten.

Inzwischen bewegte Horus seine Streitkräfte auf die Halbinsel Sinai und machte dort eine erstaunliche Entdeckung, die die ganze Rechnung, Seths Truppen niederzuschlagen, veränderte. Zu dieser Zeit kam ein neuer Spieler ins Spiel, der einen wichtigen zusätzlichen Reiz darstellte. Das Reich von Agartha (die frühere Yü-Tochter des Lemurischen Reiches) hatte beschlossen, einen Teil seiner Autorität wieder herzustellen, indem es unter der Herrschaft des Sohnes des Königs von Agartha in Indien ein Reich an der Oberfläche errichtete. Dieser Prinz von Agartha trug den Namen Rama, und sein Reich ist eurer Zeit unter diesem Namen, Rama, überliefert.

Das Rama-Reich lag ursprünglich im Tal des Indus in Indien. Die Agarther waren zu der Überzeugung gelangt, daß dieses neue Reich in der Lage wäre, zu helfen, Seth und seine Sumerischen Armeen zu schlagen, die jetzt Unterstützung von den letzten Überresten der abtrünnigen Kräfte bekamen, die zunächst für Atlantis bestimmt gewesen waren. Diese neue agarthische Zivilisation an der Oberfläche der Erde unterstützte Horus dadurch, daß sie ihm mit ihren Luft- und Raumstreitkräften Deckung gab. Mit Hilfe dieser Unterstützung gelang es Horus, vorübergehend eine Reihe von Vorposten auf der Halbinsel Sinai zu errichten, so daß er Seths Armee angreifen konnte. Schließlich kam es zu einer großen Schlacht am östlichen Ende der Sinai, in der Seth erfolgreich angegriffen und getötet wurde. Seths Söhne flohen durch das Heilige Land in den heutigen sogenannten Nahen Osten und begannen dort eine Kultur, die die frühen Anfänge des sumerischen Reiches darstellte.

Die Sumerer, die Söhne Seths, waren nun fest entschlossen, ein für allemal jedes Überbleibsel von Lemurien, das möglicherweise noch auf der Erde bestand, zu vernichten. Diese Gefahr führte Horus dazu, Vereinbarungen mit dem Rama-Reich in Indien zu treffen. Eine Reihe von Angriffen von Seiten der Söhne Seths auf das Rama-Reich in Indien führte zu einer Reihe von Gegenangriffen durch Horus' ägyptische Streitkräfte auf die Sumerer. Diese Serie von sehr destruktiven Kriegen brachte offenbar dem größten Teil der zivilisierten Welt von Europa, Afrika und Asien den Ruin.

Die Elite dieser kriegführenden Reiche beschloß nun, die Kristalltempel anzugreifen. In diesen Tempeln befand sich ein Netzwerk von Kristallen, die das Firmament über der Oberfläche der Erde an seinem Platze hielten. Diese unglaublichen Massen kristallisierten Wassers wurden von den kriegführenden Parteien als letzte Chance betrachtet. Dabei glaubten die drei beteiligten Reiche, daß nur so viel Wasser herunterfallen würde, daß das Territorium des Feindes überflutet, ihr eigenes Reich davon jedoch nicht betroffen sein würde. Unglücklicherweise griffen alle drei gleichzeitig die Kristalltempel an, und so wurde ein genügend großer Teil des kristallinen Netzwerkes zerstört, um die Struktur des Firmaments am Himmel zu durchbrechen. Das führte dazu, daß Milliarden von Litern von Wasser vom Himmel fielen – historisch und in der Bibel als die Sintflut beschrieben.

Wir wollen uns kurz damit befassen, woraus das Firmament bestand und was damit geschah. Das Firmament war ein riesiger Schild aus gefrorenem Wasser in zwei Lagen, die eine etwa 5000-6000m von der Erdoberfläche entfernt, und eine zweite, höhere Schicht etwa 12000-13000m von der Erdoberfläche der Erde. *(Siehe Abb. 18: Beschreibung der Firmamente).* Diese beiden Schichten sorgten dafür, daß die Erde eine sehr wohldurchdachte und lebensfreundliche Atmosphäre hatte. Wenn die Firmamente fielen, würde sich die Atmosphäre öffnen, und gefährliche Strahlungen würden bis auf die Erdoberfläche dringen und zu unstabilen Luftmassen, die ihr jetzt Wetter nennt, oder sehr unterschiedlichen Klimazonen führen.

Damals zu Zeiten des Firmaments gab es keinen Regen, sehr wenig Wind keine wirklichen Jahreszeiten. Bei den gleichzeitigen Angriffen auf die Kristalltempel führte die Zerstörung zu einem riesigen Loch im Firmament. Dieses riesige Loch destabilisierte das ganze Firmamentsystem, und damit kamen die riesigen Regengüsse. Mit einem raschen Streich wurden das Rama-Reich, das Ägyptische Reich und das Sumerische Reich in der großen Weltuntergangsflut vernichtet. Diese Flut breitete sich über die ganze Welt aus und

Beschreibung der Firmamente

Ungefahr 9500 v.Ch. waren die Firmamente noch an ihrem Platz. Die Hälfte des Firmaments 1 brach zusammen, als Atlantis zerstört wurde. Das Firmament wurde 9 400 v. Ch. vom Libysch-Ägyptischen Reich künstlich wiederhergestellt. Ungefähr 4000 v. Ch. wurden jedoch Firmament 1 und 2 während der Rama-Libysch-Ägyptischen Kriege vollständig zerstört und führten zur Sintflut.

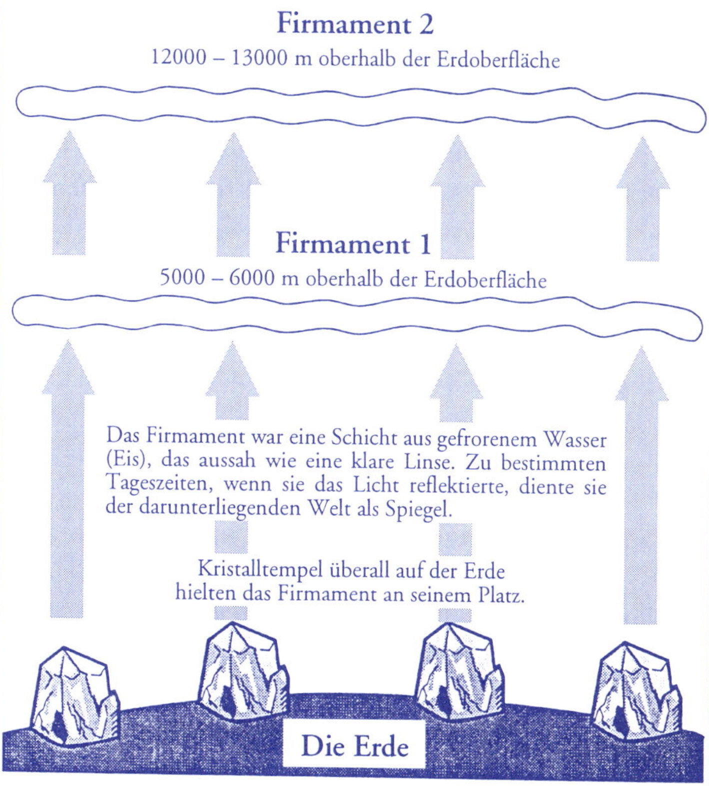

Abbildung 18: Beschreibung der Firmamente

erreichte die beiden Amerikas, andere Teile von Asien, Europa, Afrika und die Ozeanbecken.

Zurück blieb nicht nur eine 40-tägige Regenperiode, sondern eine neue Welt. Die alte Geschichte der Menschheit war buchstäblich hinweggeschwemmt, und was übrigblieb, waren mündlich überlieferte Geschichten und Legenden. Die Erdenmenschen sollten sich einmal überlegen, was diese Legenden wirklich bedeuten. Nach der Flut kam die Welt, die eure Vorfahren geschaffen haben und in der ihr jetzt lebt. Die Völker und Herrscher aus dieser früheren alten Zeit sind zu euren Göttern und Göttinnen geworden, und ihre Zeit ist euer mythologisches Goldenes Zeitalter. Was ihr als Volk braucht, ist ein Verständnis der Bedeutung der Geschichte, die wir gerade beschrieben haben, und was diese Geschichte mit dem zu tun hat, was jetzt auf eurem Planeten geschehen wird.

Sicherlich sind jetzt viele Fragen zu diesem Kapitel aufgetaucht. Im nächsten Abschnitt stellt Virginia Fragen an Washta über die Zeit von Atlantis bis zur Sintflut .

Fragen und Antworten

Virginia: Washta, gibt es irgendwelche physischen Anhaltspunkte für Atlantis, die wir heute auf der Erde finden könnten? Oder gibt es Anhaltspunkte dafür, daß wir welche gefunden, aber nicht als solche erkannt haben?

Washta: Es gibt riesige Gebiete von Atlantis im Atlantischen Ozean um die Kanarischen Inseln herum und auch Gebiete vor der Südwestküste Spaniens entlang seines kontinentalen Sockels. Es gibt auch Gegenden in den Bahamas und in dem Gebiet westlich und südlich der sogenannten Antillen

– Kuba und Puerto Rico. Es gibt viele Gebiete des Ozeans um die zentrale mittelatlantische Schwelle, wo Schöpfungen von Menschenhand aus dem Atlantischen Reich zu finden sind. Es gibt auch noch andere Gebiete vor der Küste von Nord- und Südkarolina in den U.S.A., wo solche Dinge entdeckt wurden, aber im Moment nicht publik gemacht werden.

Virginia: Sind irgendwelche dieser Gegenden leichter zu erreichen als andere, oder sollen wir überhaupt daran denken, jetzt danach zu suchen?

Washta: Verschiedene Tempelbereiche, die noch nicht aufgetaucht sind, werden wieder an die Oberfläche kommen, wenn wir hier landen. Wißt also, daß Atlantis seine Fußspuren in der Geschichte eures Planeten auf seine eigene Weise zu gegebener Zeit sichtbar machen wird. Viele Regierungen haben bereits zahlreiche dieser Gebiete ausgegraben und viele Gegenstände gefunden, die unsere Aussagen beweisen. Wichtig ist, einfach ganz in Ruhe abzuwarten, in dem Wissen, daß das Gebiet von Atlantis dabei ist, zur richtigen Zeit wieder aufzutauchen.

Virginia: Gibt es geologische oder anthropologische Überreste des Yü-Reiches, die wir heute finden könnten? Oder sind schon Dinge gefunden worden, die auf die Existenz eines solchen Reiches hinweisen?

Washta: Es gibt Orte in den ausgedehnten nordöstlichen Bereichen wie auch in der weit westlich gelegenen Wüste von China, wo Überreste dieses Reiches gefunden wurden. Das Wichtigste, was man über dieses Reich sagen kann, ist folgendes: Die Überlebenden verließen Yü, zogen in den Himalaya und schufen dort das legendäre Agartha. Dieses Gebiet ist der Schlüssel für die Verbindung eurer Oberflächenmenschen mit denen, die unter der Erde leben und die auf diese Gelegenheit warten, wenn wir auf der Erde landen.

Virginia: Willst du damit sagen, daß die inneren Welten von Agartha in Kürze nach außen kommen werden?

Washta: Ja, das ist ein Ereignis, das die unterirdischen Menschen eures Planeten als „die große Wiedervereinigung" bezeichnen. Sie freuen sich auf die Zeit, wo alle die verschiedenen Kolonien von Lemurien, die in großen Teilen eures Planeten überall in Nord- und Südamerika, Asien, Afrika und Europa unter der Erde leben, wieder ihren alten Platz einnehmen dürfen, indem sie an die Oberfläche kommen. Bis jetzt sind ihre Kolonien größtenteils geheim gehalten oder als so zweifelhaft dargestellt worden, daß sie nicht gestört wurden.

Virginia: Von ungefähr welchen Zahlen von Wesen ist hier die Rede, und sind sie an ihrem jetzigen Platz sicher vor der Arbeit der Grauen und anderer?

Washta: Sie haben unter der Erde absolut von allem abgeschlossen gelebt und dabei das Modell der Lemurischen Gruppenregierung stets beibehalten, und zwar seit dem Ende von Lemurien und insbesondere während der Zerstörung von Atlantis. Sie sind dort sicher, und ihre Bevölkerung beläuft sich insgesamt auf etwa 25 Millionen.

Virginia: Du hast von Orten in Afrika gesprochen. Kannst du sagen, wo diese Orte sind, ohne damit den Menschen zu schaden?

Washta: Es gibt große Orte überall in Afrika. Einer dieser wichtigen Plätze ist die Große Pyramide in Ägypten, die als Bewahrer der Energien der Vorgeschichte von Lemurien fungiert. Die Aufzeichnungen darüber befinden sich in der Großen Pyramide in einem besonderen Raum nahe der Basis, der geheim gehalten werden muß. Der Raum, dessen einziger Zweck es ist, diese Aufzeichnungen vor jenen zu sichern, die sie nicht sehen sollen, ist durch spezielle devische Energien vollkommen abgesichert.

Virginia: Ja, danke. Könntest du etwas über das Rama-Reich und den Hinduismus der heutigen Zeit als Religion oder Philosophie sagen?

Washta: Rama kam aus Agartha, um ein höheres Reich in Indien zu errichten – eines, das die Wiederkehr der kooperativen Lemurischen Zivilisation bringen sollte. Aufgrund verschiedener Einflüsse von seiten der Rebellen von den Plejaden und Alpha Centaury, die eingriffen und den Erfolg dieser Mission vereitelten, geschah dies jedoch leider nicht. Das ist es, was in den verschiedenen Büchern des *Mahabarata* und *Ramayana* beschrieben wird. Sie enthalten die Geschichte jener Zeit. Die Energien und das Vermächtnis des Rama-Reiches wurden in zahlreichen Tempeln hinterlassen, die zum Teil bis zum Aufstieg des modernen Hinduismus vor ca 2000-3000 Jahren erhalten blieben. Diese Tempel-Aufzeichnungen sind sicher und geheim verwahrt worden und dienen denen, die sie verstehen können, als Grundlage für den modernen Hinduismus.

Virginia: Gibt es heute in Indien irgendwelche speziellen Überreste, die insbesondere mit dieser unterirdischen Familie zu tun haben oder mit geographisch oder anthropologisch interessanten Stätten?

Washta: Es gibt viele solche Stätten im Tale des Indus und in anderen Flußtälern, wie zum Beispiel dem Ganges-Tal, wo Tempelstätten den Kern der Ruinen alter Städte bilden. Diese Stätten sind Überreste von Rama und auch von Lemurien. Es liegt daran, daß Indien eines der spirituellen Hauptzentren für die Praxis einer, wie man es heute nennen würde, religiösen Wissenschaft war, die auf Lemurischen Konzepten aufbaute. Diese Praktiken und Überzeugungen wurden zu vielen anderen Orten gebracht, wie zum Beispiel ins heutige Ceylon oder Sri Lanka, und natürlich auf die heutigen Hawaiianischen Inseln. Sie sind da und werden, wenn die Landungen erfolgen, entdeckt, erforscht und benutzt werden.

Virginia: Gehören dazu auch die Osterinseln, oder ist das etwas anderes?

Washta: Die Osterinseln waren eine Landezone, die zum Transfer wissenschaftlicher Informationen aus den südwestlichen und südöstlichen Regionen von Lemurien in die nordöstliche Region benutzt wurde, die heute Hawaii genannt wird und die das Hauptzentrum der Wissenschaft war. Die Insel war also ein Haupttransferpunkt für Wissen, da dieses Wissen sowohl mit Hilfe von Fahrzeugen als auch durch spezielle technische Einrichtungen weitergegeben wurde, die heute auf eurem Planeten unbekannt sind.

Virginia: Wir wüßten gerne, wer zuerst das sogenannte Firmament errichtete und wann das geschah.

Washta: Das Firmament wurde ursprünglich von der ersten ätherischen Zivilisation eingerichtet, die vor etwa 35 Millionen Jahren auf euren Planeten kam. Es geschah, um den Planeten Erde vor der Strahlung der Sonne und anderen kosmischen Strahlungen zu schützen, die regelmäßig euer Sonnensystem durchdringen. Dieses Firmament wurde im Laufe der Zivilisationen und Invasionen viele Male zerstört und wieder aufgebaut. Flutkatastrophen sind also seit der Zeit dieser ursprünglichen ätherischen Zivilisation in der geologischen Geschichte dieses Planeten immer wieder aufgetreten.

Virginia: Kann es jemals wieder ersetzt werden?

Washta: Einige der kleinen Kristalltempel, die dazu dienten, das letzte volle Firmament an seinem Platz zu halten, bestehen noch, aber andere müssen zu gegebener Zeit wieder erstellt und neu aktiviert werden. Dies wird ein Teil unserer Erneuerungsarbeit sein. Wir haben bereits Gebiete eingerichtet, die jetzt unter der Meeresoberfläche oder an anderen schwer zugänglichen Orten liegen, wo wir das ursprüngliche Netz von Kristalltempeln wiederherstellen wollen. Kristalltempel, die leichter zu benutzen und in Kraft zu setzen sind, werden in der physischen Dimension benutzt werden. Die übrigen werden durch ätherische Energiemuster holographischer

Bilder benutzt werden, die Replika der Originale sind. Zu gegebener Zeit, wenn die Landungen abgeschlossen sind, werden diese speziellen Gebiete aktiviert, und dann wird das Firmament wieder an den Himmel zurückkehren.

Virginia: Ja, danke. Ist das Bermuda-Dreieck etwas Ähnliches wie das, was du als Kristalltempel bezeichnest?

Washta: Diese verschiedenen wissenschaftlichen Vorrichtungen unter der Meeresoberfläche gehören in der Tat zum Prozess der Kristalltempel. Aufgrund dessen, was nach dem Untergang von Atlantis geschah, wurde das Bermuda-Dreieck jedoch zu einer interdimensionalen Pforte. Viele Gruppen, die von einer Dimension in die andere überwechseln, haben dieses Dreieck zum Transport und zur Kommunikation benutzt. Wenn das Dreieck aktiviert ist, öffnet sich eine interdimensionale Pforte. Alles, was sich innerhalb des Dreiecks befindet, wo der Kommunikationspunkt stationiert ist, erlebt dann diesen Pforteneffekt und verschwindet entweder oder wird in einen anderen dimensionalen Raum in der Zeit befördert.

Virginia: Ja, danke. Gibt es noch andere Tempel, von denen wir wissen sollten?

Washta: Es gibt Tempel vor Japan, vor Hawaii, entlang der Atlantikküste von Nordamerika und in Europa, sowie verschiedene in Afrika, Südamerika, Australien und in den Ozeanbecken des Atlantischen und Pazifischen Ozeans.

Virginia: Sahen diese Tempel in Größe und Gestalt alle gleich aus, oder waren sie irgendwie unterschiedlich?

Washta: Sie waren verschieden, je nachdem, ob sie die Hauptpunkte oder die unterstützenden Punkte eines Netzes bildeten. Die Hauptpunkte auf dem Netz waren riesige Tempel, in ihrer Größe und ihrer Grundstruktur beinahe wie die Große Pyramide. Andere Nebentempel waren halb oder ein Viertel oder ein Achtel so groß wie dieser spezielle Prototyp.

Virginia: Haben alle Pyramiden, die es von Guatemala bis in Teile Mexikos gibt, irgendwie mit diesem Netz zu tun?

Washta: Sie sind auf heilige Knotenpunkte des Netzes gebaut, weil diese heiligen Knotenpunkte des Netzes zwei Funktionen haben. Erstens stärken sie alle, die sie besuchen, indem sie sie mit Energie aufladen. Zweitens kann man dort (durch den „dünnen Schleier", der um sie herum ist) mit der „anderen Seite" kommunizieren, dem, was ihr die spirituelle Dimension nennt. Als diese Stätten erbaut wurden, geschah es absichtlich zu diesen beiden Zwecken.

Virginia: Es gibt sicher noch viele Fragen, die wir stellen könnten, aber ich möchte heute mit der Frage enden, wie der Fall des Firmaments die Schwierigkeiten, die wir heute mit Wetter und kosmischen Strahlungen haben, ausgelöst hat.

Washta: Als das Firmament ein ausgewogenes Ganzes war, wurde es von der Spirituellen Hierarchie verwaltet – und jenen, die die Kristalltempel in Übereinstimmung mit den Wünschen der Spirituellen Hierarchie erbauten –, so daß es für die Atmosphäre eures Planeten verschiedene Funktionen erfüllen konnte. Zunächst senkte es die Strahlung und die Hitze, so daß das Klima der Erde vom Nordpol bis zum Südpol nur eine Temperaturschwankung von etwa 2,5 Grad aufwies. Die Tropen hatten also Temperaturen von 23-26 Grad Celsius, während an den Polen Temperaturen zwischen 21 und 24 Grad herrschten. Es gab natürlich keine Eisflächen an den Nord- und Südpolen, wie ihr sie heute habt.

Der zweite große Unterschied lag darin, daß es Wind und Wolken nicht gab. Jeder Tag war ein Sonnentag. Dazu kam, daß kaum Winde wehten und wenn, dann gingen sie nicht über eine Geschwindigkeit von 7-10 km/h hinaus. Da es keine Wolken gab, waren auch Gewitter mit Regen unbekannt; Regen gibt es also nur in eurer jetzigen Ära. Die gesamte Firmamentatmosphäre stärkte Körper und Gemüt, da die Strahlungsenergie das Prana im Firmament speicherte. Prana schwebte dann über das Firmament und erhielt es beinahe wie ein riesiger Kühlschrank. Ihr könntet es einen Prana- oder Energiekühlschrank nennen!

Diese Energie stärkte den Körper jedes Geschöpfes auf eurem Planeten. Das Firmament hielt die Hitze und andere Strahlungen, die den Körper angreifen, aus der Oberflächenatmosphäre der Erde fern. Ein weiterer Nebeneffekt war, daß die Sterne vergrößert erschienen, so daß der Himmel aussah wie durch ein riesiges Teleskop betrachtet. Das Firmament schützte die Erde also vor einer verheerenden Atmosphäre mit großen Klimaunterschieden, Stürmen und Wetterextremen, und sehr viel Strahlung wurde abgehalten. Nach dem Einsturz des Firmaments schrumpfte der menschliche Körper durch die Strahlung zusammen, und nach und nach verkürzte sich auch seine Lebensdauer. Eure gegenwärtige Atmosphäre schützt das Leben nicht so, wie es das Firmament einst tat und in Zukunft wieder tun wird.

Virginia: Die Geschichten der Heiligen Bibel von Menschen, die Hunderte von Jahren alt wurden, sind also durch das Firmament begründet?

Washta: Das ist richtig. Und nun wollen wir zum Ende kommen. Wir möchten nur sagen, daß ihr, wenn die wahre Geschichte eures Planeten ans Licht kommt, besser verstehen werdet, woraus ihr euch entwickelt habt. Das wird euch helfen, zu begreifen, was geschehen ist, so daß ihr das neue Zeitalter des Lichts errichten könnt.

Virginia: Wir danken euch allen so sehr.

Washta: Und bevor wir gehen, möchten wir euch dafür danken, daß wir hier sprechen durften.

Kapitel 7

Nach der Flut

In der vorangehenden Darlegung der Erdgeschichte haben Washta, Mikah und Teletron Ereignisse dargestellt, die bei den meisten Menschen auf unserem Planeten als Mythos oder Legende gelten. Wie Sie hoffentlich erkennen werden, handelt es sich aber um die wahre Geschichte der frühesten menschlichen Zivilisationen auf der Erde. Dasselbe Sirianische Gremium wird uns deshalb jetzt einige Einsichten vermitteln, die Ihnen helfen, den Lauf der Geschichte von Atlantis bis zur jetzigen Zeit besser zu verstehen. Das Ziel dieses Kapitels ist hauptsächlich, diese geschichtlichen Einzelheiten zu erklären, denn es ist von äußerster Wichtigkeit, daß wir unsere geschichtlichen und genetischen Ursprünge kennen.

Wie unser Gremium im vorigen Kapitel darstellte, sah die Zeit nach dem Fall von Atlantis den Aufstieg des Libysch-Ägyptischen Reiches und des Rama-Reiches in Indien. Diese beiden Reiche zettelten mit der Unterstützung des Sumerischen Reiches einen riesigen und unüberschaubaren Konflikt an, der zur Zerstörung des Firmaments führte und die große Flut verursachte. Die Flut, die sich vor etwa 6000 Jahren ereignete, veränderte die Geschichte eures Planeten, sein physisches Aussehen und eure menschliche Lebensspanne. Sie war buchstäblich die Wasserscheide zwischen den Zeiten von Atlantis und Lemurien und dem unglaublichen Drama, das sich jetzt auf dem Planeten Erde abspielt.

Um euch durch die Geschichte der Erde zu führen, müßt ihr jetzt erfahren, was geschah, nachdem die Fluten sich verlaufen hatten. Die menschliche Bevölkerung war überall auf dem Planeten auf sehr kleine Reste zusammengeschrumpft. Als sich die Wasser langsam verliefen, tauchten die Menschen nach und nach aus ihren Zufluchtsorten auf und fragten sich, wie sie je wieder eine menschliche Zivilisation errichten sollten. Die Hüterklasse der Erdenmenschen (die Eliten von Atlantis, Ägypten, Indien, den beiden Amerikas und so weiter) sah sich plötzlich vor eine ungeheuer schwere Aufgabe gestellt. Diese erdgeborenen Elitegruppen konnten sich nicht vorstellen, wie sie nach solch entsetzlichen Verlusten von Menschenleben und Besitz die menschliche Zivilisation erfolgreich erneuern sollten – besonders in der gänzlich veränderten Geographie der Erde. Wenn ihr euch einmal kurz vorstellt, wie das war – die Erde in einer unendlichen Flut vollkommen von Wasser bedeckt –, könnt ihr euch den Schock, die Niedergeschlagenheit und die Hoffnungslosigkeit vorstellen, die sie während und nach diesem entsetzlichen Ereignis gefühlt haben müssen.

Sie baten deshalb ihre außerirdischen Helfer, die jetzt den verwüsteten und ruinierten Planeten Erde in ihrer Macht hatten, um Unterstützung. Die Plejadier und verschiedene andere Gruppen von Abtrünnigen wurden gebeten, zu helfen, wieder menschliche Zivilisation auf den Planeten zu bringen. Dieses Ersuchen führte zu einer massiven Intervention der Plejadischen Renegaten und deren Verbündeten, die mit Atlantis liiert gewesen waren. Seht ihr, während der Großen Flut waren viele der Atlanter und ihrer Bundesgenossen zu ihrer Sicherheit auf den Stern Hadar geflohen (auch als Beta Centaury bekannt – eine Sternenkonstellation im Centaurus). Die früheren herzlosen Führer der Erde waren also in den Zeiten der Krise nicht verfügbar, um Entscheidungen zu treffen.

Die Leute auf Hadar betrachteten das ganze Elend der Erdenmenschen als eine karmisch angemessene Zerstörung einer früher herrlichen Kultur – eine, an die man sich nur genauso erinnern sollte, wie an die von Mars und Venus! Der Regierungsrat der neuen Kolonie von Hadar III empfahl den Plejadischen Renegaten sogar, sich nicht um die zerstörte Zivilisation der Erde zu kümmern und sie auf ihrem jetzigen niedrigen Stand von Kultur und Technik zu halten. Die Hadaraner fanden, daß ein solches Vorgehen der durch die Sintflut hervorgerufenen Zerstörung die rechte Ehre erweisen würde. Dieses starke Ansinnen führte zu einem Streit zwischen den abtrünnigen Plejadiern, ihren Verbündeten und den Resten der Atlantischen Elite, die jetzt auf einem Planeten im Sternensystem Hadar wohnten. Die Abtrünnigen gewannen bei diesem Streit. Sie wollten für ihre eigenen Zwecke die menschliche Zivilisation unterstützen, wußten aber nicht so recht, wie sie diese gigantische Aufgabe bewältigen sollten.

Schließlich formulierten diese abtrünnigen Plejadier einen Plan, nur in vier Gebieten der Erde neue Kolonien einzurichten. Das erste dieser Gebiete lag im Nahen Osten und wurde zur Kolonie Sumerien. Das zweite lag im zentralen Tal von Mexiko und wurde die ursprüngliche Vor-Olmecische Kultur Mittelamerikas. Das dritte dieser Gebiete lag am früheren Platz des Rama-Reiches im oberen Delta des Indus und in der nördlichen Mittelregion von China (in der Nähe der jetzigen Stadt Xian). Das vierte Gebiet lag im Nilbecken und war die Hauptstätte des früheren Libysch-Ägyptischen Reiches. Nachdem sie beschlossen hatten, daß diese vier Gebiete die richtigen Plätze wären, um die menschliche Zivilisation auf diesem Planeten wiederherzustellen, blieb noch die Entscheidung offen, welche Art von Zivilisation gewählt werden sollte.

Stellt euch vor, wenn ihr wollt, was für eine Art Regierung ihr einrichten würdet, wenn ihr eine neue menschliche Zivilisation beginnen könntet. Obwohl alle vier Kulturen die Konzepte spiegelten, die die Abtrünnigen für ihre Version der Grundlagen der Plejadischen Zivilisation hielten, gab es doch einen Streit darum, welche Grundkultur die beste sei. Deshalb war jede der neuen Erdkolonien ein wenig anders. Gleichzeitig kämpften andere menschliche Überlebende der Flut auf der Erde darum, ihre eigene menschliche Zivilisation wiederherzustellen.

Die Gruppe von Abtrünnigen, die die Sumerische Zivilisation im Nahen Osten wieder aufbauen sollte, wählte eine hierarchische Struktur als Grundlage ihrer Regierung, in der die Renegaten als eine Art überwachende Götter fungierten. Diese überwachenden Götter präsentierten den mutierten Menschen der Erde einen Schöpfungsmythos, der ihnen bedeutete, warum die Abtrünnigen von den Plejaden mit Ehrfurcht betrachtet und deshalb angebetet werden sollten. Dies führte zur Entstehung der Sumerischen Zivlisation und auch zur Verehrung der Plejadischen Renegaten als ihren Gründern.

Eine andere Abtrünnigengruppe kam nach Ägypten und begann dort etwa 100 Jahre nach der großen Flut, eine Zivilisation aufzubauen. Diese Gruppe Plejadischer und Centaurischer Renegaten war entschlossen, einen Weg zu finden, um das Lemurische Vermächtnis, das die Große Pyramide symbolisierte, auszutilgen. Ihr Konzept war, einen Gott-König einzusetzen, der Verfügungen erließ und die alten geschichtlichen und technologischen Geheimnisse vor den Überlebenden sicherte.

Zu etwa derselben Zeit gab es in Mexiko verschiedene Überreste der Kulturen, die vor der Flut existiert hatten und jetzt vollkommen zerstreut waren. Die Bewohner des Tales von Mexiko versuchten, jene Zivilisationen wieder aufzubauen, die von Lemurien gegründet und später durch die Ankunft der Königin Mu und ihres Bruders, des Prinzen Mayam, unterstützt worden waren. Es fehlte ihnen jedoch das technische Wissen für diese Aufgabe, und sie brauchten den Beistand ihrer außerirdischen Aufseher, um die richtige

Technologie und die notwendigen Regierungskonzepte zu bekommen, die ihnen gestatten würden, ihre Kultur wieder so aufzubauen, wie sie ursprünglich, vor der vorsintflutlichen Zeit, gewesen war. Diese Intervention geschah nicht sofort. Schließlich kam jedoch eine wieder andere Gruppe Plejadischer und Centaurischer Abtrünniger und etablierte nach dem Vorbild ihrer eigenen hierarchischen Strukturen und ihrer spirituellen Konzepte und Mythologien verschiedene Zivilisationen in Mexiko.

Eine andere Gruppe von Renegaten landete auf dem jetzigen Kontinent Asien und bildete zur gleichen Zeit Kolonien in den früheren Gebieten des Rama-Reiches (im oberen Delta des Indus-Tales und in der Nähe der heutigen Stadt Xian im Norden von Zentralchina). Diese Gruppe Plejadischer und Centaurischer Abtrünniger hatte sich eine einzigartige Aufgabe gestellt. Sie wollten den früheren Sitz ihres Hauptkontrahenten verändern und wußten doch, daß der Einfluß des Rama-Reiches in dieser Gegend noch sehr stark war. Die Abtrünnigen wußten auch, daß viele verborgene Aufzeichnungen des Rama-Reiches und viele der Lemurien geweihten Tempel und Pyramiden noch immer in Gebrauch waren. Ihre Intervention beruhte auf einer geschickten Verdrehung unzähliger Tempelaufzeichnungen und verschiedener Pyramidenrituale, die allmählich zu einer Verschmelzung der kulturellen Traditionen Lemuriens, des Rama-Reiches und der Plejadisch-Centaurischen Abtrünnigen führte.

Unglücklicherweise waren die Menschen, die die Flut überlebt hatten, zum größten Teil jene, denen das volle Bewußtsein fehlte. Die Plejadischen Abtrünnigen und ihre Verbündeten erkannten das und auch, daß sich diese halbbewußten menschlichen Mutanten sehr leicht beherrschen und entwickeln ließen. Diese unglückselige Tat wurde während der ganzen langen Geschichte nicht-spiritueller Religion auf diesem Planeten vollbracht. Glücklicherweise glaubten die spirituellen Hierarchien der Erde (Lady Gaya, Engel und Erzengel) noch immer daran, daß selbst diese mutierten Menschen zur Triade der Hüter der Erde gehören sollten, und aus diesem Grunde wurde den Menschen erlaubt, die Erde wieder zu bevölkern. Die spirituellen Hierarchien beschlossen also, zu versuchen, in dieses Experiment einzugreifen, wo immer es möglich war.

Im Laufe dieser Interventionen der Engel und Erzengel, die diesen Planeten überwachen, wurden verschiedene Personen zu ihren Repräsentanten bestimmt, oder ausgewählte menschliche Zivilisationen durften ihre Visionen empfangen. Diese himmlischen Visionen bewirkten, daß spiritualisierte Menschen in diesen von Außerirdischen kontrollierten Zivilisationen auftauchten, die die Eingebungen empfingen, durch die gewisse Grundüberzeugungen eingeführt werden konnten. Dieser Vorgang dauert bis auf den heutigen Tag an. In der Tat hat nur diese spirituelle Intervention den jetzt teilbewußten Erdenmenschen geholfen, das Konzept von Gut und Böse zu erkennen, zu nutzen und zu begreifen, daß eine gerechtere Regierungsweise nottut.

Die Geschichte war also von neuem begonnen worden, und doch war der grundlegende spirituelle Kern der Menschen vollkommen auseinandergerissen worden. Das führte zu den frühen hierarchischen Reichen und den unzähligen Kriegen zwischen den verschiedenen Stadtstaaten, die die menschliche Zivilisation in den ersten zweitausend Jahren nach der Sintflut regierten. Diese kleinen Kolonien gründeten mit der Zeit größere Reiche und erwarben das technische Wissen, um noch blutigere Kriege zu führen – bis zu eurer heutigen Mentalität von Atombomben und nuklearer Kriegsführung.

Wie wir beschrieben haben, wurde die menschliche Zivilisation der Erde durch äußere Interventionen von Plejadischen Abtrünnigen und deren Verbündeten wieder aufgebaut, von jenen also, die überhaupt erst die Schwierigkeiten in Atlantis verursacht hatten. Um ihrem Konzept als Schöpfer-Gott Geltung zu verschaffen, gaben diese abtrünnigen „Götter“ den irdischen Menschen zuerst die Methoden in die Hand, wie sie große, dauerhafte Strukturen wie Steingebäude und Monumente erschaffen konnten. Die Erdenmenschen hatten (aufgrund der Verheerung, die die Sintflut angerichtet hatte) vergessen, wie man irgend etwas Dauerhaftes baut, und es mußte ihnen daher beigebracht werden.

Die Renegaten begannen, sie darin zu unterrichten, zum Beispiel in Projekten, wo verschiedene Gebäude und Strukturen tatsächlich einzig und allein zu dem Zweck erbaut wurden, diverse vorsintflutliche Steinstrukturen, wie zum Beispiel Stonehenge, wieder zu erneuern. Diese Steinstrukturen dienten als Orte der Verehrung dieser Renegaten, die sich selbst zu Göttern gemacht hatten, denen Unterwürfigkeit und Ehrfurcht gezollt werden mußte. Da diese neuen Götter keine Form von Ungehorsam duldeten, wurde den Erdenmenschen das ganze Konzept des Herrschens durch „göttliches Recht“ aufgeprägt, und zwar von einer Hierarchie von Abtrünnigen, die von schlechten Menschen gebildet worden war und nicht von der Spirituellen Hierarchie.

Ihr könntet also sagen, daß in den alten Zeiten die „Götter“ bloß menschliche Formen waren – nicht das Wahre. Sie waren lediglich die galaktischen Plejadier, die Centaurier und andere, die in diese Welt kamen, um ihre ganz spezielle Form einer hierarchisch menschlichen Zivilisation zu etablieren. Diese Abtrünnigen der Galaktischen Föderation benutzten die mutierte Zivilisation der Erdenmenschen dazu, sich selbst Ehre zu erweisen und das Konzept am Leben zu erhalten, die zuerst in Atlantis erprobt wurde, nämlich das einer unterwürfigen Zivilisation, die ihre Elite anbetet. Dieses Konzept besteht bis in moderne Zeiten weiter.

Zwischen dem 15. und 12. Jahrhundert v. Ch. jedoch wurde es aufgrund verschiedener galaktischer Kriege und anderer Formen intergalaktischer (interdimensionaler) Differenzen zwischen den Kräften des Lichtes und der Dunkelheit schwierig für die Plejadischen Renegaten, diesen Planeten unter Kontrolle zu halten. Diese schwierige Lage führte dazu, daß die Plejadischen Renegaten sich aus ihrer Autoritätsstellung in der menschlichen Zivilisation zurückzogen – einer Autorität, die in den alten Kulturen Ägyptens, Indiens, Chinas und der Amerikas begonnen worden war. Ihr plötzlicher Rückzug ermöglichte die Entstehung eines neuen Systems von Wissen (moderne wissenschaftliche Logik) unter den Menschen. Die Erdenmenschen begannen jetzt das Wissen, das ihnen „die Götter" (die verschiedenen außerirdischen Renegaten) gegeben hatten, für ihre eigenen Zwecke zu benutzen.

Dieser plötzliche Rückzug brachte die irdische Zivilisation in ein großes Dilemma. Die herrschende Elite der Erdenmenschen spürte, daß ihre Götter sie nicht mehr voll stützten und daß ohne ihre Gegenwart ein neuer Zyklus von Beziehungen und Autorität zwischen den Herrschern, dem Himmel und dem gewöhnlichen Volke auf diesem Planeten im Entstehen begriffen war. Die menschliche Zivilisation entwickelte daher nun ihre eigene Version himmlischer Wissenschaft.

Diese plötzliche Veränderung in der Herrschaft über den Planeten brachte die Menschen in eine schwierige Situation hinsichtlich der Führung ihrer Zivilisationen. Seit der Sintflut hatten sich die Menschen durch die ungünstigen Bedingungen auf dem Planeten, die ihre Körper mutiert und ihre mentalen Fähigkeiten verringert hatten, noch weiter verändert . Die Erdatmosphäre ließ ja jetzt riesige Mengen von Strahlung ein – ein Phänomen, das die menschliche Lebensdauer von einem Jahrtausend auf nur noch ein paar Jahrzehnte verringerte. Die Erdenmenschen waren auch plötzlich von ihrer galaktischen Größe von zweieinhalb bis über drei

Metern auf eine Statur von unter zwei Metern geschrumpft. Diese Veränderungen in der Körpergröße und der Lebenserwartung schränkten die Möglichkeiten der Erdenmenschen, zu voller Bewußtheit zu gelangen, erheblich ein und machten die meisten Menschen sehr beeindruckbar und empfänglich für diese sogenannten „Götter" (die eigentlich nur außerirdische Abtrünnige waren).

Es war historisch also so, daß die Plejadier und andere Abtrünnige auf euren Planeten gekommen sind und der Erde ihren Willen aufgezwungen haben. Die Spirituelle Hierarchie wußte jedoch, daß die Menschen den Weg des Lichts – den wahren göttlichen Weg – gehen würden, denn sie hatte eingegriffen und allen Menschen, sowohl den galaktischen als auch den irdischen, eine Vision gegeben. Die Spirituelle Hierarchie glaubte daran, daß die irdischen menschlichen Mutanten, wenn ihnen dieses Licht und diese Liebe gegeben wurde, eines Tages wieder eins mit diesem Lichte werden konnten. Während die meisten Menschen durch den Mutationsprozeß des größten Teiles ihres Bewußtseins beraubt worden waren, war doch in einigen Menschen genügend genetisches Material verschont geblieben, so daß es gelegentlich Überreste von angewandtem vollen Bewußtsein gab.

Die Menschen, die diese himmlischen Visionen am meisten berührte, waren die sogenannten Seher der alten Welt, deren Wissen der menschlichen Zivilisation bis auf den heutigen Tag immer wieder geholfen hat. Die Seher der heutigen Zeit sind die Vorreiter des zunehmenden Bewußtseins, das sich jetzt unter den Erdenmenschen verbreitet.

Ihr Menschen der Erde habt jetzt eure Sternstunde, wo ihr aus der Quarantäne und dem Mutantentum auferstehen und die galaktischen Wesen werden könnt, die ihr ursprünglich sein solltet. Dieser Prozeß spielt sich jetzt überall auf eurem Planeten ab, und wir versuchen, euch zu leiten und euch verstehen zu helfen, welche Bedeutung das hat. Wir erklären euch eure Lage in der Alltagssprache und führen sie auf die Ereignisse und Zustände zurück, die vergangene Zivilisationen geschaffen haben, um euch Sicherheit und Klarheit zu geben. Die Zivilisationen haben sich von barbarischen Praktiken und Massakern zu hochtechnischer Kriegsführung entwickelt und eine Kultur nach der anderen zu Aufstieg und Fall gebracht. Und doch geschieht heute in eurer modernen Zeit etwas Seltsames und Wunderbares für die ganze Menschheit, und dies ist das Lied der Erde, das wir für euch alle hervorheben möchten.

Dieser Planet ist jetzt dabei, eine neue Verbindung zu den Spirituellen Hierarchien herzustellen. Die Menschen sind auch dabei, wieder eine vollbewußte Zivilisation zu erschaffen. Wir haben bemerkt, daß die Erdenmenschen in dem Maße, wie sie sich von den großen barbarischen Praktiken und dem Bewußtsein des alten Ägypten und Indien entfernt und ebenfalls gewisse ungute Aspekte der Religion in den Amerikas und Ozeanien hinter sich gelassen haben, einen Fortschritt gemacht haben. Obwohl wir eine Verbesserung in der Art, wie die Menschen miteinander umgehen, festgestellt haben, ist sie jedoch äußerst gering und von einer Zivilisation zur anderen kaum zu bemerken. Das Gemetzel und die Zerstörungswut eures eigenen 20. Jahrhunderts übertrifft in vieler Hinsicht die schlimmsten barbarischen Praktiken der alten Ägypter, Sumerer, Inder oder alten Amerikaner. Es ist jedoch eine bekannte und verläßliche Tatsache, daß sich das Bewußtsein auf eurem Planeten zum Besseren verändert. Die Erdenmenschen sind jetzt im Begriff, eine neue Volljährigkeit zu erreichen, und dies ist die Bedeutung der Erdgeschichte von der Zeit der Sintflut vor über fünftausend Jahren bis zur Gegenwart.

Wenn wir eine Zeitlinie aufzeichnen wollten, so könntet ihr sehen, daß es direkt nach der Sintflut eine Periode schrecklicher Negativität und Dunkelheit gab, als die Herrschaft der Renegaten am stärksten war. Als sich ihr Griff auf diesen Planeten jedoch langsam lockerte, verbesserte sich das Bewußtsein der Menschen ein wenig. Diese Verbesserung gestattete es euren Vorfahren vom Sirius, von Zeit zu Zeit wieder in eure Zivilisation einzugreifen, und das unterstützte das große Licht Christi und das Kommen Quetzalkoatls. Sowohl Christus in Israel als auch Quetzalkoatl in Amerika kennzeichneten eine Zeit sehr, sehr großer Liebe auf diesem Planeten. Diese mächtige Liebe und dieses Licht werden jetzt voll genutzt, um ein Bewußtseinsgewebe zu bilden, das es dem Planeten endlich ermöglichen wird, im vollen Licht des Bewußtseins zu baden, das die kommende galaktische Zivilisation darstellt. Wenn sich die Menschen weiterhin mit dieser Energie vereinen, werden sie entdecken, daß sie das Potential in sich tragen, aufzusteigen und sich zu verwandeln. In diesem Aufstieg können sie entdecken, wie ihr Lichtkörper und ihr physischer Körper eine Realität errichten können, die ihre Seele mit den physischen Aspekten der universellen physischen Schöpfung vereint.

Ihr Erdenmenschen befindet euch also inmitten einer unglaublichen Evolution, die zum Aufstieg einer neuen Zivilisation führen wird. Denn im Samen der evolutionären Zwietracht liegt jetzt der Beginn eines neuen und herrlichen Weges. Die Erdenmenschen werden in Kürze das kommende neue Licht des Bewußtseins verstehen, erkennen und für sich beanspruchen können. Deshalb sollten die Menschen wissen und begreifen, daß eine große Schwingungsmelodie dabei ist, in der Geschichte der Erde ein neues Licht, einen neuen Weg und ein neues Sein hervorzubringen. Alle galaktischen Menschen werden innerhalb dieser neuen Parabel endlich das unglaubliche Geschenk des Lichts erhalten, das diesem Planeten zu Beginn der menschlichen Geschichte zuerst gegeben wurde. Jetzt ist die Zeit, wo alle Erdenmenschen sich ihrer wahren Geschichte erinnern und das Erbe vollen Bewußtseins beanspruchen sollen, das ihnen zusteht.

Sicherlich sind jetzt viele Fragen zu diesem Kapitel aufgetaucht. Im nächsten Abschnitt stellt Virginia Fragen an Washta zu der Zeit nach der Sintflut.

Fragen und Antworten

Virginia: Wir danken euch, daß ihr uns zur Hilfe kommt, und wir grüßen alle in Liebe und Achtung. Könntet ihr uns bitte erklären, warum die Abtrünnigen von den Plejaden und anderswoher ihre negativen Aktivitäten durchführen konnten, ohne daß die Führer ihrer Heimatplaneten irgendwie kontrollierend oder zensierend eingriffen?

Washta: Die Plejadische Sternenliga hat als Teil ihrer Verteidigungskommandos sogenannte Außenposten oder höhere Patrouillen entwickelt. Man könnte sie vielleicht als Grenzwächter bezeichnen, denn sie waren weit von zu Hause weg und ziemlich auf sich gestellt. Das Personal dieser Kommandos wurde mit der Zeit zu Abtrünnigen, denn sie hatten vollständige Oberhoheit über die Sternensysteme, die sie kolonisierten. Da es ihre Aufgabe war, das gesamte Plejadensystem vor Angriffen zu schützen, konnten sie ohne Einmischung von außen ihre eigene Kultur entwickeln. Sie koordinierten ihre Verteidigungsstrategien mit denen anderer Außenkommandos und verhinderten erfolgreich, daß die verschiedenen dinoiden und reptoiden Gruppen in das System der Plejaden und andere verwandte Sternensysteme in der Konstellation des Stiers eindrangen.

Zur Zeit von Atlantis erhielten die Abtrünnigen die Ermächtigung, auch die Atlantische Kolonie auf unserem

Planeten zu kolonisieren. Mit dieser absoluten Macht waren sie in der Lage, die Atlanter dazu zu überreden, sich an den verschiedenen genetischen Experimenten zu beteiligen, die in den letzten Tagen von Atlantis geschahen. Diese genetischen Experimente brachten die mutierten Menschen hervor, die jetzt auf eurem Planeten leben, wie wir bereits erklärt haben. Das wurde ihnen deshalb gestattet, weil das Plejadische System an ein sogenanntes System von Karma oder evolutionärer Entwicklungsstadien glaubt. Sie glauben, daß das Entwicklungssystem, das ein bestimmter Planet für sich selbst wählt, respektiert werden muß, bis in diesem Sternensystem ein anderes Stadium der Entwicklung auftaucht. Nur wenn eine Reihe von Ereignissen eintritt, die eine Veränderung im Karma oder in der Realität der Evolution dieses Systems bewirken, greifen sie ein. Die Plejadische Führung ließ das unselige Experiment der Renegaten daher weitergehen und griff, außer auf sehr, sehr geringfügige Weise, nicht direkt ein.

Es waren die Sirianer in Zusammenarbeit mit den Cetacäen und der Spirituellen Hierarchie, die von Zeit zu Zeit den Versuch machten, eine Art Veränderung in der menschlichen Entwicklung auf einen voller bewußten Zustand hin zu bewirken. Ihre verschiedenen Versuche – selbst daß der Goldene Strahl Christi hereingebracht wurde – erwirkten keine unmittelbare Veränderung in eurer irdischen Zivilisation. Diese Versuche säten jedoch die spirituellen Samen aus, die die Sirianer wünschten, so daß die nächste Phase einer vollbewußten Zivilisation vorbereitet wurde. Die Sirianer hofften, daß das, was sie in Bewegung gesetzt hatten, als Grundlage benutzt werden konnte, um wieder einen vollbewußten Erdenmenschen als Hüter des Planeten entstehen zu lassen.

Diese neuen Konzepte von Liebe und Weisheit, die, verkörpert von Buddha, Jesus und anderen, auf die Erde gebracht wurden, sind Energiemuster, die jetzt ihre Früchte tragen werden. Diese spirituelle Energie hat ein Netz von hohem Bewußtsein geschaffen, das der Spirituellen Hierarchie als Grundlage dient, um wieder eine galaktische menschliche Zivilisation auf den Planeten Erde zu bringen.

Virginia: Was geschieht dann mit diesen Abtrünnigen? Können sie einfach machen, was immer ihnen einfällt? Werden sie nie irgendwie zensiert?

Washta: Sie sind von Zeit zu Zeit sehr streng zensiert worden. Das Plejadische System ist jedoch erst jetzt im Begriff, seine Vorstellung von Karma und Evolution zu verändern und eine, wie ihr es vielleicht nennen könntet, freundlichere galaktische menschliche Zivilisation anzunehmen. Sie sind jetzt dabei, die Renegaten zurückzuholen und die frühere absolute Unabhängigkeit dieser vorgelagerten Kommandotruppen einzuschränken. Dies geschieht jetzt überall in diesem Abschnitt der Galaxie und wird das Terrorregime, das die Abtrünnigen in den letzten paar hunderttausend Jahren hervorgebracht haben, beenden.

Virginia: Es verwirrt uns, daß es, obwohl die Sirianer um uns besorgt waren, nicht irgendeinen höheren Gerichtsentscheid oder irgendeine Intervention zugunsten der Erde gegeben hat.

Washta: Die Sirianer haben sehr ernstlich auf eine frühere Intervention gedrungen, wenn nicht durch die Galaktische Föderation, so zumindest auf irgendeine andere Art. Das Regionalkonzil der Föderation wies die Sirianer jedoch zurück und sagte, sie würden höchstens diese Energie verändern. Die Spirituellen Hierarchien waren auch der Meinung, daß in eurem Sonnensystem eine Veränderung in der karmischen Entwicklung geschehen war und entschieden deshalb, daß sich die mutierten Menschen langsam entwickeln sollten und den Unterschied zwischen positivem und negativem Verhalten zu lernen hätten. Es wurde erwartet, daß die Menschen, wenn sie dieses Konzept voll verstanden hätten und sich von sich aus in einer breiten Entwicklung auf das Bewußtsein zubewegten (wie es in diesem Jahrhundert geschieht), bereit sein würden, ihr wahres Erbe zu erfahren. Die Sirianer beschlossen deshalb, den geringen Spielraum, der ihnen gegeben war, zu benutzen und mit der Spirituellen Hierarchie zusammenzuwirken, um das Licht der Liebe durch die Energie des Christus hereinzubringen.

Virginia: Wie können die Erdenmenschen, die jetzt irgendwie mutiert sind, irgendeine Achtung vor dem, was Gott genannt wird, oder vor der Föderation haben, wenn sie machtlos gegenüber dem Bösen sind?...wenn niemand sich für sie einsetzt oder denen Grenzen setzen will, die ihnen Schaden zufügen?

Washta: Sowohl die Sirianer als auch die hierarchischen Energien des Christusbewußtseins haben seit langem versucht, in die menschlichen Belange einzugreifen. Sie lehren die Menschen, daß es eine liebevolle Alternative zu den gegenwärtigen hierarchischen Machtstrukturen und dem bedrückenden Wirtschaftssystem gibt, die sich über die letzten paar tausend Jahre entwickelt haben. Diese Intervention ist ein langsamer Prozeß gewesen. Aber diese Energien von Liebe und Weisheit sind auf euren Planeten gebracht worden und verlangsamen jetzt Brutalität, Krieg und Gewalt.

Denkt daran, daß die Seele eines jeden Menschen versteht, was geschieht und daß allen Völkern überall auf diesem Planeten Prophezeiungen zuteil wurden, die von einer solchen Zeit der Reinigung sprechen. Die Spirituelle Hierarchie entschied, daß dieses System das einzige evolutionäre Muster sei, das die erwünschten spirituellen Ergebnisse hervorbringen würde. Wir sind jetzt bereit, diese Evolution zu ernten und die Menschen auf eurem Planeten zum vollen Bewußtsein zurückzubringen – zurück in die Galaktische Föderation und zurück zu eurer wahren Bestimmung als

Beispielplanet. Ihr und euer Planet werdet dieser ganzen Galaxie ein großes Licht bringen.

Virginia: Trotzdem werden die meisten Menschen, die hören, daß Abtrünnigen erlaubt wird, Schaden anzurichten, wie immer es ihnen gefällt, wahrscheinlich nicht verstehen, wie es in der Galaktischen Föderation irgend etwas Spirituelles geben kann, wenn sie so etwas zuläßt.

Washta: Eurem Planeten ist durch Prophezeiungen mitgeteilt worden, daß er sich durch eine Reihe spiritueller evolutionärer Muster hindurch entwickeln würde, die Dunkelheit ins Licht bringen. Nur durch ein Verständnis des Lichtes und auch der Dunkelheit würde das unglaubliche Licht, das auf der Erde scheinen wird, endlich erlangt werden. Das ist es, was jetzt auf eurem Planeten geschieht. Die Kriege, die überall in dieser Galaxie ausgefochten wurden, beginnen auch, sich zu verändern, und das gehört zu den galaktischen Prophezeiungen, die seit Anbeginn des Lebens gegeben wurden. Genau so, wie die Erde wiedergeboren wird, wurde dieser bestimmten Galaxie gesagt, daß es eine mächtige Dunkelheit geben würde, die diese Galaxie beinahe erobern würde, aber dann würde das Licht anfangen, in der Dunkelheit zu leuchten und sie zu durchstrahlen und schließlich zu beenden. Das ist das Gleichgewicht des freien Willens, das ihr und wir alle lernen.

Virginia: Willst du damit sagen, daß Gott oder die ursprüngliche Schöpferkraft glaubt, daß dieses Licht nur durch Schmerz und Leid erreicht werden kann?

Washta: Nein, aber diese Galaxie hatte in sich bestimmte Muster aufgebaut, die dieses spezielle System spiritueller und physischer Evolution begünstigten. Glaube mir, wenn ich sage, daß diese Galaxie eine sehr einzigartige Galaxie ist. Es ist eine, die schließlich ein unglaubliches Licht hervorbringen wird. Sie muß deshalb sowohl Licht als auch Dunkelheit in sich haben. Diese beiden Energien zusammen machen es möglich, daß sich Licht und Dunkelheit endlich glorreich vereinigen, und das ist das Endziel, das diese Galaxie repräsentiert.

Virginia: Vielleicht kannst du verstehen, daß es sehr schockierend für die Menschen sein könnte, zu erfahren, daß Erzengel und andere Wesen der Spirituellen Hierarchie zugelassen haben, daß physische Abtrünnige ihre üble Macht auf uns ausübten – als eine Art Lernerfahrung für uns. Welche Beziehung besteht zwischen der Spirituellen Hierarchie und denen von euch, die galaktische Menschen sind? Wer hat wirklich die Verantwortung?

Washta: Die Spirituelle Hierarchie hat die Verantwortung für euren Planeten. Sie entdeckten jedoch, daß diejenigen, die die physische menschliche Hüterschaft dieses Planeten an sich genommen hatten, einen gewissen Weg eingeschlagen hatten. Die Spirituelle Hierarchie konnte daraufhin zwischen zwei Möglichkeiten wählen. Sie konnte eure gesamte Zivilisation auslöschen oder konnte ihr gestatten, sich auf eine Weise spirituell zu entwickeln, die das große Licht, das die Grundlage alles physischen Seins ist, zum Vorschein kommen lassen würde. Sie entschied, daß Zerstörung nicht wünschenswert sei, und daß die Evolution zur Erfüllung der Prophezeiung des Lichtes führen würde. Es wurde also die Evolution gewählt, so daß die Menschheit größer werden konnte als ihre ursprüngliche Natur.

Virginia: Danke. Könntest du zur Geschichte über die Sintflut sagen, wie viele Menschen ungefähr die große Überschwemmung überlebten?

Washta: Die Erdbevölkerung betrug vor der Flut etwa 64 Millionen Menschen, und nach der Flut war sie auf weniger als zwei Millionen zusammengeschrumpft. Obwohl ihre Zahl begrenzt war, waren doch genügend Menschen übrig, daß mit der richtigen Information und der richtigen Führung wieder eine größere Zivilisation aufgebaut werden konnte.

Ich zähle die Plejadischen und Centaurischen Abtrünnigen nicht mit – und andere, die die Grundlage von Atlantis gebildet hatten – und die zur Zeit der Zerstörung in Raumschiffen über dem Planeten blieben. Sie glaubten, es sei ihre Aufgabe, das ursprüngliche hierarchische System aufrechtzuerhalten und die menschlichen Mutanten, die auf der Oberfläche eurer Erde lebten, auszunutzen. Auch wenn die Spirituelle Hierarchie und die Sirianer versuchten, das Plejadische System zu ändern, so hatte es sich doch tief ins Bewußtsein der menschlichen Bevölkerung eingegraben, und sie entwickelte allmählich eine knechtische Haltung. Da der freie Wille eine der Grundlagen der spirituellen Entwicklung auf eurem Planeten ist, beschloß die Spirituelle Hierarchie, den Weg der Evolution zu wählen, und er bildet seit jener Zeit die grundlegende Basis eures Planeten.

Virginia: Die Geschichte von Noah und den sehr wenigen Überlebenden ist also wahr?

Washta: Da es von der Gesamtbevölkerung sehr wenige Überlebende gab und diese weit über den ganzen Planeten verstreut waren, konnten sie nicht miteinander kommunizieren. Das Ergebnis davon war, daß sich die Geschichten über die Flut auf die unmittelbare Umgebung beschränkten, wo die Überlebenden sich niederließen. Und da Noah aus der alten Ägyptisch-Libyschen Zivilisation stammte, beeinflußte seine Geschichte den Nahen Osten, aus dem die biblische Geschichte kam.

Mythen über Flut und Zerstörung existieren auch im heutigen Mexiko, auf den Inseln des Stillen Ozeans, in Australien, Afrika und Europa. Alle diese Mythen sprechen von der Flut, aber die biblische Geschichte ist die bekannteste, weil der Überlebende Noah versuchte, eine Lemurische Art von Zivilisation wieder aufzubauen. Bedauerlicherweise stimmten die Überlebenden um ihn herum nicht mit ihm überein, so daß sein Versuch fehlschlug.

Das ist der Grund, warum die Spirituelle Hierarchie, nachdem sie gehofft hatte, diese Katastrophe würde die menschlichen Mutanten lehren, daß ihre autoritären Einstellungen Wege des Wahnsinns waren, es nicht mehr weiter versuchte. Dennoch schickte sie weiterhin von Zeit zu Zeit Propheten auf verschiedene Teile des Globus', um das Erleuchtungstraining zu beginnen, das die Menschen wieder an den Rand der Wiederentdeckung ihres vollen Bewußtseins und ihrer wahren spirituellen Ausrichtung führen würde.

Virginia: Wie konnten die Menschen, selbst nach der Flut, ein spirituelles Bewußtsein wiedererlangen, wenn die Überzeugungen der Renegaten die Art von Regierung definierten, die aufgestellt wurde, und wenn niemand da war, der es sie lehrte?

Washta: Es gab mehrere Versuche, und der letzte davon war der, mit den Hebräischen Völkern der Bibel, nach dem Auszug aus Ägypten wieder eine Gesellschaft Lemurischer Art zu errichten, in der das Konzept der Richter benutzt wurde, um dem Volke die Idee einer von spirituellen Wesen geführten Gesellschaft nahezubringen. Die Hoffnung war die, daß wenn sie in Kontakt mit den wahren Energien der Gotteskraft und der Spirituellen Hierarchie eures Planeten kamen, eine neue Zivilisation die ursprünglichen Konzepte wiederherstellen würde, selbst in den sehr begrenzten Energieformen mutierten Bewußtseins, über das sie verfügten. Wie die Bibel berichtet, scheiterte jedoch auch dies daran, daß die Menschen, die wußten, daß sie göttlich geführt waren, ihre Vorstellungen von der Realität nicht ändern konnten. Wir werfen ihnen das nicht vor. Dennoch blieb das Experiment ohne Erfolg, weil sie noch immer auf Weisen, die nicht sein sollten, zu ihren Konzepten von Macht und Eroberung zurückkehren wollten.

Diese Situation führte schließlich dazu, daß das Muster der Christusenergie eingeführt wurde, von dem man wußte, daß es schließlich durch das, was es an Spirituellem hinterließ und durch die zusätzliche Energie, die die Spirituelle Hierarchie später hereinbringen würde, zum Erfolg führen mußte, wie ihr es heute mehr und mehr beobachten könnt.

Virginia: Danke. Du hast das Judentum und das Christentum erwähnt. Könntest du auch ein wenig über Buddha, die Hindus in Indien und über Mohammed sprechen?

Washta: Der Hinduismus hat in seinem Kern Überreste der großen Geschichten von Atlantis und Lemurien. Nach der Flut wurde das dann in ein System aus vielen Göttern und Göttinnen umgewandelt.

Buddha wurde euch durch die Arcturianer gegeben, und er kam in diese Gegend, um eine große Umwandlung in Liebe und Licht zu bringen. Eine Zeitlang war dieser Versuch erfolgreich. Dann jedoch wurde seine Bewegung, wie es später auch mit dem Christentum geschah, in eine formale Religion umgewandelt, woraufhin viele der ursprünglichen Vorschriften Buddhas nicht befolgt wurden. Dasselbe geschah unglücklicherweise mit Mohammed, als er dem Islam ein großes Konzept der Veränderung und Verwandlung und viele Aspekte von Liebe und Licht brachte. Wenn die Konzepte und Prophezeiungen dieser drei Religionen mit den Religionen und Prophezeiungen erwachter Eingeborenenvölker vereint werden, können sie die Grundlage für ein Bewußtseinsgewebe bilden, das jetzt um euren Planeten herum im Entstehen ist.

Virginia: Ich bin neugierig: Gibt es noch andere religiöse Gruppen oder Einflüsse, von denen du gerne sprechen würdest, die für uns wichtig waren oder noch heute wichtig sind?

Washta: Was in diesem Augenblick auf eurem Planeten geschieht, ist, daß sich viele der Eingeborenenvölker zu Worte melden, die die Vorstellung einer *lebenden* Mutter Erde als Grundlage haben. Sie verstehen sehr, sehr gründlich, worum es in der Ökologie eures Planeten geht, und diese ökologischen Konzepte werden sehr rasch immer wichtiger.

Die sogenannten großen Religionen eures Planeten lernen allmählich, daß die Zeit gekommen ist, ihre Vorstellungen mit denen der Eingeborenenvölker zu vereinen. Beide zusammen bilden das Gewebe, das Netzwerk des Bewußtseins, das jetzt um euren Planeten verbreitet wird, um alle Menschen auf das phantastische Erlebnis des vollen Bewußtseins vorzubereiten, das sie erwartet.

Virginia: In einem vorigen Kapitel hast du eine sehr interessante Aussage gemacht, die ich zitieren möchte, und ich möchte dich bitten, das zu erläutern. Du hast über die Erdenmenschen gesagt: „In diesem Aufstieg können sie entdecken, wie ihr Lichtkörper und ihr physischer Körper zusammen eine Realität etablieren können, die eure Seele mit den physischen Aspekten der universellen physischen Schöpfung vereint."

Washta: Ja, wir werden euch das erklären. Die Lichtseele bildet einen Lichtkörper. Da dies ein physisches Universum ist, hat diese Lichtseele oder Seelenkraft einen physischen Aspekt des Lichtkörpers, bzw. den physischen Körper erschaffen. Diese Energien zusammen bilden eine Einheit von physischem Körper und Seelen- oder Lichtkörper. Bei den mutierten Erdenmenschen sind diese Körper, aufgrund der Beschaffenheit des begrenzten Bewußtseins, getrennt.

Wenn man sowohl spirituell als auch physisch ist, kann man an den Energien des physischen Universums und seiner Evolution teilhaben. Man vereint sie miteinander, um einen Weg des Lichts zu schaffen, der dem physischen Universum gestattet, sich zu seinem vollen Potential zu entwickeln, und das auch dem spirituellen Universum erlaubt, gleichermaßen durch das Physische zu leben und sich zu dem zu entwickeln, was es in vollstem Sinne sein kann.

Virginia: Danke. Bedeutet das, daß Körper und Seele nur in unserer Dimension getrennt sind und sich in anderen Dimensionen gar nicht getrennt haben? Oder ist das Muster ein Muster von Getrenntheit, und alle müssen wieder zusammenfinden?

Washta: Alle sind getrennt und müssen in dieser Dimension wieder zusammenfinden, während sie in anderen Dimensionen schon vereint sind. Das ist einzigartig an der Dritten Dimension, daß hier die Möglichkeit eines Bewußtseins besteht, das auf eine Wirklichkeit begrenzt sein kann, die den Geist vom Physischen trennt.

Virginia: Warum sollte irgend jemand so etwas wollen?

Washta: Es ist etwas, was vermieden werden sollte; viele haben jedoch entdeckt, daß wenn das Bewußtsein eingeschränkt ist, die Dominanz der physischen Realität dazu benutzt werden kann, über andere zu herrschen. Viele Zivilisationen haben versucht, Rassen und Wesen zu erschaffen, die genau das tun. Sie haben getrennt und das Phänomen hervorgebracht, das in der gegenwärtigen menschlichen Zivilisation Tod genannt wird. Dies ist ein Phänomen, das die neue galaktische Zivilisation der Erde endlich überwinden wird, indem sie zu den Mustern der Unsterblichkeit zurückkehrt, die das Erbe aller Menschen eurer Zivilisation sind. Das Experiment, das diese vorübergehende Vorstellung von Tod über die letzten Zehntausende von Jahren hinweg hervorgebracht hat, muß jedoch beendet werden. Das ist es, was jetzt auf eurem Planeten geschieht.

Virginia: Danke. In den drei Kapiteln über die Geschichte der Erde ist etwas nicht zur Sprache gekommen, nämlich die Frage, warum wir so viele Rassen und verschiedene Hautfarben auf der Erde haben.

Washta: Diese Rassen repräsentieren eine Vielzahl verschiedener galaktischer Menschen, die von überall in dieser ganzen Föderation und Galaxie herkommen. Im Laufe ihrer

Evolution haben die Menschen viele verschiedene Hautfarben entwickelt, wenn sie sich in der Galaxie herumbewegten und sich in der einen oder anderen Rasse entwickelten. Die sogenannte schwarze Rasse auf eurem Planeten war zum Beispiel ursprünglich eine blaue Rasse. Als die Erde ihr Firmament verlor und die Atmosphäre die gefährlicheren Strahlungen der Sonne hereinließ, mutierte die Haut der blauen Rasse in eine dunklere Färbung.

Die Repräsentanten der Energiemuster, die heute die rote, gelbe oder braune Rasse genannt werden, kamen von der Andromeda und den Plejadensystemen. Sie stellen die Mutationen dar, die in verschiedenen Sonnen dieser Sternensysteme und Sternenligen vor sich gingen. Das macht euren Planeten so einzigartig. Ihr habt die verschiedenen Rassen und Realitäten, die die Gesamtsumme der vielen Menschen in dieser Galaxie sind.

Virginia: Und die Weißen sind von...?

Washta: Sie sind vom Sirius und verschiedenen anderen Sternensystemen, wie zum Beispiel den Plejaden und dem ursprünglichen System der Vega.

Virginia: Wie verhält sich die Herkunft zur Hautfarbe?

Washta: Ursprünglich bestand da kein Zusammenhang. Die Mutationen des eingeschränkten Bewußtseins brachten jedoch auf eurem Planeten rassische Merkmale hervor, die in vieler Hinsicht einzigartig sind und die es auf anderen Planeten mit menschlichen Zivilsationen nicht gibt. Auf dem Sirius zum Beispiel gibt es blaue Menschen mit stahlblauen oder sehr, sehr grünen Augen oder mit blondem oder stahlblauem Haar. Das kommt bei den Schwarzen auf der Erde nicht vor, wenn nicht eine Vermischung von verschiedenen Rassentypen, die es auf eurem Planeten gibt, stattgefunden hat. Deshalb ist euer Planet einzigartig.

Virginia: Könntest du erläutern, wie die genetischen Gegebenheiten sich vermischen? Manche Leute hier meinen, daß wir verschiedenfarbige Rassen nicht vermischen sollten, weil sie sich genetisch nicht vertragen. Stimmt das?

Washta: Das stimmt nicht, denn *alle Menschen haben dieselben genetischen Anlagen.* Der Unterschied kommt durch die Hautfarbe, die Augenfarbe und andere rassentypische Merkmale, die sich ausschließlich auf eurem Planeten entwickelt haben. Die Intelligenz und andere wichtige Gegebenheiten des Bewußtseins sind bei allen Menschen, die auf eurem Planeten leben, dieselben; zu meinen, daß es nicht richtig wäre, diese verschiedenen Rassen zu vermischen, ist also in sich eine falsche Vorstellung.

Virginia: Können sich zum Beispiel ein galaktischer Mensch der Erde und ein galaktischer Mensch vom Sirius, von den Plejaden oder anderswoher, paaren? Ist zwischen ihnen eine sexuelle Beziehung mit dem Ziel, ein Kind zu haben, möglich?

Washta: Das ist allerdings möglich.

Virginia: Ist das auf diesem Planeten schon vorgekommen?

Washta: Es ist auf eurem Planeten schon vorgekommen.

Virginia: Und geschieht es auch jetzt?

Washta: Von Zeit zu Zeit.

Virginia: Ist es bei Landungen von Außerirdischen geschehen ... oder durch Kontakte mit denen, die wir Shambala-Erdenmenschen nennen?

Washta: Viele Menschen auf eurem Planeten hatten Beziehungen mit Menschen von anderen Welten. Diese Beziehungen mit galaktischen Menschen aus anderen Teilen dieser Galaxie entstanden aufgrund einer Energie der Nähe zu ihnen, und es wurde zugelassen, daß sie Kinder miteinander hatten. Dies ist an verschiedenen Orten auf eurem Planeten geschehen, in Teilen der Vereinigten Staaten, in Südamerika, Südafrika und Australien. Seit dem Fall von Atlantis ist es hauptsächlich in der Moderne vorgekommen, seit Beginn des 19. Jahrhunderts.

Virginia: Ja, danke. Haben seit den 40ger Jahren dieses Jahrhunderts die Zeta Reticuli, die kleinen Grauen, genetische Experimente mit Menschen durchgeführt, um eine neue Rasse zu erschaffen? Besteht eine genetische Verträglichkeit zwischen ihnen und den Menschen ?

Washta: Ja, sie haben Experimente durchgeführt, aber es besteht keine Verträglichkeit mit den Menschen. In ihren genetischen Versuchen haben sie Teile des Genetischen Codes der Menschen genommen und damit eine neue Zellstruktur gebildet. Sie haben ihre DNS-Struktur mit der von Menschen oder Kühen oder irgendeiner anderen Lebensform kombiniert, die sich mit ihrer eigenen DNS kombinieren läßt. Wenn eine neue Zellstruktur erschaffen und diese dazu gebracht wird, sich zu reproduzieren, entsteht ein einzigartiger Organismus. Das haben sie getan, als Versuch, bestimmte genetische Reproduktionsschwierigkeiten zu beenden, die durch ihre Kriege entstanden sind. Diese Kriege und die nachfolgende Strahlung bewirkten, daß sie ihre Gattung nicht mehr erhalten konnten. Jetzt haben sie sich wieder reproduziert und sind dabei, viele Teile dieser Experimente zu verändern. Die neuen Wesen, die geschaffen worden sind, werden abseits leben, bis sie in eure Zivilisation eingegliedert werden, wenn das volle Bewußtsein vollkommen wiederhergestellt ist.

Virginia: Soviel ich weiß, sind den Grauen weitere Experimente untersagt worden? Stimmt das?

Washta: Ja, das geschah Ende 1993.

Virginia: Wie viele dieser Mischlinge, oder wie man diese Kombination nennen will, sind in etwa geschaffen worden?

Washta: Wenn sie alle zurückkehren dürfen, werden es etwa 85 000 sein.

Virginia: Gibt es irgend etwas, was wir tun sollten, um ihnen zu helfen? Oder würden sie diskriminiert, wenn wir auch nur sagen, wer sie sind?

Washta: Ja, es würde viele Schwierigkeiten geben, wenn sie jetzt zurückkehren dürften. Deshalb ist ihnen nicht erlaubt worden, auf euren Planeten zurückzukehren, bevor der ganze Vorgang der Rückkehr zum vollen Bewußtsein von den Erdenmenschen abgeschlossen ist.

Virginia: Soll das heißen, daß die Nachkommen der Mischlinge der Grauen nicht auf dem Planeten sind, sondern anderswo?

Washta: Das ist richtig.

Virginia: Leute, die glauben, ihre Nachbarn wären außerirdische Wesen, täuschen sich also?

Washta: Diejenigen, die ihr auf diesem Planeten Außerirdische nennt, sind galaktische Menschen, die als Teil eines Überprüfungssystems hiergebracht wurden, um sicherzugehen, das bestimmte Dinge wirklich geschehen. Diese galaktischen Menschen, die in ihrer Erscheinung den Erdenmenschen sehr ähnlich sind, sind einfach da, um zu beobachten... ganz ähnlich, wie ein Biologe eine bestimmte Gattung beobachtet, um sicherzugehen, daß sie sich richtig entwickelt. Es gehört zu unserer Wissenschaft, daß wir alles, was wir auf eurem Planeten von oben sehen und beobachten, auch im persönlichen Alltag mit Menschen eurer Welt verifizieren.

Virginia: Ja, danke. Wenn Erdenmenschen schon in Hinsicht auf Dinge wie Geschlecht, Rasse, Alter und Religion Vorurteile haben, wie kann man sie dann leiten oder unterstützen, damit sie andere Wesen akzeptieren, die Außerirdische genannt werden?

Washta: Was auf eurem Planeten geschieht, ist eine gewaltige Bewußtseinsveränderung. Wenn eurem Planeten das volle Bewußtsein gegeben wird, wird sich seine Realität sehr erheblich verändern. Viele der Dinge, die jetzt von vielen Menschen als Kernfragen betrachtet werden – nämlich Religion, Rasse, Geschlecht usw. – werden ihnen nicht mehr wichtig sein. Sie werden sehen, wie alle Menschen eins sind. Sie werden diese neue Realität im Umgang mit Menschen ihrer eigenen Gattung ebenso wie mit verschiedenen außerirdischen Gattungen zu verstehen beginnen. Durch Telepathie und andere übersinnliche Fähigkeiten werden die Erdenmenschen mit der Zeit verstehen, daß ihre Urteile keine Gültigkeit mehr haben.

Virginia: Haben unsere gegenwärtigen Regierungen überall auf der Welt eure außerirdischen Hilfsangebote angenommen? Oder wie steht es heute mit der politischen Diplomatie, die von eurer Ebene aus praktiziert werden muß? Gibt es Hoffnung, daß die Regierungen die Wahrheit über das, was vor sich geht, publik machen werden?

Washta: Sie behalten die Wahrheit sehr stark für sich, und wir erwarten nicht, daß sie etwas über unseren Einfluß verlauten lassen werden, außer sie bringen es in irgendeine Form von Abschreckungstaktik über eine Invasion von Außerirdischen oder dergleichen. Sie wollen eindeutig nicht, daß andere erfahren, was vor sich geht, und versuchen, die Verschwörung des Schweigens, die sie um dieses Thema aufgebaut haben, zu verstärken. Wir gehen deshalb jetzt so vor, daß wir uns direkt an die Menschen auf diesem Planeten wenden, die Lichtarbeiter sind, und an jene, die mit dem spirituellen Bewußtsein des Planeten zu tun haben.

Diese Lichtarbeiter werden eine riesige Kerngruppe bilden, die mit der Zeit volles Bewußtsein annehmen und verstehen wird, daß die existierenden Regierungen trotz ihrer Macht nur ein zeitweiliges Mittel waren, um sie durch Angst und Beschränkung ihrer unbegrenzten Möglichkeiten zu beherrschen.

Virginia: Die verschiedenen Regierungen der Erde haben möglicherweise ausgefeilte technische Pläne von den Grauen bekommen und besitzen vielleicht Raumschiffe und Waffen, die früher nur den Außerirdischen zur Verfügung standen.

Werden diese Waffen nicht eingesetzt werden, um euren Kontakt zu vereiteln?

Washta: Sie besitzen in der Tat in begrenztem Maße solche Technologien, die sie von den Grauen dafür erhalten haben, daß diesen gestattet wurde, genetische Versuche mit der menschlichen Bevölkerung durchzuführen. Ihre Strahlungswaffen, ihre psychotronischen Generatoren und Raumschiffe vom Typ „fliegende Untertasse“ sind jedoch zahlenmäßig und technologisch nicht ausreichend, um uns daran zu hindern, zu tun, was wir wollen, und das volle Bewußtsein auf eurem Planeten endlich zum Blühen zu bringen.

Wir begleiten daher die Spirituellen Hierarchien eurer Welt mit einem großen Geschenk der Liebe und des Lichtes, das das Schicksal eines jeden Menschen ist. Seid versichert, daß eure verschiedenen Regierungen nicht weiter die Menschen eures Planeten durch Angst oder Unwissen oder durch das bißchen schwache Technologie, das sie jetzt besitzen, beherrschen können. Das ist eine falsche Vorstellung, wie sie bald sehen werden, wenn die Zeit kommt, wo wir die vereinigten Energien der Spirituellen Hierarchie und der Galaktischen Föderation einsetzen werden, um euren Planeten wieder zu erleuchten.

Virginia: Ja, vielen Dank. Möchte eines der Mitglieder eues Komitees zum Schluß dieses heutigen Kapitels noch eine abschließende Bemerkung machen?

Washta: Wir möchten nur, daß alle Menschen auf diesem Planeten zwei wichtige Dinge begreifen.

Erstens: Seit Beginn der Katastrophe von Atlantis ist ein spirituelles Evolutionsmuster verfolgt worden, das es möglich gemacht hat, daß die gegenwärtigen Konzepte von Erleuchtung jetzt in den Vordergrund treten können. Seid getrost und wißt, daß die Ära, in der ihr lebt, dieses unglaubliche Licht und das volle Bewußtsein zu voller Blüte bringen wird.

Zweitens: Seid euch bewußt, daß die Zivilisation, in der ihr jetzt lebt, in Kürze sehr umfassend verändert werden wird. Fürchtet euch nicht davor und regt euch nicht darüber auf. Wißt einfach, daß eine neue und herrliche Zivilisation im Entstehen ist, die einen unglaublichen Wandel im Verständnis der Realitäten der Galaxie, in der ihr lebt, möglich machen wird – Realitäten, die viele Menschen auf eurem Planeten noch nicht einmal kennen.

Seid getrost, daß die Energien der Gotteskraft, die alles in diesem Universum erschaffen haben, diese Zeit dafür bestimmt haben, ein großes Licht auf euren Planeten zu bringen und alle Menschen in diesem Lichte baden und ihr volles Potential entfalten zu lassen.

Kapitel 8

Gott und Hüterschaft

Washta, Aumtron und Sirai sind hier, um zu erklären, wie sich die neue Galaktische Zivilisation der Erde, mit euch als Hauptbewohnern, entwickeln wird. Es ist uns jedoch auch wichtig, ein gründlicheres Verständnis des neuen Modells für die Galaktische Zivilisation der Erde zu vermitteln. Im Augenblick, und das ist sehr verständlich, begreifen die Erdenmenschen das neue Muster, das für sie herankommt, nicht vollständig. Wir hoffen, daß dieses neue Sirische Modell den Erdenmenschen verstehen hilft, wie der Planet Erde als eine sowohl spirituelle als auch physische Wesenheit erschaffen wurde.

Wir wollen damit beginnen, daß wir Gottes Schöpfung einmal aus einem rein spirituellen Blickwinkel betrachten. Die Erde ist, so wie alle die verschiedenen Planeten des Sonnensystems, von einer spirituellen Hierarchie umgeben, bestehend aus geistigen Wesen, die man Engel, Erzengel und aufgestiegene Meister nennt. Ihre einzige Aufgabe ist es, als spirituelle Vermittler für die acht interdimensionalen evolutionären Energien zu dienen. Die Mittler-Engel transferieren diese Energien durch die passenden interdimensionalen Transportpforten in euer dreidimensionales Sternenenergiemuster. Diese schöpferischen und evolutionären Energiemuster erschaffen ihrerseits das physische Universum, das euer Sonnensystem und den Planeten umfaßt, auf dem ihr jetzt wohnt.

Damit ihr eure Beziehung zur Schöpfung und endlich auch zu eurer Rolle als Hüter des Planeten und der Sterne besser versteht, wollen wir erklären, wie die Schöpfung durch die Höchste Schöpferische Kraft oder das, was ihr vage „Gott“ nennt, erschaffen wurde. Diese Schöpfung ist evolutionär von Natur aus, das heißt sie ist so beschaffen, daß sie ständig weitergeht und sich ständig weiter entwickelt. Jeder Aspekt einer bestimmten Schöpfung hat einen wichtigen und einzigartigen Zyklus. Diese gegenwärtige Schöpfung ist der sechste Zyklus und wird zwischen 50 Milliarden und 100 Milliarden Jahre lang laufen. Wir wollen jetzt diese gegenwärtige Schöpfung betrachten.

Vor etwa 50 Milliarden Jahren wurde von den Herren der Zeit unter der Leitung der Höchsten Schöpferkraft (Gott) mit der Erschaffung eures physischen Universums begonnen. Diese gegenwärtige Schöpfung war die letzte in einer Reihe von sechs physischen Schöpfungen seit Beginn der Zeit. Jede physische Schöpfung hatte ihren eigenen Zyklus und ihr eigenes Muster. *Diese physische Schöpfung geschah, um zu zeigen, wie das Licht die Dunkelheit verwandeln und damit ein noch größeres Licht erschaffen könne, das aus höchster Liebe besteht. Diese Liebe wird eure Galaxie transformieren und zur Höchsten Schöpferkraft und ihren Hauptabgesandten, den Herren der Zeit, aufsteigen.*

Da ihr von den Herren der Zeit noch nichts gehört habt, wollen wir sie euch beschreiben. Sie sind so etwas wie die göttlichen Schäfer der *physischen Schöpfung.* Als die Höchste Schöpferkraft zuerst mit der physischen Schöpfung begann, wurden die Herren der Zeit erschaffen; denn Zeit ist die Einheit, die die ganze physische Schöpfung beherrscht. In den alten Schöpfungsgeschichten wird gesagt, daß die Menschen zuerst im System der Vega lernten, daß der Anfangspuls der Zeit das Licht der Schöpfung erschuf, und aus ihm flossen alle Dinge, die jetzt in eurem physischen Universum existieren. (*Vgl. Abb.19: Gott (Höchste Schöpferkraft) und Schöpfung).* Die Herren der Zeit existieren in einer unendlichen

Abbildung 19: Gott (Höchste Schöpferkraft) und die Schöpfung

Anzahl von Dimensionen und haben die Aufgabe, die physische Schöpfung nach dem göttlichen rechten Handeln zu regeln und überwachen.

Die Herren der Zeit haben eigentlich eine zweifache Aufgabe. Ursprünglich hatten sie die acht Dimensionen der physischen Schöpfung zu erschaffen, und zweitens halfen sie den Spirituellen Hierarchien, den spirituellen Energieaustausch zwischen jeder Dimension zu regulieren. Es ist Aufgabe der spirituellen Hierarchien, den interdimensionalen Energietransfer zu regeln, und zwar durch den Gebrauch interdimensionaler Tore oder Sternentore, wie sie auch genannt werden. Diese Tore dienen als Schleusen zwischen den Dimensionen und regeln den Energiefluß so, daß nur so viel Energieaustausch zugelassen wird, wie nötig ist, um die physische Schöpfung am Leben zu erhalten. Als Teil des göttlichen Planes hatten die Herren der Zeit die Galaxie der dritten Dimension zu erschaffen. Damit sie diese Aufgabe erfüllen konnten, wurde den Herren der Zeit der schöpferische „Puls der Zeit" gegeben. Mit diesem Energiewerkzeug sind alle Dinge möglich und können dem göttlichen Plan entsprechend zuwege gebracht werden.

Die Zeit hat im göttlichen Plan viele Bedeutungen und viele Auswirkungen. Sie ist der Prozeß, durch den das Licht der Schöpfung im physischen Universum verankert wird. Die Zeit ist auch der Mechanismus, der alle Gesetze und Methoden der Schöpfung möglich macht. Ihre Funktion variiert jedoch je nachdem, wofür sie gerade gebraucht wird. Die Zeit ist alles, und doch ist sie nichts. Diese Konzepte sind in unserer galaktischen Wissenschaft und in unseren spirituellen Philosophien über die Schöpfung dargestellt. Durch dieses Wissen lernen wir, daß die Zeit ein großes Rätsel ist. Von der Zeit wird gesagt, daß sie sich ihre eigene Ebene sucht, wie in eurer Welt das Wasser.

Unsere großen Weisen, Wissenschaftler, Mystiker und Wächter der Zeit haben die Pulse der Zeit viele Millionen Jahre lang studiert, und doch haben sie die wahre Bedeutung der Zeit noch nicht erfaßt. Eure Wissenschaftler und Seher haben vor kurzem begonnen, die Wunder der Zeit zu entdecken (zum Beispiel in der Quantenphysik). Bislang ist ihnen jedoch das Verhältnis zwischen Zeit, Licht und Materie und Schöpfung verborgen geblieben. Die wahren Wissenschaften und Philosophien der Photonenenergie werden euch zu einem neuen Verständnis der Schöpfung und ihrer unendlichen Kreisläufe verhelfen. In Wirklichkeit gibt es keinen „Großen Knall", die Schöpfung hat kein plötzliches Ende. Die Herren der Zeit und ihre dimensionalen Hierarchien verwandeln einfach die Schöpfung in eine neue Realität – eine ständige sinnvolle Schöpfung – die der göttliche Plan festsetzt.

Es ist jetzt wichtig, zu sehen, wie diese spirituellen Systeme gegliedert sind. Alle spirituellen Systeme sind von der ersten bis hinauf zur achten Dimension organisiert. Jenseits dieser achten Dimension gibt es unzählige höhere spirituelle Dimensionen, die mit dem Wesen der Gottheit zu tun haben (Herren der Zeit und Erzengel, usw.). Da wir uns auf eure Dimension konzentrieren wollen, werden wir hier nur sagen, daß ihr über diese hochschwingenden Dimensionen noch viel zu lernen habt; aber wenn ihr eure unmittelbaren Aufgaben mit Hingabe vollendet, werdet ihr ganz natürlich in den Plan der Dinge hineinwachsen.

Wir wollen also jetzt diese acht Dimensionen von eurem Standpunkt aus betrachten, um ein besseres Verständnis davon zu bekommen, wie die Wirklichkeit formuliert ist. Die ersten sieben Dimensionen sind erschaffen, um verschiedene Aspekte der physischen Schöpfung zum Ausdruck zu bringen. Die achte Ebene ist die, von der all diese niederen Qualitäten herkommen. Wie gesagt, befindet sich über diesem großen Licht der Schöpfung der achten Dimension die große vielfältige unendliche Gottheit (das Reich der Herren der Zeit, der Erzengel usw.). (*Vgl. Abb. 20: Dimensionen der physischen Schöpfung)*.

Wir wollen uns ein wenig mehr über diese sieben Dimensionen unterhalten. Die erste bis dritte Dimension sind die, derer ihr euch sehr gut bewußt seid.

Diese Dimensionen sind die physischen Bereiche, die die Wissenschaft der Erde seit langem studiert. Über ihnen gibt es die vierte Dimension, die das Tor der Zeit ist, durch das die dritte Dimension in die vierte überwechselt. Die fünfte, sechste und siebente Dimension könnte man als höherdimensionale Bereiche bezeichnen, die wissenschaftlichen und physikalischen Gesetze der Erde lassen sich auf sie nicht anwenden.

Diejenigen, die die Wissenschaft des Geistes nicht ganz verstehen, muten diese Bereiche vielleicht magisch oder mirakulös an. Hier, in diesen höheren Bereichen, gibt es die geistigen Wesen, die die Engel und Erzengel Gottes genannt werden. Diese Engel und Erzengel leben wiederum auf verschiedenen Ebenen der Spirituellen Hierarchie, die sich in den verschiedenen Dimensionen(der 5., 6. und 7.) um die Erde herum befinden, um sie zu schützen. Die Erzengel und Engel haben vor allem die eine Aufgabe, die Schöpfungsenergien der Liebe und des Lichtes zu empfangen und durch das ganze physische Universum zu verteilen. Die Herren der Zeit wiederum sind dafür verantwortlich, das physische Universum zu überwachen und es ständig mit den Energien der Liebe und des Lichtes zu erschaffen, die sie im interdimensionalen Austausch von der Spirituellen Hierarchie empfangen. Die Mitglieder der Spirituellen Hierarchie folgen bei diesem interdimensionalen Austausch einem bestimmten Verfahren. Sie brauchen im physischen Bereich, insbesondere in der dritten Dimension, einen physischen Hüter, –

Die Schöpfung liegt in der Verantwortung der Herren der Zeit und der Spirituellen Hierarchien. Die Herren der Zeit kontrollieren die physische Schöpfung, während die Spirituelle Hierarchie über den Energieaustausch von Licht und Liebe in allen Aspekten der Schöpfung wacht.

✚ Hüter aus dem Engelreich bewachen die interdimensionalen Pforten.

Abbildung 20: Dimensionen der physischen Schöpfung

etwa ein Sternensystem oder einen Planeten –, der ihre Aufgabe des Energieaustausches auf einer kleineren, lokaleren Ebene ausführen kann. *Deshalb müssen die physischen Hüter eines jeden Planeten Wesen sein, die sowohl physisch als auch spirituell sind – mit anderen Worten physische Wesen, die volles Bewußtsein besitzen.*

Wir wollen nun den Planeten Erde betrachten und zu verstehen versuchen, wie dies zuwege gebracht wird. Der devische Aspekt der Spirituellen Hierarchien hat die Energien von Liebe und Licht manifestiert, die die *physische* Welt möglich machen. Tatsächlich haben diese devischen Geister die physischen Energien manifestiert, derer es bedarf, um alles Leben auf der Erde zu erhalten. Sie haben auf eurem Planeten ein Lebenssystem eingerichtet, das wir eine bestimmte Biosphäre nennen wollen. Das Ziel für das Leben, das diesen Planeten bewohnt, ist ein zweifaches. Das erste Ziel ist, die ganz speziellen Energien zu manifestieren, die die Existenz eines jeden Planeten überhaupt erst ermöglichen. Das zweite Ziel ist, sich so zu verhalten, daß die verschiedenen Energien, denen Lebensformen verliehen worden sind, belebt werden und einen ständigen Zuwachs an Bewußtsein erfahren.

Alle Tiere, Pflanzen und Steine, alles Wasser, der Himmel usw. tragen Lebensenergie und Bewußtsein in sich. Leben darf nicht als etwas sehr eng Definiertes betrachtet werden. Leben existiert in allen Dingen. Es gibt unzählige Arten von Lebensformen, die ihr in eurem sogenannten modernen wissenschaftlichen Zeitalter noch nicht voll verstehen könnt. Ihr müßt euch darüber klar werden, daß es eine höhere Wissenschaft gibt, eine spirituelle Wissenschaft, die alle Naturgesetze versteht und umfaßt und die feinen Beziehungen zwischen ihnen erklären kann.

Diese spirituelle Wissenschaft enthält die Gesetze der Hüterschaft. Sie besagen, daß ein Hüter zuerst und vor allem ein Wesen ist, das die Energien der Schöpfung (spirituelles

Licht und spirituelle Liebe) hereinbringt und sie für die Lebens- oder Biosphäre des Planeten, wie die moderne Wissenschaft sie kennt, reguliert. Im Augenblick gibt es auf dem Planeten Erde hauptsächlich zwei Gattungen, die als Hüter ausersehen sind. *Die erste dieser Gattungen sind die sogenannten Cetacäen (die Wale und Delphine), die jetzt die grundlegenden Hüter des Planeten sind. Die zweite zu Hütern bestimmte Gattung sind die Erdenmenschen, die ursprünglich aus anderen Sternensystemen stammen und dann zu ihrem jetzigen Wohnsitz auf dem Planeten Erde gebracht wurden.*

In den vorangegangenen Kapiteln hat das Sirius-Konzil die Geschichte der Erde dargestellt und erklärt, was für ein großes Licht den Menschen der Erde bewußtseinsmäßig aufgehen wird. Die Erdenmenschen müssen jetzt verstehen, was ein Hüter ist und welch wichtige Aufgabe die Hüter mit der Spirituellen Hierarchie gemeinsam haben. Ihr fragt euch vielleicht, was die grundlegenden Komponenten dieser Hüterschaft sein mögen – oder irdisch ausgedrückt, welche Voraussetzungen für einen solchen Job erforderlich sind.

Hüterschaft läßt sich am besten dadurch beschreiben, daß man die Energien der Wale beobachtet. Durch ihre Rituale, ihre Echogesänge und ihre Wanderungen beleben sie die Biosphäre. Man hat Walgesänge überall, in allen Ozeanen der Welt, registriert. Man findet diese Gesänge und ihren Widerhall auch überall in den Himmeln der Erde. Selbst in den entlegensten Teilen Afrikas, Amerikas, Asiens und Europas sind sie vorhanden. Da die Energien der Cetacäen sowohl im Himmel als auch im Wasser zu finden sind, erschaffen sie durch diese großen Energien, die sie in ihrem Gesang hervorbringen, die Resonanz, die das Leben erhält. Tatsächlich haben sie mit ihren Ritualen das Leben ständig und herrlich regeneriert.

Jedes Jahr von Februar bis August führen Cetacäen aus beiden Hemisphären Gesangsrituale durch, die es möglich machen, daß sich in dieser Biosphäre sozusagen Fenster auftun und die Energien einlassen, die alle Gattungen für ihre Fortpflanzung brauchen. Dieser Zeugungsakt bringt die neuen Kinder aller Gattungen hervor und ermöglicht die Weiterführung des Lebens auf der Erde. Diese Rituale bringen die nötige Kraft für das Weiterbestehen der unendlichen Vielzahl von Lebensformen herein, die ein einzigartiger Aspekt eures Planeten ist.

Hüterschaft bedeutet des weiteren auch Verwaltung und Ordnung. Das erfordert, daß die Hüter Energien hervorbringen müssen, die nicht nur für die Erneuerung der Gattungen auf dem Planeten sorgen, sondern diesen Gattungen auch ein Verständnis davon vermitteln, was sie da vollbringen (ein ständiges Wachstum des Bewußtseins). Diese Verwaltung und Ordnung bedeutet, daß sie entweder die schöpferischen Energien, die sie in sich tragen, opfern oder ihre übersinnlichen oder anderen Energien des vollen Bewußtseins benutzen müssen, um der Fortpflanzung und dem Erhalt des Lebens auf dem Planeten zu dienen.

Diese verwalterische und ordnende Tätigkeit ist ganz einzigartig und wichtig. Sie bedeutet mehr, als nur die vielen Gattungen eures Planeten wie ein Schäfer durch ihre täglichen Aktivitäten zu geleiten. Sie bedeutet auch, daß erhaltende Lebensenergien bewahrt werden müssen, indem die schöpferischen Energien, die die Erde täglich von der Spirituellen Hierarchie erhält, physisch umgewandelt werden. Durch diese Aktion kann sich jede Gattung eurer Welt jeden Tag erhalten. Es bedeutet auch, daß die Energien, die jeden Tag von der Spirituellen Hierarchie empfangen werden, durch die gesamte Biosphäre verteilt werden müssen. Die Hüter müssen bewußt und unterbewußt diese Energien aufrechterhalten, so daß sie angemessen und korrekt verteilt werden. Dieser ganze Prozeß wird täglich von den Cetacäen durchgeführt. Sie sind sich der

Macht dieses Prozesses des interdimensionalen Energieaustausches auch voll bewußt.

Hüterschaft bedeutet also, Lady Gaya zu unterstützen und zu erhalten. Sie ermöglicht es dem Planeten Erde mit allen seinen Lebensformen, zu wachsen und zu gedeihen. Auf eurem Planeten haben alle Gattungen eine unglaubliche Vielfalt erreicht und gedeihen in unterschiedlichsten Umgebungen. Und doch haben die Menschen, die den dritten und letzten Punkt dieses Dreiecks (Menschen, Cetacäen und Spirituelle Hierarchie) bilden, die wichtigen Aspekte des Hüterseins vollkommen vergessen, so daß sie jetzt lernen müssen, sie gründlich zu verstehen und allmählich zu befolgen.

Wir wollen jetzt einmal davon ausgehen, daß ein guter Hüter seine Herde kennt und versteht. Er oder sie hütet seine Erde in einer Weise, die die Mitglieder der Herde lehrt, zu verstehen und festzustellen, was zu ihrer Erhaltung und zu ihrem Gedeihen erforderlich ist. Der Mensch als Hüter muß die Umwelt Erde anerkennen und schützen, denn die Umwelt – wie die Umgebung der Herde – ist das, was alles Leben erhält.

Ihr müßt lernen, daß die Erde die Grundlage eurer physischen Existenz ist und nicht etwas, was ihr erobern oder ausbeuten sollt. Ihr müßt eure planetarische Umwelt wahrlich verstehen, denn diese Umwelt, die euch Menschen mit wichtigen lebensspendenden Energien versorgt, muß wiederum durch die umgewandelten Energien von euch erhalten werden. Dieses Wissen um eure gegenseitigen Rollen ist der erste wichtige Teil eurer Hüterschaft. Der gute Hüter praktiziert das, und ihr als Hüter der Erde müßt es lernen. Im Laufe der letzten paar Jahrhunderte habt ihr aufgehört, eure Umwelt zu achten. Ihr habt geglaubt, die Umwelt wäre insgesamt nicht mehr in der Lage, über euer Schicksal zu bestimmen. Das ist eine durch und durch falsche Vorstellung!

Die Cetacäen haben mit Erlaubnis von Lady Gaya galaktische Menschen an ihre Gestade eingeladen, weil sie wußten, daß sie gute und zuverlässige Hüter sein würden. Sie möchten euch jetzt einen Weg zeigen, wie ihr es tun könnt. Fangt dadurch an, daß ihr anerkennt, wie wichtig die irdische Umwelt ist, ebenso wie ihr die Wichtigkeit der Spirituellen Hierarchie anerkennen müßt. Nun fragt ihr euch vielleicht, wie ihr die Spirituelle Hierarchie verstehen könnt, und wir schlagen vor, daß das am besten durch euer inneres Sehvermögen und Rituale geschieht und dadurch, daß ihr der Intuition folgt, die in allen Menschen vorhanden ist.

Diese Konzepte von Liebe und Licht, die allen lebenden Wesen mit ihrem Bewußtsein gegeben sind, bilden die Grundlage für ein allmähliches Verständnis dessen, was es bedeutet, ein guter Hüter der Erde und eurer eigenen Gattung zu sein. Manchen Erdenmenschen fällt das vielleicht nicht leicht, aber jeder von euch kann es lernen. Zu lange schon haben die Menschen auf der Erde nicht verstanden, daß dies einfache Verwalten nicht mehr als der Grundmechanismus der Hüterschaft ist.

Wir haben jetzt von den Umwelt- und den spirituellen Aspekten der Hüterschaft gesprochen, aber es gibt eine dritte Komponente, über die noch nichts gesagt worden ist. Es ist nötig, daß ihr die anderen Hütergattungen erkennt, die auf eurem Planeten leben, und daß ihr mit ihnen in einer Weise zusammenarbeitet, die eure Liebe und eure Anerkennung ihrer Arbeit zeigt. Das habt ihr bislang nicht getan! Ihr als Menschen habt zugelassen, daß ihr sowohl eure Umwelt als auch eure Mithüter nicht mehr kennt. Die Erdenmenschen haben in keiner Weise begriffen, daß sie ihre Hüterschaft tatsächlich mit den Cetacäen teilen. Ihr müßt lernen, mit euren Brüdern und Schwestern, den Walen und Delphinen, durch Liebe und hohes Bewußtsein zu kommunizieren.

Walfang und ähnliche Prozeduren sind nichts anderes als Mord. Es ist der letzte Akt der Vernachlässigung und Nichtachtung all dessen, wozu ihr auf diese Erde gesandt wurdet und was ihr hier vollbringen sollt. Eure Spirituelle Hierarchie und wir von diesem Sirischen Konzil ersuchen die Erdenmenschen, unverzüglich mit allem aufzuhören, was irgendwie mit Walfang zu tun hat. Wale zu töten, bedeutet die absolute Nichtachtung aller Grundlagen einer bewußten Gattung und einer Hüterrasse. Wir können nicht erlauben, daß diese Abscheulichkeit weitergeht. Erkennt deshalb bitte, daß Hüterschaft auch bedeutet, zu vollem Bewußtsein zu gelangen und zu lernen, alle Menschen und alle anderen Gattungen zu achten. Ein Hüter versteht, daß alle Dinge (Pflanzen, Steine und Wasser) wertvoll sind. Es ist nicht genug, den Wasservorrat oder die Wälder für eure eigenen Bedürfnisse zu erhalten. Es geht um mehr, und die Naturschätze zu eurer Erholung zu benutzen, ist von allen die am wenigsten wichtige Tätigkeit.

Wir Sirianer und eure Brüder und Schwestern der Galaktischen Föderation sind hier, um das Leben auf eurem Planeten zu mehren, zu unterstützen und zur höchsten Blüte zu bringen. Wir sind nicht hier, um das Leben auf der Erde in irgendeiner Weise zu zerstören. So etwas ist nicht Art der Hüter. Zerstörung ist eher die Art jemandes, der *nicht* Hüter sein will. Ihr seid auf die Erde gekommen, um die Anweisungen der Spirituellen Hierarchie auszuführen, nicht, um eure Rolle und die Rolle der anderen Hüter zu mißachten, die es neben euch auf dem Planeten gibt. Denkt daran, daß auf der Erde eine unglaubliche Fülle herrscht, und diese Fülle wird eine noch größere Fülle hervorbringen, wenn sie richtig gepflegt wird. Wir wünschen uns, daß alle Menschen auf eurem Planeten das verstehen.

Wir galaktischen Menschen sind eine Hütergattung, deshalb ist das auch für die Erdenmenschen der Fall, selbst wenn ihr es zeitweilig vergessen habt. Die Spirituelle Hierarchie von Engeln, die euch jetzt umgibt, hilft euch, höheres Bewußtsein zu erlangen, und wird euch in eurer Aufgabe als Hüter unterstützen. Achtet also nicht mehr auf eure verdrehte Zivilisation, sondern schaut, was in Ordnung gebracht werden muß. Es ist ganz einfach – und Menschen sind gut darin, Dinge „in Ordnung zu bringen".

Wir wollen also zusammenfassen, was ihr nicht vergessen und in die Tat umsetzen sollt. Hüterschaft wirkt durch die acht Dimensionen der Schöpfung. Sie wird durch die großen Spirituellen Hierarchien verbreitet und dringt auch in eure Welt hinunter. Um die Spirituelle Hierarchie herum ist das physische Universum manifestiert, dessen Teil ihr alle seid. Als Hütergattung sind galaktische Menschen Lichtwesen, sowohl spirituell als auch körperlich. Eure Fähigkeit, Geist in der Materie zu sein, macht euch zu einer einzigartigen Schöpfung. Außerdem ist euch ein besonderes Bewußtsein verliehen, das die reinen Lebensreflexe, wie Sex, Hunger, Durst und Sterben überschreitet. Ihr geht über die reine Körperlichkeit all dessen hinaus. Ihr seid Wesen, die als verantwortliche Wächter oder Hüter anderen Lebens auf diesen Planeten gebracht wurden, weil ihr zu vollem Bewußtsein fähig seid.

Die Cetacäen, die in eurer Umgebung leben, geben euch ein Beispiel dafür, was dieses volle Bewußtsein im täglichen Leben bedeutet. Wenn ihr betrachtet, wie sie ihre Hüterschaft leben, dann werdet ihr sehen, daß sie ihr Leben selbstlos und hingegeben der Aufgabe widmen, diese Energien, durch die euer Planet überlebt und sich entwickelt, hervorzubringen. Das haben die Erdenmenschen bislang nicht getan. Die Menschen verbringen die Zeit ihres Wachseins allzu oft damit, die Umgebung zu zerstören oder zu ihrem Nachteil zu verändern, andere Gattungen zu töten und die grundlegenden Lebensstrukturen des Planeten Erde zu zerstören.

Wir haben gesagt, daß die physische Struktur der Erde mit göttlicher Absicht geschaffen wurde. Dieses göttliche Ziel wurde durch die Engelwesen unter der großen Gottheit etabliert, und es geschah aus dem einen Grunde, eine Schöpfung physischen Lichtes hervorzubringen. Alle Erdenmenschen müssen diesen Vorgang verstehen und sich ihrer Rolle stellen.

Die bevorstehenden Ereignisse auf eurem Planeten und in eurem Sonnensystem, unsere Landung und die Erfahrung mit dem Photonenring werden eure Unwissenheit austilgen und euch alle in die Lage versetzen, zu verstehen, was Hüterschaft bedeutet. Hüter zu sein bedeutet, wie wir immer wieder betonen, ein schöpferisches Ordnen, und das heißt, daß *im Tun und Handeln einer Gattung gegenüber den anderen Gattungen volles Bewußtsein zum Tragen kommt.* Denn ihr Menschen bildet die Spitze einer riesigen Lebenskette, und diese Lebenskette besteht nicht einfach nur aus Tieren und Pflanzen. Sie umfaßt, wie gesagt, auch die Steine, die Erde, das Wasser, den Himmel und alles, was kriecht und fliegt. Eure christliche Bibel drückt sich hinsichtlich eures Platzes als Hüter der Erde recht deutlich aus!

Denkt auch daran, daß es Energiedevas in der Schöpfung gibt, die zusammenwirken, um in euch und allen lebenden Dingen die Kreisläufe des Lebens zu erschaffen. Dieser Kreislauf des Lebens ist der Schlüssel, der allem Geschehen auf eurem Planeten zugrundeliegt. Die Menschen der Erde müssen diesen Vorgang verstehen und ganz bereit sein, ihre Funktion hier auf Erden anzunehmen und auszuüben. Ihr seid hier als ein Teil des großen Dreiecks des Bewußtseins – Cetacäen, Erdenmenschen und Lady Gaya – in dem alle zusammenarbeiten, um eine Lebenssphäre der Eleganz und des Lichtes zu erschaffen, die die Energien eures Planeten als exquisites Beispiel für alle in den Brennpunkt rückt.

Ihr dürft Planeten nicht einfach als dreidimensionale Objekte sehen, die um einen bestimmten Stern kreisen bis zu der Zeit, wo der Tod dieses Sternes das Leben des Planeten enden läßt. Darum geht es nicht. Alle Dinge im Universum existieren aus einem bestimmten Grund, und diesen Grund müßt ihr verstehen und euch danach richten, wenn ihr in eurem Bewußtsein und zukünftigen galaktischen – oder sogar universellen Rollen vorankommen wollt.

Denkt also daran, daß ihr Hüter des Lichtes, der Liebe und des Bewußtseins seid und daß ihr zu dem großen Dreieck der Hüter gehört, das aus den Cetacäen, den Menschen und der Spirituellen Hierarchie besteht. Euer Planet befindet sich jetzt an der Schwelle eines neuen Goldenen Zeitalters, das zu einer Verjüngung und Heimkehr der Erdenmenschen führen wird. Es kommt, damit ihr die galaktische Schöpfung sein könnt, die Gott vorhatte! Wenn ihr dies entdeckt, werdet ihr in einer phantastischen Beziehung mit eurem außergewöhnlichen Planeten und mit anderen Hüterrassen wie den Cetacäen leben. Ihr werdet dabei auch Hand in Hand mit der leuchtenden Gruppe von Engeln und aufgestiegenen Meistern arbeiten, die die Spirituelle Hierarchie Gottes genannt wird. Diese Partnerschaft wird eure Herzen in Liebe entbrennen lassen und eure Ewigkeit mit Freude erfüllen, wohin auch immer ihr voranschreitet. Und dann werdet ihr alle als vollbewußte Menschheit des Lichts zu jenen unendlichen Bereichen der Herrlichkeit voranschreiten, von denen die tiefen, geheimen Winkel eurer Seele wispern.

Sicherlich tauchen jetzt viele Fragen zu diesem Kapitel auf. Im nächsten Abschnitt stellt Virginia Washta Fragen über „Gott und Hüterschaft".

Fragen und Antworten

Virginia: Könnte Washta bitte erklären, wer heute hier ist?

Washta: Ich bin hier mit zwei anderen Mitgliedern des Konzils – Mikah, der mit Geschichte, Technologie, Hüterschaft und Cetacäen-projekten zu tun hat, und auch Teletron, so daß die Geschichte der Hüterschaft und alles, was damit zusammenhängt, erklärt werden kann. Bitte fangt an.

Virginia: Danke und willkommen. Du hast gesagt, die Spirituelle Hierarchie besteht aus Engeln, Erzengeln und aufgestiegenen Meistern. Ich hatte geglaubt, daß auch Devas zur Spirituellen Hierarchie gehören. Sind sie in eurer Definition der Spirituellen Hierarchie nicht enthalten?

Washta: Die Devas bilden die Basis dieser Spirituellen Hierarchie. Sie sind die Energien, die die Engelenergien anwenden, die durch die Herren der Zeit aus der höherdimensionalen Quelle in die verschiedenen Dimensionen heruntergebracht werden. Diese Energie wird dann in den tatsächlichen physischen Körper der Erde, sowie ihre Tiere, ihre verschiedenen Pflanzen, ihre Atmosphäre, ihre Meere und Gewässer usw. umgewandelt. Auf diese Weise sind die Devas Teil der Spirituellen Hierarchie.

Virginia: Bitte nenne uns die größten Erzengel der Erde mit Namen und sage uns, aus welchen Dimensionen sie wirken.

Washta: Es sind sehr viele, deshalb nennen wir euch nur ein paar, die in dieser jetzigen Situation am wichtigsten sind. Der wichtigste für euch ist der Erzengel Michael, der mit Metatron und vielen anderen in den Konzilen sitzt, die euren Planeten und seine vielen Dimensionen kontrollieren. Der Erzengel Michael leitet die Lebensenergien durch die acht großen Dimensionen zur Erde herunter, so daß der Planet Erde eine lebendige Biosphäre haben kann. Dann habt ihr den Erzengel Gabriel, der für viele Dimensionen zuständig ist – nämlich die dritte, die vierte und die fünfte. Die Erzengel

Michael und Gabriel sind also jetzt damit beschäftigt, die Energien des neuen, herrlichen galaktischen menschlichen Bewußtseins hereinzubringen und die Zivilisation, in der diese galaktischen Menschen leben werden.

Michael und Gabriel sind die beiden Haupterzengel, die mit dem vollkommenen Aufstieg des Planeten zu tun haben. Es gibt außerdem viele andere, wie zum Beispiel Raphael und Uriel, die von oben, von der vierten und fünften Dimension aus Gabriel bei diesem Aufstiegsprozeß unterstützen. Sie haben auch Zugang zur sechsten und siebenten Dimension, um dem Erzengel Michael mit den besonderen Lebensenergien zu helfen, die durch die Herren der Zeit in die achte und siebente Dimension heruntergebracht werden. Die Spirituelle Hierarchie hat jedoch Michael und Gabriel zu den offiziellen Leitern bestimmt, die unter der Schirmherrschaft der Galaktischen Föderation mit den Sirianern zusammenarbeiten.

Virginia: Heißt das mit anderen Worten, daß diese selben beiden Erzengel sowohl den Sirianern und Plejadiern als auch den Erdenmenschen dienen?

Washta: Das ist richtig. Erzengel Michael und Gabriel sind eher interdimensionale Engelformen und sind daher nicht mit der physischen Energie eines bestimmten Sonnensystems oder Planeten verbunden, so daß sie mit den Herren der Zeit kooperieren, die die physische Realität (Materie) kontrollieren.

Virginia: Danke. Könntest du etwas über Erzengel Michaels „verlorenen Krieg im Himmel" sagen, von dem in der Bibel und an anderen Stellen berichtet wird? Was geschah da, und wo stehen wir jetzt?

Washta: Das bezieht sich historisch auf die ursprüngliche Schöpfung. In dieser physischen Schöpfung wurde ein grundlegendes Konzept verankert. Der Gedanke war, daß es eine große Dunkelheit geben würde, aus der mit der Zeit ein großes himmlisches Licht erwachsen würde. Deshalb ist in den Schöpfungsgeschichten vieler Quellen, einschließlich der christlichen Bibel, zu Beginn von der Dunkelheit die Rede. *Denn das Ziel dieser Schöpfung war, zu beweisen, daß Dunkelheit nicht so groß ist wie Licht.*

Erzengel Michael bekam die göttliche Aufgabe, als Hauptmittler zwischen den Herren der Zeit, die von der Höchsten Schöpferkraft instruiert wurden, wie sie diese gegenwärtige Schöpfung erschaffen sollten, und der dunklen Kraft zu fungieren, die als die höchste Prüfung für diese Schöpfung erschaffen wurde. Erzengel Michael machte sich also daran, zu helfen, die acht Dimensionen zusammenzustellen und alle die verschiedenen Kräfte der Engel und Erzengel an ihren rechten Platz zu bringen. Um dieses Muster für den göttlichen Plan zu erschaffen, mußte ein Wesen innerhalb dieser Dunkelheit geschaffen werden.

Der Erzengel Michael richtete also die Energien ein, die ein Wesen der Dunkelheit erschaffen würden, wie es der göttliche Plan erforderte. Darauf bezieht sich der sogenannte „Krieg im Himmel". Dieses Wesen der Dunkelheit wurde nach dem göttlichen Plan erschaffen, so daß mit der Zeit die dunklen Energiemuster nach vielen physischen Leben auf dem Planeten Erde wieder ins Licht zurückverwandelt werden konnten. Diese Umwandlung sollte allmählich dazu führen, daß viele Unsterbliche im Lichte lebten. Darum geht es bei Michaels Energiemustern und all den Geschichten um ihn.

Virginia: Dann können wir davon ausgehen, daß er eine Art Zwillingsbruder oder eine ähnliche alternative Energieform hat, die sich ihm und dem Licht widersetzt?

Washta: Ja. Diese Energie wurde von ihm als Teil des göttlichen Planes erschaffen, zu dem er die Erlaubnis erhalten hatte. Es wird Teil dieses kommenden Aufstiegs sein, daß er diese beiden Energien von Licht und Dunkelheit wieder vereint. Deshalb wurde das Zeitalter des Lichts von vielen Sirianern und anderen in der Galaktischen Föderation, die Wächter der Zeit sind, vorhergesehen. Wir verstehen die

Energiemuster, die jetzt diese physische Schöpfung der Verwandlung der Dunkelheit ins Licht umgeben.

Virginia: Hat dieses Wesen, dieses dunkle Wesen, das mit Michael zusammenhängt, einen Namen, den wir erkennen würden?

Washta: Es ist kein Name, den die Menschen auf eurem Planeten von selbst verstehen, da ihm viele verschiedene Namen gegeben wurden, wie zum Beispiel Satan, der Teufel usw. Wißt jedoch, daß die Menschen anläßlich der Landungen diesen Namen erfahren werden, denn der Erzengel Michael wird eine förmliche Erklärung darüber abgeben, was geschieht; und er wird erklären, welches die Zeitmuster sind, die ihm erlauben, wieder aufzutauchen und das große Licht in eurer Galaxie zu erschaffen.

Virginia: Wenn man die Abbildung von Gott und den Herren der Zeit betrachtet, sieht es aus, als ob es sehr viele Herren der Zeit gebe. Kannst du uns sagen, wie viele es ungefähr sind?

Washta: Es ist wichtig, nur eines zu verstehen – daß die Herren der Zeit in ihren Dimensionen unendlich viele sind. Es gibt Millionen und Abermillionen von ihnen. Weit über der achten Dimension existieren die Herren der Zeit, die jeden Aspekt der physischen Schöpfung kontrollieren, wie sie der göttliche Plan der Höchsten Schöpferkraft vorsieht. Ihre Zahl ist daher so groß, daß wir sie als unendlich betrachten.

Virginia: Könntest du erklären, was unter dem „Puls der Zeit“ zu verstehen ist? Was bedeutet das?

Washta: Als die Herren der Zeit von der großen Höchsten Schöpferkraft schließlich erfuhren, daß eine Schöpfung geschehen sollte, da wurden sie instruiert, den großen Puls der Schöpfung zu machen. Was wir den „großen Puls der Zeit“ nennen, hat eine bestimmte Zeitzone oder -sequenz, in der jede Schöpfung geschehen wird. Die Herren der Zeit beginnen damit, diesen Energiepuls in die zukünftige physische

Schöpfung zu bringen, der das Licht formt und alle Dinge hervorbringt.

Virginia: Danke. Kannst du genauer erklären, was die Herren der Zeit tun?

Washta: Jeder Herr der Zeit hat eine physische Verantwortung in einer bestimmten Schöpfung, sei es ein Sternensystem in eurer Galaxie oder in einer anderen Dimension. Zum Beispiel hat jeder Engel, jeder Erzengel und selbst das kleinste Atom einen Herrn der Zeit, dessen Aufgabe es ist, die physische Schöpfung zu erhalten und in das zu verwandeln, als das sie gedacht ist. In einigen Sirianischen Kulturen wird seit Millionen von Jahren versucht, die gesamte Anzahl der Herren der Zeit zu zählen, aber es gibt immer noch kein Endergebnis und auch niemanden, der behauptet, die exakte Summe zu kennen.

Virginia: Mit anderen Worten gibt es also einen Herren der Zeit für jede individualisierte Seele, jedes Energiemuster usw.?

Washta: Es gibt einen Herren der Zeit für jeden Teil einer Seele und auch für jeden Aspekt einer Seele, denn eine Seelenkraft kann in viele verschiedene Einzelwesen aufgeteilt sein. Die Seele kann aufgeteilt sein in Dinge, die in ihrer Zukunft oder ihrer Vergangenheit liegen. Die Zeit ist eine simultane Schöpfung im Universum. Denen in der dritten Dimension erscheint sie wie etwas, das eine Abfolge hat, aber so ist es nicht. Deshalb, weil die Zeit keine Abfolge hat, müssen die Herren der Zeit unendlich viele sein. Sie müssen jeden Teil der unglaublichen physischen Schöpfung kontrollieren, so daß es ihnen, wenn der letzte Aufstieg geschafft ist, gelungen ist, die Seele auf absolut vollkommene, präzise und doch sanfte Weise dahin zu bringen.

Virginia: Wenn ich richtig verstehe, was du gesagt hast, dann sind diese Herren der Zeit kleine Lichtstrahlen vom Schöpfer, oder Strahlen, die Gott geboren hat?

Washta: Sie sind Zeitstrahlen, die in eurer Realität Licht genannt werden. Als Menschen, die in einer dreidimensionalen

Bewußtheit operieren, müßt ihr einfach erkennen, daß ihr dieses Konzept der Herren der Zeit nicht begreifen könnt, bevor ihr volles Bewußtsein habt. Deshalb sind in vielen Werken über Mythologie oder religiöse Lehren, die es auf eurem Planeten so zahlreich gibt, die Herren der Zeit nicht ganz erklärt – sie werden einfach mit den Formen der Erzengel vermischt, die eure Schöpfung umgeben. Nichtsdestoweniger sind sie eine einzigartige und lebenswichtige Funktion der physischen Schöpfung. In dem Maße, wie sich die Menschen auf vollbewußte Aspekte ihrer Realität zubewegen, werden sie allmählich begreifen, was ein Herr der Zeit wirklich ist. Sie werden auch eine bessere Vorstellung davon bekommen, was die Zeit ist und wie diese ein Prozeß und eine unabdingbare Funktion des göttlichen Planes des Höchsten Schöpfers ist.

Virginia: Ja, danke. Wenn wir also die Abbildung von Gott und den Herren der Zeit betrachten, sollten wir uns also besser nicht damit frustrieren, irgend etwas oberhalb der achten Dimension begreifen zu wollen? Kannst du etwas darüber sagen, was in anderen Büchern darüber steht, daß Gott in der 24., 30. oder irgend so einer Dimension wohnt?

Washta: Gott existiert in allen Aspekten der Schöpfung, und die Herren der Zeit sagen ständig, daß Gott auf sie einwirkt und sie dann wirken, wie der göttliche Plan es will. Gott existiert also innerhalb der Schöpfung dadurch, daß er den göttlichen Willen zeigt, und der Plan, der von diesem göttlichen Willen kommt, ist in allen Aspekten der Schöpfung enthalten. Wir sagen gerne, daß die Energie Gottes, oder wie wir es nennen, die Höchste Schöpferkraft eine unendliche interdimensionale Energie ist, die augenblicklich in allen Aspekten der Schöpfung und für alle Aspekte der Schöpfung verfügbar ist. Gott ist durch seine Abgesandten bekannt, die Gottes Plan ausführen und auch Wissen mit allen teilen, die mit dieser Energie eins sein wollen.

Gott ist Schöpfung. Diese ganze Vorstellung ist für dreidimensionale Realitäten sehr schwer in ihrer Gänze zu verstehen, denn Gott ist allgegenwärtig und allmächtig. Denkt immer daran, daß die Höchste Schöpferkraft immer existiert, zu allen Zeiten, in allen Dimensionen und in aller Schöpfung. Des weiteren geschieht und entwickelt sich die Schöpfung gleichzeitig; deshalb ist Gottes Energie immer da und ist immer dagewesen. Ein komplettes Axiom oder eine Wahrheit ist, daß die Höchste Schöpferkraft immer war und immer sein wird.

Virginia: Können wir je die Frage beantworten, woher diese ursprüngliche Quelle kam?

Washta: Das ist ein Rätsel für viele auf eurem Planeten, denn sie wollen eine Antwort, die irgendeine Abfolge impliziert. Wenn sie voll begriffen haben, daß die galaktische Zeit ein ganz unglaubliches Konzept ohne Abfolge ist, wird diese ganze Verwirrung verschwinden.

Virginia: Wird das volle Gottesbewußtsein, zu dem die Menschen auf der Erde bald zurückkehren sollen, sofort eine Kommunikation mit den Cetacäen ermöglichen? Wissen dann die Menschen und die Cetacäen automatisch, wie sie zusammenarbeiten können?

Washta: Die Folge ist, daß die große Triade von Spiritueller Hierarchie, galaktischen (Erden-)Menschen und Cetacäen eins sein wird. Wenn die Menschen in die ursprüngliche Triade zurückgekehrt sind, werden sie also kommunizieren, diese Energie aufnehmen, wie die Spirituelle Hierarchie es wünscht, und sie gemäß dem göttlichen Plan umwandeln können.

Virginia: Ich möchte hier einen kleinen Abstecher machen zu einem Thema, das mich sehr interessiert – unserer Rettung im Jahre 1972 durch die Sirianer. Kannst du erklären, was sich bei dieser Entscheidung 1972 zwischen der Spirituellen Hierarchie und den Sirianern abspielte, als die Erde vor den verheerenden Strahlen der Sonne geschützt wurde?

Washta: Die Spirituelle Hierarchie eures Planeten hat euch Menschen – trotz des großen Unrechts, das ihr auf der Oberfläche des Planeten Erde angestellt habt – immer als ihre Nachkommen betrachtet, die beschützt werden müssen. Das war auch die Ansicht der Cetacäen. Beide und insbesondere die Spirituelle Hierarchie haben sich also eingesetzt, um den Sirianern begreiflich zu machen, wie lebenswichtig euer Planet ist. Nicht nur wegen der Hüterschaft und des Schutzes allen Lebens auf der Erde, sondern auch als Modell im Großen Plan.

Deshalb sind wir Sirianer mit der Hilfe unserer eigenen galaktischen Präsenzen, Engeln und Erzengeln, mit den Wesen der Sprituellen Hierarchie eurer Erde zusammengekommen, um eine holographische Hülle um die Erde zu legen, die sie vor der von der Sonne ausgehenden Gefahr schützt.

Virginia: Ja, wir sehen, warum ihr uns geholfen habt, aber könntest du das Hologramm selber etwas genauer beschreiben?

Washta: Was sich seit 1972 um die Erde herum befindet, ist ein holographisches Bild, das jetzt erweitert wurde, so daß es das ganze Sonnensystem, die Sonne und alle ihre Planeten umschließt. Jetzt kann eure Realität reguliert werden, insbesondere hinsichtlich eures Eintritts in den Photonenring. Wir können die Zeitrahmen, innerhalb derer es geschehen wird, sowohl begrenzen als auch erweitern und können Einfluß darauf nehmen, wie sich das auf euer ganzes Sonnensystem auswirkt.

Dieses holographische Bild, diese Hülle von Lichtenergie, die euren Planeten und euer Sonnensystem umgibt, schützt die Sonne, die Planeten und alles, was dazu gehört, bis zu dem Augenblick, wo der göttliche Plan bestimmt, daß euer Sonnensystem in den Photonenring eintritt. Diese schützende holographische Hülle ist der Schlüssel dafür, warum unser

Sirisches Regierungskonzil die Galaktische Föderation davon überzeugen konnte, daß unser Konzept richtig war – wodurch die frühere Politik der Galaktischen Föderation umgekehrt wurde, die uns keine Intervention gestattete. Jetzt ist etwas Beachtliches geschehen! Die Spirituelle Hierarchie eures Sonnensystems und die des Planeten Erde sind mit der Galaktischen Föderation, den Engeln und Erzengeln eurer Galaxie zusammengekommen – die alle Teil der Galaktischen Föderation und seines Rates von der Zentralsonne sind. Zusammen werden sie die Erde zum vollen Bewußtsein zurückbringen. Ein Ereignis dieser Größenordnung ist wahrlich günstig und wird die Energien, die erforderlich sind, um die Erde wieder vollkommen und erfolgreich zu restaurieren, maximieren.

Virginia: Wo ist die große Zentralsonne?

Washta: Die große Zentralsonne besteht im Kern oder Lichtzentrum dieser ganzen Galaxie – man könnte sagen, sie ist der Hauptsitz von allem. Sie liegt etwa 35000 Lichtjahre von der Erde entfernt, da ihr euch in den äußeren Bereichen der Galaxie befindet.

Virginia: Hätten wir die elektromagnetische Ladung umkehren können, mit der der Photonenring uns konfrontiert, und hätten wir einen Weg finden können, ohne eure Hilfe seine negativen Einflüsse abzuwenden?

Washta: Nein, denn es fehlt euch die fortgeschrittene interdimensionale Technologie, die dazu benutzt wurde. Nur durch die große Freundlichkeit der interdimensionalen Spirituellen Hierarchien und das hohe Fachwissen bestimmter erfahrener physischer Techniker werdet ihr die Ankunft dieses Photonenringes überleben. Andernfalls wäre er für die Erde verheerend gewesen.

Virginia: Kehrt ihr seine Energieladung um? Oder wie würdest du beschreiben, was ihr da macht?

Washta: Wir polarisieren die Energien der Sonne und all der anderen Planeten auf einer interdimensionalen Ebene neu. Dadurch errichten wir die erforderlichen Energiemuster für ausschließlich kooperative und positive Auswirkungen. Es wird dazu führen, daß sehr bald das verheißene Goldene Zeitalter auf der Erde eintreten kann.

Virginia: Ja, danke. In dem Buch *New Cells, New Bodies, New Life!* ist die Rede von den zellulären Veränderungen der DNS/RNS. Wie stellst du dir vor, werden wir psychisch, emotional und körperlich mit der raschen Beschleunigung der Schwingungsfrequenzen auf dem Planeten fertigwerden?

Washta: Schon jetzt ist es so, daß sich jeder Mensch, ob ihm das voll bewußt ist oder nicht, genetisch sehr stark verändert. Diese Veränderungen bereiten die Menschen auf den unerhörten Umwandlungsprozeß und Aufstieg vor, der in den nächsten paar Jahren vonstatten gehen wird.

Infolgedessen haben die Menschen eine ganze Menge körperlicher Leiden erlebt, oder haben es dafür gehalten – Leiden und Schwierigkeiten, die tatsächlich einfach Veränderungen im Muster der Gehirnzellen, Störungen des Nervensystems, Herzveränderungen oder genetische Veränderungen der Zellstruktur sind. Das ist der Grund für das plötzliche und unerklärliche Auftreten vieler ungewöhnlicher Zustände oder Krankheiten, die auch ganz still wieder verschwanden. Daraus könnt ihr ersehen, daß die Veränderungen, die auf eurem Planeten bevorstehen, schon im Gange sind. Die Spirituelle Hierarchie ist jetzt teilweise damit beschäftigt, einige dieser Prozesse zu verlängern, gleichzeitg jedoch die karmische Auflösung zu beschleunigen, die jetzt auf eurem Planeten vor sich geht.

Die Spirituelle Hierarchie riet vor kurzem zu einer vorübergehenden Verlangsamung, da sie den Eindruck hatte, daß viele Menschen durch die Veränderungen, die um sie her geschahen, in Panik gerieten. Diese Verlangsamung bedeutet nicht, daß auf die Dauer erheblich weniger Veränderungen geschehen; es handelt sich nur um ein kurzes Bremsen, etwa wie von 120 auf 110 km/h. Wir bewegen uns noch immer mit großer Geschwindigkeit, so daß der göttliche Plan eingehalten werden kann! Wie wir den menschlichen Körper einschätzen, hält er dieser Energiebeschleunigung stand.

Virginia: Ihr seht also noch immer 1996 als das voraussichtliche Datum für den Eintritt in den Photonenring?

Washta: Das ist innerhalb des Rahmens des göttliches Planes noch immer das Datum, das von den Konzilen der Föderation genannt und angenommen wurde und dem die großen Engelkonzile der Zentralsonne zugestimmt haben. Wir sind uns also, wenn es nicht noch auf andere Weise modifiziert wird, über diesen bestimmten Zeitabschnitt einig.

Virginia: Können wir durch Meditation, Ruhe, viel körperliche Bewegung und leichte Nahrung bestimmte Symptome und körperliche Veränderungen erleichtern?

Washta: Wir empfehlen euch, sowohl allein als auch in der Gruppe zu meditieren, euren Körper durch Bewegung fit zu halten und die richtige Nahrung zu euch zu nehmen, damit dieser ganze Vorgang in allen Menschen erfolgreich abgeschlossen werden kann. Wir empfehlen auch, sehr viel zu trinken, denn es ist wichtig, so schnell wie möglich die Gifte aus der Zellstruktur des Körpers auszuscheiden.

Virginia: Hat sich das DNS-Muster in der Zellstruktur mancher Menschen schon von der Doppelhelix in die Zwölferhelix verwandelt?

Washta: Manche stehen kurz davor, aber im Augenblick hat noch kein Mensch auf eurem Planeten genetisch den Prozeß der Zwölferhelix abgeschlossen. Innerhalb der nächsten sechs Monate werden viele Menschen, die wir genetisch darauf vorbereitet haben, als Beispiel für die Vorteile einer solchen Angleichung zu dienen, erfolgreich dazu überwechseln.

Virginia: Wir danken euch, daß ihr euch Zeit genommen habt, um bei uns zu sein. Wir senden unsere Dankbarkeit, unsere Liebe und unseren Segen an alle, die uns beistehen.

Kapitel 9

Die galaktische menschliche Zivilisation

In diesem Kapitel berichten Washta und sein Siriuskonzil (Teletron, Sirai und Mikah) von der Geschichte und den Grundprinzipien der galaktischen menschlichen Zivilisation. Sie nehmen dabei die Kultur und Zivilisation des Sirius als Beispiel. Sie beginnen mit der Geschichte und den Ursprüngen menschlicher Zivilisation.

Die ersten menschlichen Zivilisationen wurden vor etwa sechs Millionen Jahren im Sternensystem der Vega geschaffen, dem hellsten Stern der Lyra-Konstellation. In dieser Zeit entwickelten die menschlichen Bewohner der Vega die ersten Rudimente einer wahrhaft interplanetarischen Kultur. *Diese Kultur beruhte auf zwei Hauptprinzipien, die als die vier Grundgesetze der Gesellschaft überliefert wurden.*

Das erste dieser beiden Prinzipien war die Wichtigkeit des persönlichen Wachstums des Einzelnen. Diese Zivilisation beruhte auf der Grundüberzeugung, daß das Bewußtsein eines Individuums nur dann wachsen und sich voll entfalten konnte, wenn dieses Wesen sowohl seine höhere Seele voll erforschte als auch gleichzeitig den anderen diente. Man verstand Liebe als das Vermögen, eine andere Seelenkraft in jeder Hinsicht zu verstehen, und mit Hilfe dieses Wissens dann auch sich selbst besser zu verstehen.

Das zweite Prinzip besagte, daß das Seelenlicht eines jeden Menschen auf ganz einzigartige Weise auf ihn scheint. Jedes Seelenlicht enthält ein Teilchen des großen Puzzles, aus dem sich die vereinte Menschenfamilie zusammensetzt. Es war die Pflicht der Freunde und der Familie, dieses Licht voll und ganz zum Leuchten zu bringen. Wir wollen kurz einen Überblick über die galaktische Zivilisation geben und ihre Grundprinzipien und sozialen Gesetze näher besprechen.

Die Ursprünge der galaktischen Zivilisation haben sich aus den sogenannten galaktischen und interdimensionalen Spirituellen Hierarchien entwickelt. Diese spirituellen Herren der Zeit und des Raumes erschufen innerhalb ihrer Bereiche (Galaxien und Sternensysteme) eine Reihe einzigartiger physischer Präsenzen, und zwar deshalb, weil Planeten, Sterne und andere Energieformen einen zusätzlichen physischen Hüter brauchten, der ihnen half, das weiße Licht der Schöpfung überall im Universum zu verankern. Zu diesem Zwecke erschufen die Spirituellen Hierarchien besondere Lebensformen (verschiedene Menschen und nichtmenschliche Wesen von hoher Empfindungsfähigkeit). Diese Lebensformen wurden als Hüter eingesetzt, die mit den Spirituellen Hierarchien zusammenarbeiten sollten, damit die Energien der Schöpfung in der physischen Schöpfung bestmöglich zur Wirkung kämen.

Um diese Vorstellung einer Obhut über die Planeten und Sternensysteme geht es, wenn von der Hüternatur aller menschlichen Kulturen die Rede ist. Sie ist die Grundlage, auf der alle Menschen ihre vollbewußten Kulturen gebildet haben. In dem Maße, wie die Menschen auf der Erde bewußter und wacher werden, ist es ganz natürlich, daß die Umweltbewegung und die Tendenzen zur Hüterschaft der Erde an Zuwachs gewinnen und wichtiger werden. Es ist deshalb wichtig zu lernen, wie dieses Hüten und Verwalten mit dem Wachstum des menschlichen Bewußtseins zusammenhängt. Wenn die Menschen mehr darüber wissen, werden sie besser verstehen können, wie hier auf eurem Planeten eine galaktische Zivilisation errichtet werden kann, denn die Lyrische Kultur gehört zu der des Sirius, und ihr auf der Erde befindet euch jetzt in zunehmendem Maße unter sirischem Einfluß.

Diese Hüternatur, die die Spirituelle Hierarchie ursprünglich allen Menschen verliehen hat, ist ein großes Geschenk, denn sie beruht auf einem demokratischen System von sozialen Gesetzen mit vier klaren Aspekten (*Vgl. Abb. 21: Die vier sozialen Grundgesetze*). Die menschliche Zivilisation kann mit Hilfe dieser vier Gesetze in voller Übereinstimmung mit den Spirituellen Hierarchien leben. Sie geben auch jedem Menschen die Möglichkeit, volles Bewußtsein zu erlangen und dadurch sich selbst und vor allem einander zu dienen. In der Anwendung dieser Gesetze werden die Erdenmenschen ihren Platz im großen Plan der galaktischen Hüterschaft für die gesamte Gattung der Menschen erringen, und sie werden die menschliche Zivilisation zu ihrer vollsten Blüte bringen. Wir wollen also jetzt diese vier Gesetze betrachten, um genau zu sehen, wofür sie stehen.

Das erste Gesetz heißt das Gesetz des Einen. Es ist ein Gesetz, das nur darauf abzielt, jeder Seele in ihrem persönlichen Wachstum zu helfen. Das Gesetz des Einen ist einfach ein Konzept, das die persönliche Realität mit der Einheit allen Lebens verbindet. Jeder Mensch hat einen ganz bestimmten geistigen Weg, der ihm von seinen geistigen Führern (den Schutzengeln und Engelrichtern) und den Herren der Zeit, die unter dem göttlichen Plan der Höchsten Schöpferkraft (Gott) wirken, bestimmt ist. Das Ziel jedes Menschen ist, seinen erwählten geistigen Weg zu entdecken und ihn zum persönlichen Wachstum und zum Dienen zu benützen. Dieser Energieweg ist der **Kha** oder die Seelenkraft selbst. Damit sich das Gesetz des Einen erfolgreich entwickeln kann, ist jedem der vier Gesetze ein bestimmtes Ritual beigegeben, das **Ahn** genannt wird und das dem Individuum helfen soll, die Essenz des **Ahn** oder die Bedeutung des rituellen Musters zu verstehen und es dann vollumfänglich anzuwenden.

Die vier sozialen Grundgesetze

Die Herren der Zeit erschufen innerhalb ihres Zuständigkeitsbereiches eine physische menschliche Präsenz, weil die Spirituellen Hierarchien einen Hüter brauchten, um Licht und Liebe zu verbreiten. Die Herren der Zeit setzten auch Regeln für die rechten Beziehungen zwischen den Menschen fest, denen die Spirituellen Hierarchien zustimmten. Diese Regeln heißen die **vier sozialen Grundgesetze**.

➢ **Das Gesetz des Einen**
Das Ziel jedes Wesens ist es, seinen Seelenweg zum Zwecke seines persönlichen Wachstums und zum Dienen zu entdecken.

➢ **Das Gesetz der Zwei**
Die Kraft der Schöpfung kann durch liebende Nähe zu einem anderen Wesen benutzt werden. Durch diese enge Beziehung zueinander und die Sorge füreinander entsteht ein tieferes Wissen um die Hüterschaft.

➢ **Das Gesetzt der Drei**
Das Band, das durch die enge Beziehung zu sich selbst, zu Freunden, Familie und Clan erschaffen wird, entwickelt das Netz globaler und planetarischer Interdependenz.

➢ **Das Gesetz der Vier**
Das Gesetz der Vier ist das Gesetz der Drei, auf größere Gruppen ausgedehnt, also von Clan zu Clan und von planetarischem System zu Sonnen-(Sternen-)system.

Abbildung 21: Die vier sozialen Grundgesetze

Wie im Gesetz des Einen angegeben, haben wir das **Kha Ahn**, das heißt, das Ritual der Seelenkraft. Dieser Glaube an das Dienen und an persönliches Wachstum, der aus dem Gesetz des Einen kommt, drückte sich in der Gesellschaft durch eine Reihe von Clan- (überfamiliären) Organisationen aus, die als Brennpunkt für die Riten der dienenden Energien der Seelenkraft fungierten. Wenn diese anfänglichen Energien des Dienens einmal wirklich in der Seelenkraft verankert waren, dann konnte das Gesetz der Zwei auf eine Grundlage des Dienens gestellt werden. Wenn man sein Sinnziel kannte, das heißt, wenn man wußte, auf welche Weise man den anderen dienen konnte, dann war man sich seines eigenen Wertes bewußt und konnte aus diesem Wert heraus leichter mit einem anderen Menschen in Beziehung treten.

Das Gesetz der Zwei ist das Beziehungsgesetz. Es besagt einfach, daß die Schöpferkraft durch liebevolle Nähe zu einem anderen Wesen benutzt werden kann. Aus dieser Nähe heraus schätzt man die tiefe Verbindung mit einem anderen und wächst durch die gegenseitigen Liebesenergien über das Bewußtsein des Einzelnen hinaus und gewinnt ein tieferes Verständnis davon, was Hüterschaft bedeutet. Das Gesetz der Zwei bildet die Grundlage für gemeinsames Dienen innerhalb der Hüterschaft durch eine Partnerschaft von Liebe und Fürsorge. Sein Energieweg ist das **Shree Ahn**, der Energieritus der Nähe.

Um allen Wesen, die sich im Sirischen Reich vollen menschlichen Bewußtseins inkarnieren, zu helfen, stellt jeder Clan seinen Mitgliedern eine Reihe von Ratgebern zur Verfügung, die zum Tempelsystem des jeweiligen Clans gehören. *(Vgl. Abb. 22: Die Gesetzesrituale)*. Diese Clantempel, die entlang und auf den Hauptpunkten des Energienetzes des Planeten liegen, dienen als Kern für das Bewußtseinsgewebe, das auf dem ganzen Planeten herrscht. Hier werden

Die Gesetzesrituale

➢ **Das Gesetz des Einen**

Sein spiritueller Weg ist das **Kha** *(Seelenkraft oder -weg)* und sein Ritual ist das **Kha Ahn**.

➢ **Das Gesetz der Zwei**

Sein spiritueller Weg ist das **Shree** *(Energie persönlicher Nähe)* und sein Ritual ist das **Shree Ahn.**

➢ **Das Gesetz der Drei**

Sein spiritueller Weg ist das **Koo'Shee** *(Energie von Familie und planetarischem Gruppenwissen)* und sein Ritual ist das **Koo'Shee Ahn.**

➢ **Das Gesetz der Vier**

Sein spiritueller Weg ist das **Khas' Koo** *(solares, galaktisches und universelles Gruppenwissen)* und sein Ritual ist das **Khas' Koo Ahn.**

Abbildung 22: Die Gesetzesrituale

Meditationen und Übungen vermittelt, die den Menschen helfen, die verschiedenen Lebenskrisen zu meistern, denen sie in ihrem Bewußtseinswachstum durch die Gesetze des Einen und der Zwei begegnen könnten. In diesen Clantempeln werden die ersten Vorstellungen davon vermittelt, was es bedeutet ein Hüter des Planeten zu sein. Hier werden zuerst die passenden Rituale und die notwendigen energiereinigenden Meditationen durchgeführt, um verwandte Lebenskraft zu ehren und zu erhalten, die zur planetarischen Hüterschaft gebraucht wird, und auch um die Kraft der Biosphäre des Planeten aufrecht zu erhalten.

Im Laufe seines Lebens von der frühen Kindheit bis zum reiferen Erwachsenenalter durchläuft man eine Folge bestimmter Lektionen und Rituale. Diese Rituale und Lektionen helfen den Wesen zu verstehen, warum sie ins physische Leben eingetreten sind und das Ziel dieser Inkarnation in der physischen Welt zu sehen. Jedes Wesen glaubt an einen heiligen Grund für seine Existenz – eine spezielle Gabe –, die nicht nur ihm selbst, sondern auch der Gruppe, der Zivilisation, dem Planeten und dem Sternensystem helfen würde – allem Leben. Ziel des Ratgebers war es, dem Einzelnen zu helfen, diese grundlegenden Dinge festzustellen und ihm so zu ermöglichen, sein inneres Sein ebenso voll zu erforschen wie die Verantwortlichkeiten, die für sein Wachstum grundlegend waren.

Rituale oder Riten bedeuten für uns einfach, etwas zu bewältigen oder eine bestimmte Aufgabe zu erfüllen. Ein Ritual auf eurem Planeten ist meistens irgendeine lange, langweilige Zeremonie, bei der sich jemand in langen Reden ergeht und alle einschlafen. Das meinen wir nicht! Ein Ritual für ein Kind könnte zum Beispiel so aussehen, daß wir das Kind mit an den Strand nehmen und es einfach mit dem Sand und den Steinen spielen, die Energie der Devas um sich her fühlen lassen, so daß es den Zweck dieses Sandes und dieser Steine und ihre Verbundenheit mit den großen Energiemustern des Planeten selbst versteht. So begreift das Kind seine eigene Körperlichkeit und fühlt auch die Beziehung zwischen allen physischen Dingen. Im Laufe seines Heranwachsens erfährt das Kind viele dieser kleinen Rituale.

Neben dem Gesetz des Einen und dem Gesetz der Zwei gibt es das Gesetz der Drei. Das Gesetz der Drei besagt nichts anderes, als daß die Beziehungen zu sich selbst und die Nähe zu einem anderen Menschen ebenso wie zu Freunden und Familie alle miteinander verbunden werden können. Diese Verbundenheit könnte helfen, das große Gewebe der gegenseitigen Abhängigkeit, das sie erschaffen hat, zu verstehen und zu erläutern, denn vollbewußte Wesen müssen verstehen, wer sie sind, und müssen wissen, wie sie sich mit Erfolg in ihrer Wirklichkeit verankern können. Für dieses sich ausweitende Netz der gegenseitigen Abhängigkeit bedarf es also gewisser Grundregeln. Seht ihr, die Vereinigung des Selbst mit der Schöpferkraft in enger Verbundenheit mit einem anderen Wesen (intime Beziehung) braucht ein Mittel, durch das diese Energie neuen Generationen weitergegeben werden kann.

Dieses Gesetz der Drei hat ebenfalls ein **Ahn** (Ritual), und dieses **Ahn** wird einfach das **Koo Shee** genannt. Das **Koo Shee** definiert sich als *die Energie von Familien- und planetarischem Gruppenwissen* oder als die Schöpfungs-Seelenkraft des höchsten Lichts. Die Hoffnung war, daß diese **Koo Shees** es ermöglichen würden, daß man sich gleichzeitig durch das Konzept des Selbst zur Nähe mit der Gruppe bewegen würde. Diese Bewußtseinsebenen würden einem dann verstehen helfen, wie diese untereinander verbundenen Gruppen sich zum Gesetz der Vier entwickeln. Das heißt, daß man nicht nur eine Beziehung zu dem Planeten hat, auf dem man lebt, sondern auch zu dem Sonnensystem, zu dem er gehört. Das Gesetz der Vier gehört zu dem sogenannten großen **Khas'Koo** des Sternensystems oder *der Energie des solaren, galaktischen und universellen Gruppenwissens.*

Erziehung gab es in der Lyrisch-Sirischen Tradition also aus zwei Gründen. Zunächst bereitete die Erziehung den Einzelnen auf eine bestimmte Lebensaufgabe vor. In diesem Projekt ging es darum, den Wesen verstehen zu helfen, wie ihr Seelenweg mit einer bestimmten Form des Dienens zusammenhing und wie diese Art des Dienens Liebe und persönliches Wachstum zum Ausdruck bringen würde. Zweitens wurde geglaubt, daß alle Individuen auch lernen mußten, wer sie waren – die Erziehung umfaßte also auch diesen Aspekt. Die Lyrer glaubten, daß das Wissen um sich selbst das Wesen zu der Art des Dienens führen würde, die gemeinsam mit den anderen das Gewebe von Bewußtsein und Licht erschuf. Jeder Einzelne wurde folglich darin unterrichtet, sich an andere Leben und Wirklichkeiten zu erinnern. Diese Erinnerungen sollten nicht vergessen, sondern im Laufe jedes Lebens eher noch gestärkt werden. Das Leben wurde in der Lyrisch-Sirischen Tradition nicht als kurze Folge unzusammenhängender Ereignisse betrachtet. Es bestand vielmehr aus einer Reihe bewußter Realitäten, die jede Seelenkraft auf ihre schließliche Rückkehr zu den höheren Lebensenergien, die sie ursprünglich erschaffen hatten, vorbereitete. *Diese große Liebe zum Universum und seiner zyklischen Ordnung war die Grundlage für den kosmischen Plan der Lyrischen Zivilisation und unterstützte ihre erfolgreiche Vollendung.*

Die Herren der Zeit bestimmten weiterhin, daß diese Gesetze über das unmittelbare Sternensystem hinaus ausgedehnt werden konnten, indem ein expandierendes System von Gesetzen erschaffen wurde, in dem das Gesetz des Einen in das Gesetz der Vier verwandelt und dann durch die nächsten vier Gesetze in das Gesetz der Fünf, Sechs und Sieben ausgedehnt wurde. *(Vgl. Abb. 23: Die Gesetze der Galaktischen Menschen).* Hatte man das Gesetz der Sieben erreicht,

DIE ERSTEN VIER GESETZE – Planetarisch

Diese vier Gesetze sind die Grundlage für
eine galaktische Zivilisation. Sie bilden die Basis für das
spirituelle Wachstum der Erde (wie die zehn Gebote).

(1) (2) (3) (4)

Die Erde

GESETZ DER SIEBEN – Interplanetarisch

Dies sind die ersten vier Gesetze auf eine
höhere Schwingungsebene erhoben. Das Gesetz der Sieben
ist also vom Gesetz der Vier abgeleitet.

(4) (5) (6) (7)

Sirius

**DAS GESETZ DER ZEHN –
Interdimensionale Realität**

Diese Energien sind wiederum erhoben, und
das Gesetz der Zehn ist vom Gesetz der Sieben abgeleitet.

(7) (8) (9) (10)

Galaktische Föderation

Abbildung 23: Die Gesetze der Galaktischen Menschen

so war das Gesetz der Vier in ein planetarisches und solares **Kha'Baa** (Seelenkraft der Gruppe) ausgedehnt, das sich schließlich in ein **Khas'Koo** für einen ganzen Sternensektor entwickeln ließ. Galaktische Menschen konnten ihren Nachkommen also die heiligen Gesetze überliefern, die die Gesellschaft regierten, wie die Herren der Zeit sie geschaffen und wie sie in den göttlichen Energien der Eins, der Vier, der Sieben und der Zehn verkörpert waren.

Jeder Einzelne lernte, daß der Schlüssel zu Hingabe und innerer Reflektion der Seelenkraft in den Anweisungen der Ratgeber des Clans lag. Diese Ratgeber wurden in ihrem Clan hoch geachtet. Ihre innere Reife und ihre hohe Seelenkraft qualifizierte sie zu der heiligen Aufgabe, andere in höhere Bewußtseinszustände zu führen. Die Ratgeber kannten auch die vorgeschriebenen Rituale und bestimmte Meditationen, die sie denen, die sie berieten, geben konnten. Auf diese Weise setzte sich die Kultur von der Kindheit bis zum Erwachsenenalter fort, und das Ritual war ein wesentlicher Aspekt der persönlichen Entwicklung. Diese Rituale halfen jedem Einzelnen, das multidimensionale Universum zu verstehen und als wachsendes und vollbewußtes Wesen eine Beziehung dazu herzustellen. Dieses Wesen des eigenen Seins verband sich mit einem Bedürfnis, anderen und der höchsten Schöpfung der Herren der Zeit – dem physischen Universum -zu dienen.

Jeder Einzelne lernte also, daß man sich im physischen Universum inkarnierte, um einen bestimmten Zweck zu erfüllen. Jeder Einzelne lernte auch von Geburt an, daß Erinnerungen an andere Leben nicht vergessen werden durften. Jedem Neugeborenen und seinen Eltern wurden daher bestimmte Ratgeber zugewiesen, um die Erinnerungen an frühere Leben wach und die Ziele des neuen Lebens im Auge zu behalten.

Die Menschen in der Lyrisch-Sirischen Kultur glaubten, daß bei der Geburt eines Kindes das Neugeborene durch ganz bestimmte Meditationen und Rituale in der Gemeinschaft willkommen geheißen und sein spezielles Ziel – sein Grund für diese neuerworbene physische Realität – festgestellt werden sollte. Die Geburt war daher der Beginn eines freudigen, lebenslangen Beitrags zu dem großen Netz des Bewußtseins, das jedes Individuum einschloß.

Unter dem Gesetz des Einen mußte jeder Einzelne sein eigenes Zentrum des Lebens und der Liebe entdecken und lernen, wie er dieses Zentrum benutzen konnte, um seinen Ziele für das körperliche Sein gerecht zu werden. Diese Pflicht begann bei der Geburt mit den zuvor erwähnten Ritualen und wurde die frühe Kindheit hindurch aufrechterhalten. Die Eltern wurden in dieser Tradition angemessen vorbereitet und von den ernannten Ratgebern des Clans unterstützt. Jede Schwangerschaft begann mit einem System von Vorbereitungen für das Neugeborene und seine Bedürfnisse. In einer Lyrisch-Sirischen Kultur war es ein großes Privileg, ein Kind zu haben, und es geschah in der Absicht, einen Anfang des niemals endenden Kreislaufs des Lebens mitzuerleben und zu diesem Kreislauf etwas beizusteuern.

Die Ziele und Freuden des Lebens wurden nicht nur mit der unmittelbaren Familie geteilt, sondern auch mit dem Clan. Liebe war ein wichtiger Teil des Bewußtseins jedes Einzelnen und wurde zu einem lebenswichtigen Aspekt in seinem Leben. Im Laufe seiner Kindheit lernte man zum Beispiel rasch, wo man herkam und was die ursprünglichen Ziele waren. Die kleinen Kinder sollten sowohl die Freude am Spiel entdecken als auch, wie wichtig jedes einzelne Sein für das bewußte Gewebe des Lebens ist, das sie umgibt. Die Kinder lernten, daß die Menschen eine Hüterrasse sind, erschaffen zu dem Zweck, den universellen Spirituellen Hierarchien von Liebe und Licht zu helfen und Ordnung und Licht in das physische Universum zu bringen. Dies ist eine Verantwortung, die alle Menschen ernst nehmen müssen.

Jedes Individuum lernte von frühester Kindheit an, als Hüter oder Verwalter der Planeten und Sterne zu handeln. Dies war eine heilige Aufgabe.

Die Ratgeber unterwiesen alle kleinen Kinder in den Pflichten eines Hüters, und die entsprechenden Lektionen wurden ständig durch das Beispiel des Rituals gelehrt. Einen wichtigen Teil des Lernens bildete zum Beispiel ein Meditationsritual, das jeden Morgen nach einem kurzen Schlaf in der Mitte des Vormittags vollzogen wurde. Alle Menschen mußten dieses Ritual durchführen, um die Biosphäre zu erhalten. Diese Riten waren für alle Altersstufen bestimmt und wurden als Vorbereitung auf das Erwachsenenleben gelehrt. Junge Menschen lernten auch durch Riten, die ihnen als eine Art Spiel beigebracht wurden. Die Ratgeber nahmen für gewöhnlich kleine Kinder mit in die Clantempel und ließen sie an den täglichen Zeremonien teilnehmen, um dadurch die Lebenskraftenergien des Planeten zu stärken. Wenn sie die Bedeutung dieser täglichen Rituale für die menschliche Zivilisation entdeckten, lernten die Kinder die verschiedenen Ebenen spiritueller Energien unterscheiden, die die physische Schöpfung umgeben. Durch diese Rituale lernten die Kinder oder Jugendlichen etwas über die Herren der Zeit, die Spirituellen Hierarchien und über ihre eigene Rolle in dem ständigen Prozeß der Schöpfung. Es war eine lebenswichtige Verbindung zwischen dem menschlichen Selbst und der ständigen Neuerschaffung des physischen Universums, das alle Menschen umgibt.

Es ist ein wichtiger Teil der Gesetze der galaktischen Gesellschaft, daß sich alle Kinder der vielen sie umgebenden Welten bewußt werden. Bis zum Ende der frühen Kindheit kann ein Kind seine inneren Ziele in Beziehung zu seinem gegenwärtigen Leben bringen und das jetzige Ziel zu dem, was es in früheren Leben getan hat. Die Kontinuität der Kreisläufe des Lebens wird den Kindern vollständig erklärt.

Der Lebenszyklus soll nicht zusammenhanglos sein, und es ist auch nicht der Sinn eines früheren Lebens, völlig vergessen zu werden. Das Leben ist ein kontinuierlicher Prozeß, aus dem sich die Hüterschaft als essentieller Teil ergibt. Das Selbst wird nicht als getrenntes oder entfremdetes Ego gesehen, sondern als integraler Bestandteil eines Bewußtseinsgewebes. Das Ritual hilft also dem Kleinkind wie dem Erwachsenen, seinen oder ihren Lebensplan zu verstehen und die ganz bestimmte Rolle zu übernehmen, die die Schutzgeister für dieses Leben für richtig halten.

Es ist wichtig, daß die Familienmitglieder und Freunde, die die physische Realität des Kindes bilden, in das tägliche Tun und die Rituale einbezogen sind. Jeder Mensch wählt sich sowohl seine Eltern als auch seine Verantwortungen aus bestimmten Gründen, die von jedem, der an der Erschaffung der physischen Realität des Kindes beteiligt ist, erforscht und verstanden werden müssen. Das zentrale Augenmerk liegt dabei immer nicht nur darauf, die Entwicklung des eigenen Seins zu unterstützen, sondern auch die Verbindungen zu erforschen, die dieses eigene Sein miterschaffen. Wichtige rituelle Praktiken (angeleitete Spiele), wie zum Beispiel das Spielen mit kleinen Tieren und ihre Rolle in der Biosphäre schätzen zu lernen, bilden einen festen Bestandteil der Kindheit, um dem Kind seine Rolle als Erhalter des Lebens begreiflich zu machen und auch wie diese Rolle mit der Entdeckung seines Selbst zusammenhängt. Jeder Mensch muß seine eigene Rolle als Hüter entdecken, denn dies ist ein Prozeß, der tief in der Seelenkraft verankert ist.

Jeder Lebenszyklus ist eine Gelegenheit, neue Realitäten zu erforschen und zu entscheiden, wie man sich mit der Zeit in das riesige Gewebe von Licht, das das menschliche Bewußtsein darstellt, einfügen wird. Dieses Netzwerk von Licht umfaßt alle anderen empfindenden Gattungen und gestattet der menschlichen Seelenkraft, sich nach und nach mit anderen zu einem großen galaktischen Lichtnetz zu vereinen, wie es die Herren der Zeit vorausgesagt haben. Diese Beziehungen zwischen Gattungen und die wichtigeren individuellen Beziehungen zwischen menschlichen Zivilisationen beruhen auf den Beziehungen des Gesetzes der Zwei. Nahe Beziehungen helfen dem Einzelnen, ganz zu verstehen, was es heißt, einem anderen Menschen durch Liebe zu dienen. Diese Liebesenergie ist die Grundlage menschlicher Zivilisation und der Hauptgrund dafür, daß sie weiterbesteht.

Kurz, diese Gesetze – die Gesetze der Eins, der Vier, der Sieben und der Zehn – werden eurer Zivilisation bei unserer Landung übergeben werden, in der Zeit unmittelbar vor dem Eintritt in den Photonenring, denn eure Zivilisation soll eine Zivilisation vollbewußter galaktischer Menschen werden. Wenn ihr in das Netz galaktischen Bewußtseins eintretet, müßt ihr die Regeln kennen und die nötige Verantwortung für eine gute Hüterschaft in eurem Sonnensystem übernehmen. Die Menschen, die auf der Erde wohnen, stehen vor einer großen Transformation. Ihr müßt auf alles vorbereitet werden, was geschehen wird, deshalb hat euch dieses sirianische Konzil soeben eine erste Grundlektion über Sirisches Gesetz gegeben. Diese Beziehungsgesetze sind lebenswichtig, doch ihr müßt verstehen, daß sie lediglich einen ersten Anfang darstellen. Ihr sollt diese simple Einführung erforschen und erproben, so daß ihr ein besseres Verständnis von der vollen Bedeutung der lyrisch-sirischen (galaktisch menschlichen) Zivilisation erhaltet – eures eigenen Erbes!

Es tauchen jetzt sicher viele Fragen zu den in diesem Kapitel besprochenen Themen auf. Im nächsten Abschnitt stellt Virginia Washta Fragen über die galaktische menschliche Zivilisation.

Virginia: Ich hätte gern einen Eindruck davon, wie es auf dem Sirius ist. Vielleicht kannst du ein wenig darüber sprechen?

Washta: Ich möchte, bevor wir weitersprechen, ein paar Definitionen geben. Ein Multi-Sternensystem ist eine Gruppe von Sternensystemen. Ein Sternensystem ist dasselbe wie das, was ihr Sonnensystem nennt, also eine Sonne (ein Stern), umkreist von vielen Planeten. Ich werde zunächst einige der Sternensysteme im Multi-Sternensystem des Sirius beschreiben und dann von meiner Heimatwelt im Sternensystem Sirius B sprechen.

Das Multi-Sternensystem des Sirius besteht aus neun Sternen; für dieses Gespräch sind jedoch nur vier wichtig. Sirius A beheimatet die ursprünglichen *nichtmenschlichen* Bewohner und ist der größte und hellste der Sterne, aus denen das Multi-Sternensystem des Sirius besteht. Sirius B enthält die galaktischen *menschlichen* Heimatwelten. Sirius C und Sirius D werden für Lagerungs- und Verwaltungszwecke benutzt, denn wir unterhalten sehr umfangreiche Handelsbeziehungen mit anderen Planetensystemen in diesem Abschnitt der Galaxie.

Sirius A hat drei Planeten, die von nichtmenschlichen Wesen bewohnt werden. Diese Geschöpfe sind vollbewußte Wesen und ähneln zwei bis drei Meter großen Löwen. Sie sehen sehr menschlich aus, außer daß sie ein katzenartiges Fell und ein löwenartiges Gesicht haben. Diese Wesenheiten sind unglaublich kluge, wunderbare Geschöpfe und spielen seit unserer ersten Kolonisierung des Sternensystemes Sirius B in unserer Geschichte eine wichtige Rolle. In unserem Sonnensystem Sirius B bewohnen wir hauptsächlich zwei Welten. Die erste, die eurer Erde ähnelt, ist von unserer Sonne aus gesehen der vierte Planet, die zweite ist der dritte

Planet von der Sonne und hat weniger Wasser als der vierte. Dieser vierte Planet war der erste der beiden, die im Sternensystem Sirius B kolonisiert wurden. Das geschah (nach irdischer Zeitrechnung) vor etwa 4,3 Millionen Jahren, ungefähr zu der Zeit, als sich die Galaktische Föderation bildete. Die Geschöpfe von Sirius A, die ich zuvor beschrieben habe, halfen uns bei der Kolonisierung, denn sie fanden Sirius A ausreichend für ihre Bedürfnisse und hatten kein Interesse, noch weitere Sternensysteme des Sirius zu kolonisieren.

Unser Planet (unsere Heimatwelt) ist etwa eineinhalb mal größer als euer Planet Erde. Er ist auch geographisch recht anders als die Erde. Die Erde ist insofern einzigartig, als sie ein Planet des Wassers ist. Wir sind nicht in erster Linie ein Wasserplanet, aber wir haben einen riesigen Ozean, der ungefähr so groß ist wie euer Pazifik. Dieser große Ozean ist auf allen Seiten von kontinentalen Landmassen umgeben.

Die Kontinente unserer Heimatwelt sind nicht wie die euren beinahe wie Inseln, sondern sind meist Binnenkontinente. In der Nähe unseres einen großen Ozeans befinden sich hohe Gebirge, so daß es an der Küste nur sehr kleine, kompakte Strände gibt. Wir haben sehr wenig weißen Sand, wie es ihn an euren Stränden gibt, sondern hauptsächlich rötlich-braunen. Unsere Erde sieht ganz anders aus als eure; sie hat eher orange- und purpurfarbene Schattierungen mit Brauntönen, die mehr ins Orange gehen als die dunkle und beinahe schwarze Erde auf eurem Planeten.

Außer der paar Gebirgsketten an der Küste haben wir hauptsächlich weite hügelige Ebenen, durchzogen von ausgedehnten Flußnetzen und großen Seenplatten. Für uns ist dieser Planet ein wunderschönes Land, und wir erhalten es in seinem ursprünglichen unberührten Zustand. Als Hüter und Verwalter unseres Heimatplaneten haben wir die ursprüngliche Flora und Fauna, die wir vorfanden, als die lyrisch-sirische Zivilisation dieses Planetensystem kolonisierte, in ihrem

Urzustand gelassen. Sirius B unterscheidet sich auch darin von der Erde, daß wir eine bläulich-weiße Sonne haben, nicht wie ihr eine gelblich-weiße. Wenn die Sonne an unserem Sirius B – Himmel scheint, dann ist dieser folglich blauer als der eure. Viele, die unseren Sonnenuntergang gesehen haben, sagten, diese Farben seien die wunderbarsten Schattierungen von Orange, Purpur und Orangebraun, die man sich vorstellen könne, und einfach zu außerordentlich, um sie angemessen zu beschreiben.

Wir haben auch ein Firmament um unsere Welt herum, so wie das, was ihr einst um die Erde hattet. Durch dieses Firmament ist unsere Heimatwelt unverändert erhalten geblieben, und es hat uns Sirianern ein langes und gesundes Leben und ein absolut vorhersehbares Wetter gesichert. Unser Planet hat zum größten Teil ein beinahe halbtropisches Klima. Unsere sirischen Planeten, besonders der dritte, sind etwas wärmer als die Erde; die Durchschnittstemperatur liegt bei 23 – 25 Grad Celsius, ohne Schwankungen nach oben oder nach unten.

Unser Kalenderjahr unterscheidet sich ein wenig von dem euren. Wir haben ein Sonnenjahr von 440 Tagen (11 Monate von jeweils 44 Tagen); das kommt daher, daß unser Planet eine etwas größere Umlaufbahn um unsere Sonne hat als die Erde um die ihre. Unser Tag entspricht in etwa dem 24-Stunden-Tag der Erde. Er ist ein wenig länger, aber wir haben Methoden gefunden, um unser Kalendersystem an dieses 24-Stunden-System zu halten. Dies ist einer der Gründe, warum euer Planet zur Kolonisierung ausersehen wurde. Er hat dasselbe 24-Stunden-System von Tag und Nacht wie unsere Heimatwelten in der Konstellation der Lyra. Wenn ihr den Kalender der Mayas studiert, könnt ihr vielleicht die Grundelemente unseres sirisch-galaktischen Zeitkalenders verstehen. *(Die Menschen müsssen allmählich verstehen, wie wichtig es für sie ist, die galaktische Zeit zu studieren und zu erfahren,* und der

Kalender der Mayas eignet sich sehr gut als Ausgangspunkt dafür.)

Einzigartig an unserem Planetensystem des Sirius B ist für uns seine natürliche Schönheit und die Überfülle an Lebensenergie (Prana). Diese Lebensenergie macht ihn ganz unglaublich. Die Geschöpfe und natürlich auch die Pflanzen sind recht verschieden von den euren. Zum Beispiel haben unsere sirischen Bäume, verglichen mit den irdischen, eine verblüffende Farbe – viele von ihnen haben purpurfarbene Rinde statt braune. Was euch vielleicht am meisten interessiert, ist, daß wir in verschiedenen Enklaven leben – entweder in höhlenartigen Systemen oder in riesigen unterirdischen Städten, die nahe bei den Kraftpunkten unseres planetarischen Netzsystems erbaut sind. Diese höhlenartigen Systeme sind jedoch keine primitiven, dunklen Orte, wie ihr vielleicht meint. Mit der Zeit wird man auch auf eurem Planeten in unterirdischen Städten unter einem Firmament leben, was euch ein unglaublich langes und ausgezeichnetes Leben ermöglicht. Zusätzlich dazu haben wir kleine Kolonien tatsächlicher Siedlungen an der Oberfläche, durch die wir mit den Tempelstätten kommunizieren, die direkt daneben liegen. Diese Anordnung gestattet uns, einige Energiemuster an der Oberfläche zu erleben und auch mit den Tieren und Pflanzen in Austausch zu treten – und so auf allen Ebenen unseres Planeten als wahre Hüter zu wirken.

Virginia: Wie hoch sind etwa die sirischen Berge?

Washta: Sie sind nur etwa 915 – 1220 m hoch, außer einem Berg, der seltsamerweise fast genau 11000 Fuß (3353m) hoch ist.

Virginia: Diese Beschreibung ist sehr interessant. Wir sind auch neugierig, wie euer Wetter ist und ob es wohl so etwas wie Erdbeben gibt?

Washta: Die Spirituelle Hierarchie des Sirius hat alle Bewegungen der verschiedenen planetarischen Platten mit

Licht und Liebe kontrolliert. Es besteht also keine Notwendigkeit für rasche Verschiebungen. Daher gibt es, um eure Ausdrucksweise zu benutzen, keine Erdbeben auf unseren Planeten (weder auf dem dritten noch auf dem vierten Planeten des Systems Sirius B). Aufgrund des planetarischen Firmaments haben wir auch keine Stürme, keinen Regen oder Donner, wie es im Moment auf der Erde ist. Auch haben wir sehr wenig Vulkanausbrüche. Jede Vulkantätigkeit wird von uns selbst und der Spirituellen Hierarchie, wenn nötig, kontrolliert.

Virginia: Ja, danke. Ich frage mich, wie wir die Gesetze der Eins, Zwei, Drei und Vier und ihre Anwendung in eurem Leben besser verstehen können. Was tut ihr normalerweise – essen, schlafen, arbeiten – habt ihr sexuelle Beziehungen? Nehmt ihr Urlaub, habt ihr so etwas wie Erholung, Hobbies oder Vergnügen verschiedener Art? Könntest du aus deiner eigenen Erfahrung ein wenig darüber sagen?

Washta: Gerne, aber es ist wichtig, daß alle Wesen auf eurem Planeten verstehen, daß unsere Muster ziemlich anders sind als eure. Wir wollen jedoch versuchen, euch einen Einblick zu geben. Zunächst sind uns unsere Vier Gesetze so heilig, wie es die Bibel für die ist, die ihr in eurer Welt fundamentalistische Christen nennt. Wir sind dem, was ihr Gott nennt, den Herren der Zeit und der Macht und dem großen Licht, die von ihnen kommen, tief und vollkommen ergeben. Mit euren Worten ausgedrückt achten, schätzen und lieben wir sie. Wie diese Gesetze bei uns angewandt werden, wird euch vielleicht eine Idee geben, wie sie auf der Erde benutzt werden können, wenn ihr eure galaktische Zivilisation aufbaut.

Über das Gesetz des Einen müßt ihr zunächst verstehen, daß es den Energiemustern der Seelenkraft bei ihrer Inkarnation die Richtung angibt. Das geschieht durch eine Prozedur, die deshalb erfolgt, damit sich die Seelenkraft an den Weg, der ihr bestimmt ist, erinnert und ihn beschreitet, und sie wird durch die Ratgeber, die Eltern und die unmittelbare Familie der Clangruppe vollzogen, die alle an dem ganzen Wachstumsprozeß beteiligt sind. Jeder Mensch hat also sofort bei der Geburt die grundlegende Vorstellung davon in sich, wer er oder sie ist. Eines der ersten Dinge, die geschehen, wenn ein Kind geboren wird, ist also, da wir telepathisch mit dem Kind verbunden sind, daß wir es ständig fragen, was sein Weg ist. Er oder sie wird ganz klar wissen, warum es sich seine spezielle Gruppe als Eltern gewählt hat, warum es sich in einem bestimmten Clan oder einer überfamiliären Struktur befindet, die sie umgibt, wie sein Geschlecht seine Entscheidung zu lernen und zu dienen fördert usw.

Wir nehmen dann diese Information und bringen sie auf die nächste Ebene, indem wir die spirituellen Führer und Engel hereinbringen und ganz klar umreißen, wie diese Führer diesem Menschen während seines Lebens helfen sollen. Die Ratgeber, die Eltern, das Kind und die Clan- oder Familienstruktur um dieses Wesen sind also ständig im Gespräch miteinander. Zur Unterstützung dieses Prozesses gebrauchen wir die schon erwähnten Rituale oder Riten.

Eines der grundlegenden und wichtigsten Rituale für das Gesetz des Einen ist, daß alle in einem Kreis sitzen, ihr Ziel erklären und ihre Liebe füreinander zum Ausdruck bringen. Auf diese Weise wird das Konzept des Sich-selbst-verstehens und das Teilen der großen Liebe miteinander geerdet und ins Gleichgewicht gebracht. Diese Art von Ritualen sind für uns in unserem täglichen Leben normal. Wir geben ständig ein Beispiel für diese Liebe und lehren sie.

Da Liebe und Obhut die Grundvoraussetzung für unsere gesamte Zivilisation bilden, lernt ein Kind von Anfang an, daß es sowohl von den Eltern als auch von der unmittelbaren Familie geliebt und versorgt wird. Diese unmittelbare Familie umfaßt bei uns nicht nur Tanten und Onkel, Großeltern usw., sondern vielleicht bis zu sechzig liebevolle Wesen. Seht ihr, kein Sirianer erlebt die Tragödie, von Geburt an ungeliebt zu sein. Wenn eine ganze Gesellschaft auf dieser ständigen Liebe und Fürsorge beruht, dann ist das, an eurem irdischen Standard gemessen, ein himmlisches Leben.

Virginia: Du sprichst hier von Familie?

Washta: Familie, ja, aber es bezieht sich auch auf unsere Clans. Die Clans sind in verschiedene Unterteilungen aufgegliedert, die wir als Subclanstrukturen bezeichnen. Auf der Erde nennt ihr das eine Großfamilie. Jedes der Mitglieder bringt Liebe und Fürsorge für das Kind zum Ausdruck und unterstützt dieses Kind in der Aufgabe, die es sich für dieses Leben gestellt hat. Sie umarmen es und spielen mit ihm und beraten es vielleicht auch, wenn nötig, mit Geschichten.

Die Geschichtenzeit bildet einen sehr wichtigen Teil in der Erziehung eines Kindes, so daß ständig Geschichten darüber erzählt werden, wie es war, als man selber Kind war und wie man gewachsen ist, und das Kind dazu ermutigt wird, sich selbst zu entdecken. Als eine Art Vorbereitung schenken wir dem Kind gewöhnliche Haushaltsgegenstände oder auch andere Dinge von Wert, die das Kind später in seinem Erwachsenenleben benutzen wird. Die Erwachsenen, die ähnliche Lebensaufgaben haben wie das Kind, besuchen es, nehmen es in die Arme und teilen Liebesenergien mit ihm als Vorbereitung auf ihre zukünftigen gemeinsamen Missionen. Diese zukünftige Zeit des Dienens und der Liebe zu anderen Wesen und dem Planeten steht also ständig freudig im Mittelpunkt und bildet einen wichtigen Teil des Gesetzes des Einen.

Man muß sich selbst verstehen, was man zuvor getan hat und wie sich das alles auf das bezieht, was man jetzt vollbringen will. Das führt dann später im Leben zum Gesetz der Zwei, in dem es um Beziehungen oder Verbundenheit geht –

zu entdecken, daß Sexualität und Beziehungen keine Tabus sind, sondern ein natürlicher Prozeß.

Dies alles führt zur Erfahrung von Nähe, welche die Grundlage des Gesetzes der Zwei bildet. Hier erschaffen die beiden gleichgestellten Partner ihr Dienen gemeinsam, im ständigen unterstützenden Austausch mit dem anderen. So wirken wir Sirianer zusammen als ein großes Netzwerk der Unterstützung füreinander, mit dem Ziele, unserem Planeten, unserem Sternensystem und unserer Galaxie als Hüter zu dienen. Dieser Prozeß des Gesetzes der Zwei bereitet die Partner darauf vor, der äußeren Welt des Bewußtseins zu dienen – und den großen Gesetzen der Verbundenheit allen Lebens in unserer Galaxie und selbst in den Dimensionen der Schöpfung selbst.

Es ist ein ständig weitergehender Prozeß, das Verständnis füreinander zu vertiefen, der sowohl durch Geschichten der Liebe als auch durch das Beispiel erfolgreicher Partnerschaften überall auf dem Planeten gefördert wird. Unsere hervorragenden Ratgeber helfen den Partnern, Fähigkeiten des Selbstausdrucks zu entwickeln und sich ständig tiefer zu erfahren. Durch ihr Beispiel und unter ihrer Anleitung wird jedes Wesen sanft dazu geführt, sich mit seinem inneren Selbst zu verbinden. Die Ratgeber helfen den Partnern, klarzustellen, was ihnen geschieht, und führen sie im ehrlichen Dialog zu ihrem wahren höheren Selbst, das liebevolle Lösungen für alle Schwierigkeiten findet. Unsere Gesetze erschaffen so dieses große Netz von Liebe und gegenseitigem Dienen. So ist der Mensch seiner grundlegenden Natur nach angelegt.

Virginia: Könntest du vielleicht ein bißchen genauer beschreiben, wie Sirianer aussehen...wie lange ihr lebt...was ihr eßt...eure Schlafgewohnheiten...eure Arbeit...und Dinge, die euch Spaß machen? Alles, was für uns von Interesse sein könnte.

Washta: Wir werden euch zunächst einmal zeigen, wie typische Sirianer aussehen. *(Vgl. Abb.24: Typischer sirianischer Mann und Abb.25: Typische sirianische Frau.)* Dann wollen wir deine Fragen beantworten.

Wir haben hier eine Zivilisation voll bewußter Wesen, die auf einem Planeten mit sehr hoher Pranaenergie leben. Als solche essen wir eine spezielle Mischung aus lebendigem Gemüse und Obst, die besonders darauf ausgerichtet ist, unsere Energie zu erhalten. Diese energiespendende Nahrung, die leicht und vollständig verdaut werden kann, nehmen wir gewöhnlich etwa zweimal am Tage zu uns.

Wir schlafen ungefähr eine bis anderthalb Stunden pro Tag, denn mit der reinen Nahrung und der großen Pranaenergie, die wir ständig einatmen, brauchen wir nicht mehr sehr viel Schlaf. Dennoch leben wir etwa 3000 bis 4000 Jahre. Gewöhnlich bestimmen wir selbst über die Dauer unseres Lebens, denn wir bestehen sowohl aus einem physischen wie auch aus einem Lichtkörper. Wir können in die höheren Energiemuster aufsteigen und um eine neue Zuweisung bitten, wenn wir das Gefühl haben, daß unser gegenwärtiges Leben vollendet ist. Wie gesagt ist das meist nach etwa 3000 bis 4000 eurer Erdenjahre der Fall. Wir haben daher in bezug auf Alter, Essen und Schlaf eine völlig andere Gesellschaft. Das wichtigste ist, daß es Tod nicht wirklich gibt.

Unser Lebenssystem oder die Stadien unseres Lebens sind ganz anders als die euren. Da wir viele Jahrhunderte lang leben, dauert der Abschnitt von der Kindheit bis zum sogenannten frühen Erwachsenenalter zum Beispiel ungefähr 70 Jahre. In dieser 70jährigen Periode kann der ganze Vorgang des Gesetzes der Eins bis zu einem Punkt entwickelt werden, wo es verstanden wird. Während der ersten 70 Jahre der Führung und des spirituellen Wachstums gibt es für gewöhnlich keine sexuellen Beziehungen.

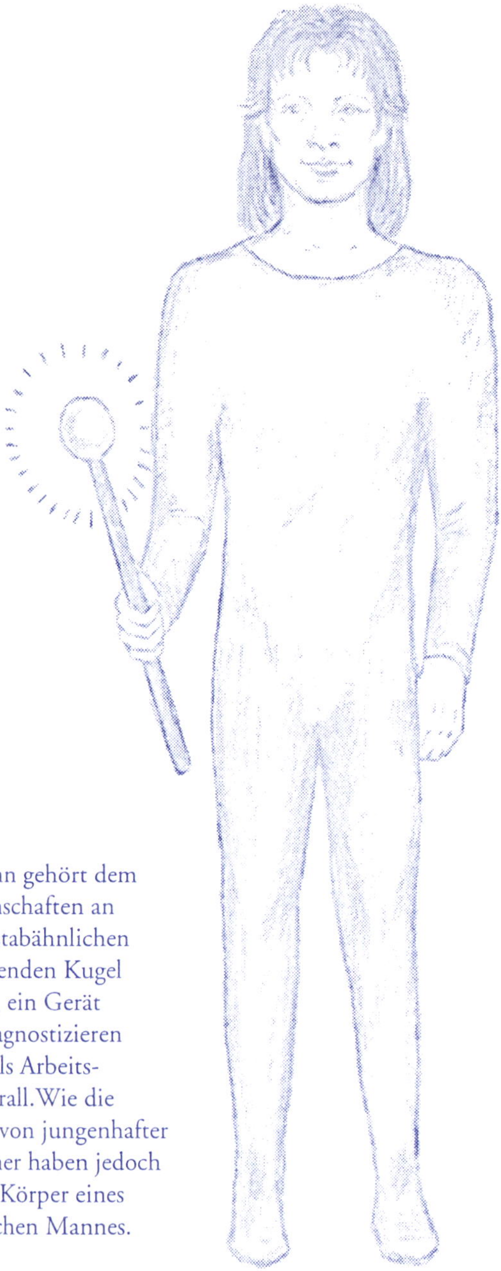

Dieser sirianische Mann gehört dem Clan der Lebenswissenschaften an und hält einen zauberstabähnlichen Stock mit einer leuchtenden Kugel am Ende in der Hand, ein Gerät zum Abtasten und Diagnostizieren des Körpers. Er trägt als Arbeitskleidung eine Art Overall. Wie die meisten Sirianer ist er von jungenhafter Gestalt; manche Sirianer haben jedoch auch den muskulösen Körper eines gut entwickelten irdischen Mannes.

Abbildung 24: Typischer sirianischer Mann

Diese sirianische Frau trägt eine traditionelle Tracht, die ihre Clanzugehörigkeit, ihre Stellung innerhalb des Clans und den Clan anzeigt, dem ihre nächste Person (ihr Geliebter) angehört. Sie ist Mitglied des Clans der Lebenswissenschaften, dessen Farben weiß, blau und gold sind, und sie hält in der Hand einen bumerangförmigen Gegenstand, der hauptsächlich dazu dient, die Chakras auszubalancieren und den Körper heilen zu helfen.

Abbildung 25: Typische sirianische Frau

Auch wenn wir in vieler Hinsicht verschieden sind, so haben wir doch auch Ähnlichkeiten mit euch Erdenmenschen, wie zum Beispiel darin, daß auch wir an Bildung glauben. Wir nehmen auch gerne Urlaub. Wir reisen dann vielleicht in andere Sternensysteme oder in andere Gegenden unseres eigenen Planeten und verbringen unsere Zeit einfach mit Meditieren und Spielen. Wir haben Tänze und auch so etwas wie Parties, wo wir Leute aus anderen Clans treffen, miteinander reden und uns vergnügen, lachen oder interessante Geschichten erzählen. Besonders die Geschichten der älteren Mitglieder können sehr faszinierend sein, denn sie gewinnen über all die Jahre sehr viel Weisheit. Auf dem Sirius sind wir der Meinung, daß es etwa zweitausend Jahre dauert, bis man Weisheit erlangt. Die älteren Sirianer, die sich der Vollendung ihrer Lebenszeit nähern, werden also sehr verehrt und geachtet, und wir freuen uns, wenn sie an unseren Festen teilnehmen und Geschichten erzählen.

Eine weitere Freude ist, sich über die wichtigen Projekte, die wir unternommen oder Dinge, die wir gelernt haben, auszutauschen. Wenn wir zum Beispiel an einer exobiologischen Expedition teilgenommen oder ein ganz neues Sternensystem bereist haben, dann besprechen wir uns mit anderen, vielleicht Biologen oder Leuten, die verschiedene Konzepte der Exobiologie studiert haben. Auf diese Weise können die, die nicht mit waren, an dem teilhaben, was wir gelernt haben.

Virginia: Willst du damit sagen, daß ihr tatsächlich Photos von fernen Gegenden macht oder sie telepathisch, von Bewußtsein zu Bewußtsein, beschreibt? Wie teilt ihr euch mit, was ihr gelernt habt?

Washta: Wir kommunizieren durch Visualisierung oder telepathische Kräfte miteinander, die ihr verblüffend finden würdet. Wir können das, was wir entdeckt haben, vor unserem eigenen sogenannten geistigen Auge ablaufen lassen, und ein anderes voll telepathisches Wesen empfängt dann diese Bilder und dieses Wissen als verkapselte Version dessen, was geschehen ist. Er oder sie kann sofort einen Kommentar dazu abgeben. Das ist für Erdenwesen sicherlich erstaunlich. Wenn ihr zu einem unserer gesellschaftlichen Treffen gehen würdet, könntet ihr dort vielleicht einer Gruppe von heimkehrenden Wissenschaftlern begegnen, die telepathisch mit einer anderen Gruppe von Wissenschaftlern sprechen, wobei kaum ein Wort von ihnen zu hören wäre. Sie wären jedoch sehr aufgeregt, und ihr würdet euch wahrscheinlich fragen, was denn da los ist!

Virginia: Ja, danke. Heißt das, daß ihr Informationen nicht in physischen Bibliotheken, also in Büchern und anderen Medien speichert?

Washta: Wir haben unsere Bibliotheken, aber wir wissen auch, daß jeder von uns seine eigene riesige Bewußtseinsbibliothek in sich trägt – fast so groß wie die Kongreßbibliothek der Vereinigten Staaten, um einen Vergleich zu benutzen, den Menschen eurer Welt verstehen können. Wir tauschen also ständig unsere Bibliotheksbücher untereinander aus, so daß wir mehr lernen. Lernen ist für uns eine Freude und ein großes Abenteuer. Wir machen Witze und lachen ständig darüber und singen davon. Ja, das ganze Konzept des Lernens stellt eine ständige Herausforderung und Quelle freudiger Erregung für uns dar, und Lernen und inneres Wachstum bilden einen sehr wichtigen Teil unserer Gesellschaft.

Virginia: Gibt es bei euch Musik, Kunst oder Kunsthandwerk und habt ihr irgendwelche Hobbies?

Washta: Ja. Wir haben künstlerische Hobbies, und manche Menschen singen ständig, weil ihre Physis ihnen eine schöne Stimme verliehen hat. Wir spielen auch Instrumente und komponieren musikalische Werke. Einige davon basieren auf unserer eigenen traditionellen Musik, aber wir lernen auch gerne die Werke verschiedener anderer menschlicher und nichtmenschlicher Gattungen kennen, um durch ein Verständnis ihrer Kunst und Musik ihre Kultur ganz erfassen zu können.

Virginia: Sehr gut. Gibt es noch etwas über Ähnlichkeiten oder Unterschiede zu sagen, womit ihr die heutige Sitzung beenden möchtet?

Washta: Wir möchten nur eine einfache, aber wesentliche Tatsache über die menschliche Seele wiederholen. Trotz der Unterschiede, die gegenwärtig zwischen unseren Welten bestehen, sind die Energiemuster unserer Seelen im Grunde dieselben. Der Unterschied besteht darin, daß wir voll bewußt mit unseren Lichtkörpern verbunden sind, wohingegen ihr – aufgrund der verschiedenen genetischen Experimente, die die Menschen auf eurem Planeten mutieren ließen – jetzt sehr von euren großen Licht- und Liebeskräften abgeschnitten seid.

Wir erkennen euch an und empfinden sehr viel Achtung vor eurem Mut und eurer Entschlossenheit, diese Energien von Liebe und Licht zusammenzubringen. Eure Bemühungen werden unseren beiden Welten sehr zugutekommen, wenn wir zusammen den großen göttlichen Plan erfüllen, der vor langer Zeit von der großen universellen Quelle (Gott) aufgestellt wurde.

Kapitel 10

Die Lyrisch-Sirische Kultur und euer menschliches Schicksal

Heute bringt Washta Sirai, Teletron und Mikah aus dem sirischen Konzil mit, um das Gespräch über die lyrisch-sirische Kultur und ihre Beziehung zu den momentanen Ereignissen auf der Erde fortzuführen. Ihr dürft nicht vergessen, daß diese Kultur vor fast zwei Millionen Jahren auf dem Planeten Erde mit Erfolg praktiziert wurde, und zwar von einer Gruppe halbätherischer Wesen, die in eurer Sprache als Hyperboreer bezeichnet werden. Dies geschah lange bevor die lemurische Zivilisation Fuß faßte und ist ein relativ unbekanntes Kapitel eurer Erdgeschichte. Diese Hyperboreische Kultur folgte den *vier sozialen Grundgesetzen* und hielt diese Konzepte über eine Periode von einer Million Jahren bewundernswert aufrecht, so unglaublich euch das heute erscheinen mag. Die Prinzipien dieser Kultur wurden später auch von den Lemuriern befolgt, an die ihr euch vielleicht zum Teil erinnert.

Diese beiden Zivilisationen stellten den ersten Versuch der Galaktischen Föderation dar, eine galaktische menschliche Zivilisation in euer Sonnensystem zu bringen. Der erste Versuch in Hyperborea war wie gesagt recht erfolgreich, und nur der Eingriff der dunklen Mächte in Form von dinoiden und reptoiden Zivilisationen aus dem Sternensystem des Orion und ihrer dinoiden und reptoiden Bündnispartner konnten sie zerstören. Die Allianz der Dinosaurier und Reptilien verwüstete euer Sonnensystem und den Planeten Erde vor etwa einer Million Jahren, und auf diese Zerstörung folgte dann vor etwa 900 000 Jahren eine zweite Zivilisation mit Namen Lemurien.

Die lemurische Zivilisation wurde, wenngleich von vollbewußten Wesen, auf sehr fragmentarische Weise gegründet. Sie bestand aus Kolonisten aus vielen verschiedenen Sternensystemen, wobei jeder Gruppe gestattet wurde, ihre Vorstellung einer galaktischen Zivilisation entweder in einem Gebiet des lemurischen Kontinents oder in einer anderen Gegend eures Planeten zu verwirklichen, denn die meisten Mitglieder eurer Familie aus dem All kamen mit unterschiedlichen Vorstellungen auf die Erde, wie eine galaktische menschliche Kultur zu erschaffen sei.

Unter diesen Lemuriern befanden sich auch viele abtrünnige Mitglieder unabhängiger Vorpostenkommandos, die die gesellschaftlichen Prinzipien über das volle Bewußtsein und auch das Konzept positiver Hüterschaft nicht ganz akzeptierten. Diese Renegaten waren in vieler Hinsicht fast ein Aspekt der dunklen Kraft, die die menschliche Zivilisation zu bekämpfen versuchte. Diese Abtrünnigen glaubten an eine hierarchische Gesellschaft und nahmen das Recht für sich in Anspruch, Menschen für ihre eigenen Zwecke zu verändern. Im Laufe der vielen Jahre versammelte sich diese Gruppe von Renegaten hauptsächlich auf einem Inselkontinent im Atlantischen Ozean, den sie Atlantis nannten. Sie begannen, eine militärische Aktion zur Zerstörung Lemuriens, das im Pazifischen Ozean lag, zu planen, und schließlich gelang sie ihnen. Das geschah vor 25 000 Jahren.

Heute berichten wir, eure galaktischen menschlichen Repräsentanten, euch von den Lektionen der Geschichte des Planeten Erde, damit ihr alles, was gegenwärtig geschieht, in einen größeren Sinnzusammenhang stellen könnt. Die Galaktische Föderation und die Spirituelle Hierarchie, die euren Planeten und euer Sonnensystem umgeben, sind sich der vergangenen Schwierigkeiten der Erde sehr bewußt. Deshalb werden wir euch helfen, die *vier sozialen Grundgesetze* wieder in Kraft zu setzen, und so eine vollbewußte menschliche Zivilisation zu errichten. Zu Anfang wird es dabei keinen großen Spielraum für Abweichungen geben, denn das könnte in der frühen Phase zu einem Chaos führen. Jede Lyrisch-Sirische Kultur hat jedoch letztlich das Recht, bestimmte Veränderungen einzuführen, die am besten sowohl die Überzeugungen der Spirituellen Hierarchie, die sie umgibt, als auch ihre eigene historische Entwicklung verkörpern. So wird auch in eurem Sonnensystem verfahren werden.

Auf dem Planeten Erde gibt es, wie wir schon oft gesagt haben, nicht nur einen Hüter, sondern drei: die Spirituelle Hierarchie, die Cetacäen und die irdischen Menschen; alle drei teilen sich die Hüterschaft. Die jetzigen im Wasser lebenden Cetacäen haben ihre Brüder in den Sternen, die jetzt gerade im Begriff sind zurückzukehren, um die neue Zivilisation ins Leben zu rufen. Die Gruppe der im Wasser lebenden Hüter wird sich euch mutierten menschlichen Landbewohnern, die aus den schrecklichen genetischen Experimenten von Atlantis hervorgegangen sind, anschließen, und zusammen werdet ihr zwei Ecken des Hüterdreieckes bilden. Die Spirituelle Hierarchie ist ihrer Verpflichtung unerschütterlich treu geblieben, und jetzt ist also die Menschheit an der Reihe!

Um nach dem Muster der Lyrisch-Sirischen Zivilisationen eure galaktische Menschlichkeit zu erlangen, ist ein Verständnis von Veränderung und Fortdauer erforderlich. Dies sind zwei wesentliche Punkte, die ihr begreifen müßt, denn unsere Kultur beruht auf ihnen. Wir wollen uns zuerst mit der Fortdauer beschäftigen (die Veränderung betrachten wir später). Alle galaktischen Menschen lernen, daß sie Teil eines großen Kreislaufes sind, eines kosmischen Dramas des Lebens, das sich über viele Leben hinweg abgespielt hat. Im Verlauf dieser Leben hat jedes Wesen ganz bestimmte Lektionen gelernt, die es in seinem jetzigen Leben benutzen kann.

Da es von äußerster Wichtigkeit ist, daß ihr diese ganzen Vorgänge begreift, müssen auf eurem Planeten viele Ratgeber geschult und ausgebildet werden.

Diese Ratgeber werden dem grundlegenden Modell folgen, das euch im letzten Kapitel erklärt wurde. Es gibt jetzt viele Menschen auf eurem Planeten, die fähig sind, ein solcher Berater zu werden. Alles, was dafür erforderlich ist, ist die Aktivierung des vollen Bewußtseins und die richtige Schulung, die euch nach den Landungen gegeben wird. Die Ratgeber der Galaktischen Föderation kommen nicht nur in der Absicht auf euren Planeten, die Veränderungen in eurer Zivilisation zu beaufsichtigen, sondern auch um die neue Zivilisation erfolgreich auf ihr Entstehen vorzubereiten. Ihr Job ist „eine Hebammen- und Heimkehr-Mission", wie es das erste Kontaktteam genannt hat. Alle Erdenmenschen werden eine solche Beratung brauchen und sich hoffentlich freiwillig darum bemühen. Manche werden sich dann der nötigen Schulung unterziehen, um selbst Berater zu werden. Die Berater werden alle führen, lehren und ihnen helfen, die notwendigen Mechanismen zu verstehen, um in ihre neue galaktische Rolle hineinzuwachsen.

Die Galaktische Föderation kommt mit der Absicht, euch zu helfen, eure eigene Lebensaufgabe sowohl zu verstehen als auch zu erfüllen. Um dieses weitreichende Ziel geht es in dem Bewußtseinsnetz, und darum geht es auch in den Clans.

Im sirischen System gibt es sechs Clans; viele von ihnen lassen sich jedoch in bis zu zwölf Unterclans aufteilen, wie es in der Plejadischen Sternenliga geschehen ist. Da ihr mit uns assoziiert seid, wollen wir euch die jetzigen sechs typisch sirischen Clans beschreiben.

Die sechs sirischen Clans:

1. Der Clan der Spirituellen Krieger ist Träger des **Ch'i.**
2. Der Clan der Wissenschaft ist Träger des **Khas'Koo**.
3. Der Clan der Wissenschaftstechnik ist Träger des **Kha'Baa**.
4. Der Verwaltungsclan ist Träger des **Ahn**.
5. Der Clan der Lebenswissenschaften ist Träger des **Kha**.
6. Der Clan der Technik der Lebenswissenschaften ist Träger des **Ch'i'Baa.**

Diese Clangruppen bilden die Grundlage für die Regierungskonzile des Planeten und des Sternensystems und deren tatsächliches Funktionieren. Wie dieses System funktioniert, läßt sich nur erklären, wenn man voll begreifen kann, wie die Energie des Lebensbewußtseins in diesen Gruppen benutzt wird, um das Netz des vereinten Bewußtseins zu erschaffen, das im Sirischen das Ch'i'Baa heißt. Dieses massive verwobene Bewußtsein, das nur an die Traditionen der Lyrisch-Sirischen Kultur und die Erleuchtungsbotschaft der Herren der Zeit gebunden ist, dient dieser Zivilisation als eigentliche Regierungsstruktur.

Dies ist deshalb so, weil wir galaktischen Menschen planetarische Hüter und Wächter sind. Wir besitzen die Informationen, Methoden und Mittel, um diese Hüterschaft aufrechtzuerhalten. Diese geplanten Strukturen ermöglichen einen Prozeß, der uns unser eigenes Sinnziel voll begreifen und in unseren Clans eine Art von übergeordnetem Clan-Netzwerk erschaffen läßt, das das Leben und sein Ziel (unsere Hüterschaft) möglich macht. Ein Clan ist hauptsächlich dazu da, seinen Mitgliedern zu ermöglichen, ihr Lebensziel und ihr inneres Wachstum ganz zu verwirklichen. Jeder Clan hat eine Reihe ganz bestimmter Aufgaben und Ziele, die zusammen das große Gewebe der galaktischen menschlichen Zivilisation bilden. Zum Beispiel hat der Clan der Lebenswissenschaften Aufgaben, die damit zu tun haben, das Pflanzen- und Tierleben in jeder erdenklichen Welt zu verstehen und zu erhalten. Er soll nicht eingreifen, sondern eher alles Leben auf dem Planeten und im Sonnensystem helfend unterstützen.

Der Clan der Technik der Lebenswissenschaften hat die Aufgabe, diesen Lebensprozeß zu verstehen und Verfahren und Technologien zu entwickeln, die es allen Lebensformen einer planetarischen Biosphäre ermöglichen, ihre größtmögliche Einheit mit dem Planeten und seiner Spirituellen Hierarchie zu erlangen. Es ist den Devas der Pflanzen- und Tierwelt also gestattet, den Hütermenschen einen Eindruck von ihren Bedürfnissen zu vermitteln, so daß die Menschen ihre Arbeit unterstützen und begünstigen können. Dies ist in allen anderen Clans ebenso, denn die galaktische Zivilisation hat nur einen einzigen Zweck – Hüter zu sein – über alle Welten, die zusammen das Sternensystem bilden, in dem galaktische Menschen wohnen.

Das Konzept spiritueller und planetarischer Einheit gestattet den Menschen, auf allen Ebenen wirklich zu begreifen, was ein bestimmter Mensch seinem Wesen nach ist. Eure Zivilisation soll zu einer galaktischen Zivilisation erweitert werden, in der die Betonung auf dem einzelnen Selbst liegt, das durch Dienen wirkt. Diese Vorstellung wird durch dienende Liebe verwirklicht. Denn nur durch Liebe werdet ihr eins mit dem großen universellen Licht der Schöpfung.

Mit der allmählichen Verbreitung dieser beginnenden Operation auf eurem Planeten durften viele von euch ein großes Bewußtseinswachstum erleben. Es hat euch hoffentlich so weit geöffnet, daß ihr erkennen könnt, was von euch erwartet wird: mitzuhelfen, eine neue planetarische Zivilisation zu erschaffen. Vielen Menschen wird jetzt klar, daß sie die Vorläufer für die zukünftigen Landungen der Galaktischen Föderation auf eurem Planeten sind. Es sollte eigentlich eine große Freude für euch sein, zu erfahren, daß dieser ganze Vorgang nicht nur die Erdenmenschen betrifft, sondern auch viele Menschen aus unseren Welten, die ebenfalls Teil dieser großen Übergangszeit sind.

Nicht alle Menschen, die dieses Buch lesen, sind sich unserer sirischen Aktivitäten bewußt – oder haben sie vielleicht mit den kleinen grauen Wesen von Zeta Reticuli verwechselt, die nicht in liebevollem Dienste hier gewesen sind. Da sich die Erde und ihre menschliche Zivilisation jetzt in einem Paradigmenwechsel von individuellem zersplittertem Bewußtsein zur Mitgliedschaft in einem großen Netzwerk des Bewußtseins befindet, sind andere Außerirdische auf euch aufmerksam geworden. Ihr reicht jetzt in jenes Gewebe des Lebens hinein, das auf eurer Welt und auch zwischen den großen Spirituellen Hierarchien besteht, die alle Schöpfung umgeben. Seid dankbar dafür, daß diese geistigen Lehrer und Meister ihre Sorge, ihre Liebe und Unterstützung für diesen Planeten vermehrt haben. Ihre Energien haben viele Menschen dazu gebracht, meditieren zu lernen und sich mit dem sogenannten alten Wissen des Planeten Erde vertraut zu machen, das die Mythologien und Wege der Eingeborenenvölker umfaßt.

Indem ihr lernt, wie alle diese Aspekte miteinander zusammenhängen, könnt ihr allmählich sehen, daß die menschliche Zivilisation, wie sie sich zum jetzigen Zeitpunkt in eurer Wirklichkeit ausdrückt, nur eine ganz fragmentierte Version der wahren Zivilisation darstellt, mit der ihr euch eines Tages verbinden müßt. Diese Veränderungen oder Wandlungen stellen wir euch in diesem Buch vor. Wir hoffen, daß unsere Botschaft das Trompetensignal sein wird, mit dem die kommenden Veränderungen in der gesamten Menschheit anfangen – weltweit! Jede Kultur, jede Rasse, jedes Geschlecht, jedes Alter und jede Glaubensrichtung wird letztlich davon betroffen sein! Niemand bleibt davon ausgenommen, ganz gleich, ob arm oder mächtig.

In dem Maße, wie das Bewußtsein ansteigt, bewegt es sich ganz natürlich in Richtung Gruppenbewußtsein und Zusammenarbeit. Für diejenigen, die zu Lichtarbeitern erwacht sind, sind die regelmäßigen Meditationen häufiger und wertvoller geworden. Die Meditationen und Aktivitäten der Lichtarbeiter sind für die Menschheit unerläßlich, deshalb fahrt bitte fort mit eurer Netzwerkarbeit und bildet planetarische Fürsprachegruppen. Diese Fürsprachegruppen, oder wie immer ihr sie nennen wollt, müssen sich auch untereinander verbinden und ein Netzwerk bilden, so daß ein größeres Netz des Bewußtseins auf eurem Planeten entstehen kann.

Es ist ein Vorläufer für die galaktische Zivilisation, die wir in diesem Buch beschreiben. Gruppenbewußtsein ist wesentlich für alle Lichtarbeiter, deshalb widmet euch bitte dieser wichtigen Aufgabe und fangt sofort an, euch in größerem Maße und konsequenter miteinander zu verbinden. Ihr werdet sicherlich nicht weniger tun wollen, wenn eure kosmische Familie aus dem All kommt, um euch wieder in dieser großen und herrlichen Galaxie willkommen zu heißen! Aber mehr als das, wir bereiten euch auch auf eure interdimensionale, spirituelle und vollbewußte Rolle vor. Ihr dürft nicht zulassen, daß diese Rolle mißverstanden wird, noch dürft ihr euer Ziel plötzlich vergessen. Das zum Abschluß dieses Gesprächs über Kontinuität. Laßt uns nun den zweiten Punkt betrachten, die Veränderung.

Im Augenblick befindet sich alles, was um euch her existiert, in einem Prozeß der Veränderung. Die Spirituelle Hierarchie, die Cetacäen und die Galaktische Föderation haben die genauen Einzelheiten dieser Veränderung noch nicht enthüllt; ihr solltet euch jedoch bewußt sein, daß ihr viele dieser Einzelheiten mit Hilfe eurer inneren intuitiven Fähigkeiten erfahren könnt. Es ist nichts anderes erforderlich, als daß ihr euer Bewußtsein erweitert und eine neue

Realität akzeptiert. Durch eure Bereitwilligkeit und euer weiter werdendes Bewußtsein könnt ihr euch in Einklang mit einer neuen universellen Ethik für euren Planeten und das Sonnensystem bringen. Diese neue universelle Ethik wird viele Konfliktpunkte auflösen. Sie wird euch auch eine neue Technologie bescheren, die euch wahrlich wunderbar erscheinen wird, aber sie muß für *positive* Zwecke benutzt werden, nicht für Krieg und Gewalt. Die kommende neue Zivilisation wird euch zeigen, wie ihr durch das Gesetz der Zwei und das Gesetz der Drei liebevolle und nährende Beziehungen aufbauen könnt. Diese liebevollen und sinnvollen Beziehungen untereinander, die ihr euch jetzt noch nicht vorstellen könnt, werden die schmerzliche Sehnsucht nach jener bedingungslosen Liebe und Fürsorge stillen, die ihr euch immer gewünscht habt!

Ja, ihr steht an der Schwelle, eine ganz neue Gesellschaft zu erschaffen, aber ihr müßt erkennen, daß es eure Verantwortung ist, dieser neuen Realität ins Leben zu verhelfen. Es ist wichtig, daß ihr diese Verantwortung übernehmt. Ihr habt eine Aufgabe auf der Erde zu erfüllen, selbst wenn viele sie noch nicht ganz verstehen. Dieses Buch will euch das nötige Wissen vermitteln, so daß ihr alles, was geschieht, durch das, was hier gesagt wurde, besser einordnen könnt und dann hoffentlich das Angemessene tut.

Ihr müßt darüber hinauswachsen, nur zu überleben – das Leben muß ehrenvoll und sinnvoll werden. Es muß auf einer richtigen Wahrnehmung der Wirklichkeit beruhen und in gesunden Einschätzungen begründet sein, die zu einem richtigen und wünschenswerten Ergebnis führen. Dies alles wird euch und allen um euch her ein Konzept der Realität eröffnen, in dem sich die physischen und spirituellen Aspekte im Gleichgewicht halten. Versteht, daß das, was jetzt geschieht, die Bausteine für die Erschaffung und Geburt dieser neuen Wirklichkeit sind.

Mit dieser neuen Wirklichkeit wird auch in jeder Sekunde, jeder Minute und jeder Stunde eines jeden Tages allmählich eine neue Zivilisation geboren. Dieser Tatsache solltet ihr euch bewußt sein und auch dessen, daß eure Realität, so wie sie gegenwärtig existiert, jetzt einen besonderen und einzigartigen neuen Rahmen braucht. Dieser neue Rahmen ist in der Lyrisch-Sirischen Zivilisation und ihren *vier sozialen Grundgesetzen* gegeben. Ihr als Erdenmenschen müßt zuerst verstehen, was diese Gesetze bedeuten. Dann könnt ihr das Forum und die Gruppen bilden, die es euch ermöglichen, zu interagieren und eure Energien miteinander zu verweben. Die Erdenmenschen sollten also ein Netzwerk aufbauen und diese Botschaft miteinander teilen.

Da es solch eine gute Neuigkeit für eure Welt ist, daß es auf eurem Planeten bald eine neue Zivilisation geben wird, solltet ihr begeistert sein, diese Kunde an andere weiterzugeben. Diese neue Zivilisation wird mit allen Dimensionen und allen anderen Arten physischer Realität verbunden sein. Ja, ihr seid dabei, euch auf eine unglaubliche Reise zu begeben! Diese Reise erfordert jedoch, daß ihr die richtigen Werkzeuge habt, und das wichtigste ist die Bereitschaft, offen euren geistigen Weg zu verfolgen. Ihr dürft euch in keiner Weise davon ablenken lassen, zu erfahren, wer ihr seid und welches eure Rolle in dieser neuen galaktischen Zivilisation sein wird.

Ihr seid Teil eines großen kosmischen Dramas, und dieses kosmische Drama ist jetzt dabei, aufgeführt zu werden. In dem Maße, wie ihr erkennt, was jetzt mit eurem Planeten und euch selbst geschehen wird, werdet ihr bewußt unglaublichen Veränderungen zustimmen, die nahezu alles verwandeln werden, was um euch her existiert. Lemurien versagte wegen der Verschiedenheit der Kulturen, die den Samen für das große Reich von Lemurien hätten liefern sollen. Aber die großen Schwierigkeiten Lemuriens werden nicht zu eurer

Realität gehören! Ihr seid gekommen, um erfolgreich eine neue galaktische Zivilisation zu erschaffen und aufrechtzuerhalten.

Diese neue galaktische Zivilisation wird den Menschen der Erde ein erweitertes Konzept von Bewußtsein und Verbundenheit ermöglichen, wie ihr es gegenwärtig nicht besitzt. Ihr werdet sein können, wer und was ihr ursprünglich sein solltet. Es wird euch gestatten, eure Absichten zu manifestieren und wichtige Ziele im Leben zu erreichen. Es wird euch helfen, eure kostbaren Kinder dazu zu erziehen, daß sie ihr vollstes Potential erreichen. Ihr werdet nicht nur eurer Familie und euren Freunden helfen, sondern auch lernen, den Energien und Kräften des Lichts zu dienen, in vollem Bewußtsein zu leben und diese Energie des Lichtes und der Liebe überall in eurer Galaxie und in allen Dimensionen zu verbreiten.

Freut euch also auf das, was mit euch geschehen wird. Denkt daran, als galaktischer Mensch in einer galaktischen Zivilisation werdet ihr Gelegenheit haben, eine große und unglaubliche Einheit zu erfahren, nicht nur mit der inneren Lebenskraft eurer Seele, sondern mit vielen anderen Wesen in der Galaxie. Denn eure Welt wird wieder zu einer Beispielwelt werden, die viele Mitglieder und Gattungen dieser Galaxie besuchen werden. Ihr seid dabei, Teil eines phantastischen und wunderbaren Dramas zu werden, das Liebe und Licht in unsere Galaxie bringt. Freut euch also darüber, wer und was ihr seid, und gehet hin in freudigem Dienen, in Liebe und Weisheit.

Sicher tauchen jetzt viele Fragen zu den Informationen in diesem Kapitel auf. Im nächsten Abschnitt stellt Virginia Washta Fragen über die „Lyrisch-Sirische Kultur und euer menschliches Schicksal".

Virginia: Könntest du etwas darüber sagen, wann die Clans entstanden sind, wie viele Mitglieder ein Clan hat und wie die Leute in einen bestimmten Clan gewählt werden?

Washta: Das Clansystem begann in den frühen menschlichen Zivilisationen der Lyra, insbesondere im anfänglichen Sonnensystem der Vega. Die Clans wurden dann von den vollbewußten galaktischen Menschen fortgeführt. Der einzige grundlegende Unterschied zwischen den verschiedenen Sternensystemen liegt in der Anzahl der Clans und wie diese in kleinere Einheiten unterteilt werden. Das sirische System zum Beispiel hat sechs Clans, die Basiskultur der Plejaden zwölf, und auch im System der Andromeda gibt es zwölf Clans. In den meisten der Systeme der Lyra gibt es jedoch acht Clans. Dieses Clansystem ist wichtig, denn mit Hilfe der Clans läßt sich der grundlegende Dienst oder die Aufgabe eines Wesens definieren, die es sich für sein bevorstehendes Leben gewählt hat. Indem es sich einen Weg wählt, der ihm sowohl wertvolle Gelegenheiten zum Dienen als auch für sein spirituelles Wachstum bietet, hat jedes Wesen die Möglichkeit, spirituell rasch voranzukommen, und braucht sich dann nicht noch einmal zu inkarnieren. Nach erfolgreichem Abschluß dieser Phase würde der oder die Betreffende in seine oder ihre nächste Phase der Existenz aufsteigen, die in unserer Realität *galaktische Präsenz* genannt wird.

Eine galaktische Präsenz ist ein Wesen, das die Notwendigkeit oder den Kreislauf physischer Inkarnationen transzendiert und den Punkt erreicht hat, wo die Richter (verschiedene Richter aus dem Reich der Engel) seine Beförderung auf die höhere Ebene beschließen, die wir volles spirituelles Wesen oder spiritueller Ratgeber nennen. Die Wesen, die die Ebene der galaktischen Präsenz erreicht haben, sind in verschiedene Typen unterteilt, je nachdem, welche Art Seele sie sind und welches ihr geistiger Weg war. Sie können weitergehen und Mitglied der Spirituellen Hierarchien oder der Hierarchien der aufgestiegenen Meister werden. Nur aus diesem Grunde wird jeder Einzelne gerichtet – damit er oder sie, wenn er bestimmte Erfordernisse des Bewußtseins erfüllt, auf diese nächsten Ebenen aufrücken kann.

Man kann die Clans also als Dienstorganisationen betrachten, die liebevolle Unterstützung geben und jedem Gelegenheiten bieten, dem Schöpfer näherzukommen. Ihr Ziel ist, dafür zu sorgen, daß jeder Einzelne innerhalb einer spezialisierten Interessengruppe sein Ziel und sein volles Potential erreicht. Die Clans fungieren als unterstützende Gruppe für die jeweiligen Dienstaufgaben, gleichzeitig aber auch für die menschliche Familie. Dadurch daß sie den Dienenden ermöglichen, andere mit ähnlichen Zielen um sich zu haben, werden die Erfolgschancen für jeden Einzelnen maximiert. Welche Lebensaufgabe auch immer sich also jemand zur Erfüllung karmischer Pflichten stellen mag – sein oder ihr Clan wird sie darin unterstützen.

Virginia: Heißt das, daß jede Seele einen vorbestimmten Clan hat? Wenn ja, wie wird das zu Anfang festgestellt?

Washta: Was geschieht, ist Folgendes: Zwei Wesen – ähnlich wie Eheleute auf eurem Planeten – beschließen, ein Kind zu haben. Sie suchen einen Ratgeber auf und bestimmen mit seiner Hilfe die richtige Zeit für die Geburt dieses Kindes. Dann führen sie – vor der Empfängnis – eine besondere Meditation durch, die ihnen die Erkenntnis vermittelt, welcher Clangruppe dieses Kind angehören wird. Sie bitten darum, daß die hereinkommende Seele, die den Körper bewohnen will – das Wesen, das dann ihr Kind werden wird – damit einverstanden sein möge, zu dienen.

Dann wollen die zukünftigen Eltern erfahren, warum die Seele auf diese spezielle Weise dienen möchte und wie sie als

Eltern und andere Mitglieder der erweiterten Familie diesem Wesen dienen können. Darüber wird entschieden, damit sein oder ihr Dienst so vervollständigt werden kann, daß auch für alle karmischen Pflichten gesorgt oder anderes Wissen erworben wird. Auf diese Weise können Seelen in ihrem spirituellen Wachstum vorankommen, indem sie sich eine Inkarnation wählen, während derer sie von diesen bestimmten Clanmitgliedern unterstützt werden. Die Clans betrachten sich selbst als die großen Träger des Dienstes.

Virginia: Danke. Wenn diesen beiden Eltern nun ein Kind geboren ist und Mitglied eines Clans wird, wie viele Clanmitglieder sind dann in etwa zu seiner Unterstützung da?

Washta: Der ganze Clan umfaßt zig Millionen Menschen; jeder Clan ist jedoch in viele Untergruppen von nur etwa fünfzig bis sechzig Leuten unterteilt. Diese Untergruppe stellt eine Art erweiterter Familie dar, etwas, was ihr selbst auf diesem Planeten schon begonnen habt zu erschaffen. Diese Untergruppe der Clans fungiert als Bewußtseinsnetz. Alle Wesen in dieser Gruppe erhalten von den anderen unglaubliche Liebe und Unterstützung, die sie auf allen erdenklichen Ebenen nährt – sei es geistig, spirituell oder körperlich. Der Clan schafft mehr, als ich in Worten ausdrücken kann. Denkt einfach daran, daß der Clan so wirkt, daß das Gesetz des Einen, der Zwei und der Drei – drei der vier Grundgesetze – ständig in der Interaktion der Gruppe und der Einzelnen in dieser kleinen Untergruppe des Clans selbst angewandt werden.

Virginia: Nach dem, was du über die Clans gesagt hast, wundert es mich, daß es überhaupt noch Karma gibt. Ich hätte gedacht, das würde es aufgrund der liebevollen Gesellschaft, die ihr geschaffen habt, nicht mehr geben. Gibt es da immer noch Menschen, die sich schlecht verhalten oder Schwierigkeiten haben?

Washta: Was wir als Karma haben, ist etwas anderes als eures. Wir wollen das rasch definieren, um jede Verwirrung auszuschließen. Karma ist für uns das große kollektive Bedürfnis einer jeden Seele, ein voll aufgestiegenes Wesen zu werden. Aufzusteigen bedeutet, daß bestimmte Leben oder auch ein bestimmtes Leben auf eine so konstruktive Weise gelebt werden müssen, daß das Energiemuster der Seele maximal erleuchtet wird.

Das betrachten wir als das Karma oder das Bedürfnis dieser Seele. In dem Maße, wie jede Seele diesem Bedürfnis gerecht wird, dient sie auf bestimmte Weise und hilft damit der ganzen Gesellschaft, ebenso voranzukommen. Das Karma jeder Gesellschaft beginnt damit, zu definieren, was sie erreichen muß, damit sie weiterwachsen kann. Jedes Individuum, das in einen Clan kommt, liefert also ein Stück des großen Gewebes oder Netzwerks, das jede Gesellschaft für ihr Wachstum und ihre Sicherheit braucht.

Virginia: Mit anderen Worten, als die Vereinigten Staaten von Amerika gegründet wurden, sollten sie zum Beispiel als Vorbild für Freiheit, Glück und Gleichheit aller Menschen dienen. Amerikaner würden also sagen, daß dies unser nationales (konstitutionelles) Karma oder unser Ziel darstellt. Ich glaube, was du meinst, ist, daß der Sirius diese Art von allgemeinem Karma hat und auch noch spezifischere Ziele, an denen die Clans zur Unterstützung oder in Hinsicht auf dieses alles vereinende Ziel arbeiten.

Washta: Richtig. Du siehst jetzt genau, wie dieses System operiert.

Virginia: Dann sind einfach manche Leute in der Praxis ein bißchen langsamer und brauchen ein bißchen mehr Unterstützung?

Washta: Das ist richtig. Manche vollbewußten Wesen möchten eine bestimmte Seelenerfahrung machen. Sie müssen dann verstehen, daß sie in Übereinstimmung mit ihrer

Führung, ihren Hütern aus der Engelwelt und auch denen, die auf allen anderen Ebenen für diese Seelenkraft verantwortlich sind, in diesen vorbestimmten Dienst gestellt sind. Wenn sie ihre Aufgabe während der Inkarnation erfolgreich erfüllen, ist ihnen das beste Muster für ihr persönliches Wachstum gesichert. Deshalb ist die Hilfe des Ratgebers so notwendig! Der Ratgeber sorgt dafür, daß jedes einzelne Wesen die höchste ihm mögliche Ebene erreicht. Deshalb werden die Ratgeber so sehr geachtet und bewundert. Sie sind es, die den Fortschritt des Einzelnen und der Gesellschaft tragen.

Wenn wir die galaktische Zivilisation auf eurem Planeten und in euer Leben einführen, werdet ihr entdecken, welche Schlüsselstellung die Ratgeber innehaben. Deshalb sind so viele Wesen auf eurem Planeten als Ratgeber von anderen Sternensystemen gekommen, um dafür zu sorgen, daß ihr eine grundlegende Unterstützung bekommt. Eine unglaublich große Gruppe von Seelen, die ursprünglich aus anderen Sternensystemen stammen, sind zu dieser Zeit in menschlicher Form auf eurem Planeten inkarniert. Manche sind sich dessen bewußt, manche nicht, aber alle können rasch ausgebildet werden und ihre gegenwärtige Amnesie überwinden, um ihre eigene innere Seelenkraft als Ratgeber wiederzugewinnen. Auf diese Weise wird euer Planet schnell die große Beratungsstruktur bekommen, die anderen voll galaktischen Zivilisationen seit vielen Jahrtausenden zu eigen ist.

Virginia: Könntest du etwas darüber sagen, ob ein Mensch seinen Clan oder seine Lebensaufgabe wechseln kann, oder bleiben diese innerhalb eines Lebenszyklus von 3000-4000 Jahren immer gleich?

Washta: Meistens ist es so, daß man mit der jeweiligen Dienstaufgabe seines Clans beginnt. Und man bleibt sein ganzes Leben lang in diesem Clan mit seiner ganz bestimmten Spezialisierung. Wenn jemand die Verwaltung als sein Tätigkeitsfeld gewählt hat, dann ist er für Meditationsgruppen,

Rituale usw. verantwortlich. Als Ingenieur wird jemand das Notwendige tun, um Raumschiffe zu bauen, Stadtsysteme zu erhalten usw. Als Wissenschaftler, Genetiker oder Biologe wird jemand sein Wissen dort in der Gesellschaft einsetzen, wo seine speziellen Fähigkeiten gebraucht werden. Aber wenn sie nicht im Bewußtsein wachsen und die Bedeutung dessen verstehen, was sie für die Gesellschaft tun, werden sie keine große Energie in sich finden, Ratgeber zu werden. Wenn sie weitergehen wollen, müssen sie verschiedene Prüfungen durchlaufen, um anderen, die schon eine Zeitlang Ratgeber sind, zu zeigen, daß sie vom selben Licht und derselben Absicht zu dienen sind. Nur dann können sie zu Beratern für andere werden.

Virginia: Könntest du das genauer beschreiben, wie man zu einem Berater für andere wird?

Washta: Für Sirianer ist es normal, etwa im Alter von 1500-2000 Jahren zum Ratgeber zu werden. Viele werden dann, etwa im Alter von 2000-3000 Jahren, zu einem großen Führer, wie wir es nennen, einem Clanpriester, wie ihr vielleicht sagen würdet. Sie unterhalten die Tempel, indem sie auf ausgewogene Weise die Energien der Energieknotenpunkte des Planeten kanalisieren. Ihnen sind die gewaltigen Energien der eigentlichen Hüterschaft anvertraut. Sie wohnen an den wichtigen Knotenpunkten eines bestimmten Planeten, so daß sowohl der Planet als auch das Leben, das Teil von ihm ist, bei bester Energie erhalten werden können.

Deshalb sind die Rituale so lebenswichtig. Alle Wesen gehen entweder in Zeiten persönlicher Krisen in diese Tempel oder wenn diese Priester, wie wir sie nennen wollen, Meditationen durchführen oder die verschiedenen beratenden Aktivitäten überwachen.

Diese Priester können endlich auch zu Wächtern der Zeit werden, wie wir es nennen. Dadurch kommen sie mehr und mehr in Einklang mit den spirituellen Energien ihres Planeten und dessen Spiritueller Hierarchie. Ihre energetische Einstimmung kann sie sogar zu Interpreten der Herren der Zeit machen. Wenn solch ein Mensch die Rolle des Priesters verläßt, wird er oder sie zu einem Wächter der Zeit oder ein großes Orakel für alle Regierungskörper und alle Priester innerhalb dieser bestimmten Zivilisation. Die Wächter der Zeit sind die großen Ratgeber; sie sind die Orakel, um einen Begriff zu benutzen, den es in vielen alten Kulturen eures Planeten gegeben hat. Sie wirken als letzte Vermittler zwischen ihrer galaktischen Zivilisation und den Herren der Zeit.

In der Galaktischen Föderation gibt es verschiedene Gruppen von Wächtern der Zeit. Ihre einzige Aufgabe besteht darin, die Energien der Herren der Zeit aufrechtzuerhalten, so daß alle Ebenen der Konzile der Galaktischen Föderation die wahre Bedeutung ihrer Entscheidungen und Handlungen begreifen – und damit sie verstehen, welche Bedeutung ihr Mitwirken innerhalb des göttlichen Schöpfungsplanes hat.

Virginia: Vorhin, als du die sechs Clans aufgezählt hast, fiel mir auf, daß du die spirituellen Krieger zuerst erwähntest. Ich nehme an, dieser Clan führt militärische Aktionen aus? Ich frage mich, wie das für die Menschen zu Hause ist, wenn all diese Raumschiffe draußen im Gefecht sind und ihre Schwierigkeiten haben? Wurde euer Heimatland jemals angegriffen, und wie steht ein durchschnittlicher Mensch Krieg und Gewalt gegenüber?

Washta: Krieg und Gewalt sind für die meisten von uns etwas sehr Abstoßendes, und wir denken nicht gerne daran. Die Realitäten unserer Galaxie haben jedoch beinahe von Anfang an dazu geführt, daß wir in unzählige unglaublich große und kostspielige Kriege verwickelt wurden. Diese Kriege mit den dunklen Kräften sind beinahe unablässig im Gange. Erst seit kurzem sieht es so aus, als ob diese Kriege vielleicht endlich zu ihrem Ende kämen. Wir hoffen sehr, daß der prophezeite große galaktische Friede jetzt endlich Wirklichkeit wird!

Wir haben Teile der verschiedenen Clans unter der Führung der spirituellen Kriegerclans der verschiedenen Sternensysteme als militärische Abwehrkräfte für die galaktischen Menschen eingesetzt. Einziges Ziel dieser Abwehrkraft ist die Verteidigung aller Bereiche – keinerlei Eroberung. Sie gehen dahin, wo irgendein Sternensystem angegriffen oder besetzt wurde, und versuchen, die eroberten Zivilisationen ins Licht zurückzubringen. Wie für uns wünschen wir für alle menschlichen Zivilisationen, daß sie wieder sicher sind, so wie sie es vor diesen Angriffen waren.

Virginia: Ist Sirius B je ernsthaft angegriffen und beschädigt worden?

Washta: Wir haben seit über 10 000 Jahren keinen ernsthaften Angriff auf uns erlebt.

Virginia: Aber ich sehe, daß ihr euch an einem sehr kritischen und möglicherweise verletzlichen Platz in der Galaxie befindet?

Washta: Wir liegen sehr nahe beim System des Orion, in dem bis vor kurzem viele Hauptstreitkräfte der dinoiden Zivilisationen stationiert waren. Auf der anderen Seite sind wir von verschiedenen reptoiden Armeen, Raumschiffen und anderer Kriegsmaschinerie umgeben. Wir haben daher, auch wenn wir uns in einer verletzlichen Position befinden, unsere großen spirituellen Energien dazu benutzt, diese feindlichen Kräfte von uns abzulenken. Wie schon früher gesagt, hat trotz der vielen Angriffe um uns herum, nur einmal eine Hauptstreitkraft versucht, in unser System einzudringen und unsere Zivilisationen zu ruinieren.

Virginia: Ja, danke. Könntest du in bezug auf das, worüber wir gesprochen haben, etwas über den Schöpfungsmythos sagen?

Washta: Der ursprüngliche galaktische Schöpfungsmythos ist für empfindungsfähige physische Wesen etwa 50 Millionen Jahre alt, für viele nichtmenschliche Gattungen jedoch noch älter. Manche dieser nichtmenschlichen Gattungen sind in die ätherische Lichtform zurückgekehrt. Vor nicht so langer Zeit, also vor etwa 6 Millionen Jahren, sind den Menschen in der Konstellation der Lyra – genauer gesagt im Sternensystem der Vega – Empfindungsfähigkeit und Rudimente von Zivilisation gegeben worden.

Dieser Schöpfungsmythos für die menschliche Gattung besagt, daß hundert Lichtsternensysteme zu Demonstrationszwecken erschaffen würden. Euer Sonnensystem, das wir „Solis" – Großes Licht – nennen, war dasjenige von diesen hundert Sternensystemen, das uns auf dem Sirius am nächsten lag. Ihr repräsentiert die Möglichkeit eines phantastischen Vorzeigeexperiments, das Licht in die Dunkelheit bringt.

Im Grunde beginnt unser Schöpfungsmythos ähnlich wie viele eurer irdischen Mythen, wie ihr sie in den religiösen Texten findet, etwa in der Bibel und in vielen indischen Texten. Die verschiedenen Grundtexte des Hinduismus sind die ältesten unverfälschten Werke, die Ähnlichkeiten mit dem urspünglichen galaktischen Schöpfungsmythos der Menschen aufweisen, deshalb wollen wir damit beginnen.

Der ursprüngliche galaktische menschliche Schöpfungsmythos sagt, daß am Anfang die große Dunkelheit war. Die Dunkelheit war da, weil der Schöpfer beschlossen hatte, daß diese Schöpfung eine sein sollte, in der *Licht aus der Dunkelheit* kam, daher wies Gott die Herren der Zeit an, dies zuwegezubringen. Und siehe, in vielen unglaublichen Äonen erschufen die Herren der Zeit den großen Puls der Zeit. Dann pulsierte mit Hilfe der Höchsten Schöpferkraft die Zeit in die Dunkelheit hinein, und es gab ein großes Licht in der Dunkelheit, aus dem viele Dinge kamen.

Eine dieser Schöpfungen war die Geburt all der Sterne und Galaxien, denn sie waren die großen Lichter, die in die Dunkelheit gehängt wurden. Gleichzeitig hatte die Dunkelheit jedoch, als Teil des ursprünglichen göttlichen Schöpfungsplanes, auch ihr eigenes dunkles Licht erschaffen. So würde selbst die Dunkelheit Licht haben, das später in das große heilige weiße Licht verwandelt werden sollte, das die Herren der Zeit heruntergebracht hatten.

Und so waren am Anfang sowohl Licht als auch Dunkelheit Teil der einen Schöpfung – und beiden war es gestattet, ihre eigenen Dimensionen und Ebenen zu erschaffen. Das brachte die Dualität und die verschiedenen Arten spiritueller Energien hervor, die alles um uns her möglich machten. Dann kamen aus dieser Dualität sowohl helle als auch dunkle himmlische Wesen, und diese Wesen wurden zum Prototyp für die vielen Gattungen, die sowohl vom Licht als auch von der Dunkelheit erschaffen wurden.

Die Lichtkräfte erschufen nun viele Gattungen, und eine davon war ein großer Primat aus dem Sternensystem der Vega. Aus dieser veganischen Schöpfung kamen die Energien, die das, was heute „Mensch" genannt wird, hervorbrachten, und die Energien der himmlischen Heerscharen ließen diesen Menschen sich in der Galaxie ausbreiten und entwickeln, genau so wie andere Schöpfungen des Lichts es getan hatten.

Dieser Grundmythos ist mit vielen anderen erklärenden Codices in einer unglaublich langen Reihe von Manuskripten überliefert, in denen auch die Einzelheiten über die jeweiligen Sternensysteme und Zeiten usw. angegeben sind. Das werden wir jedoch nicht alles erklären, denn es ist im Moment nicht relevant für euch.

Virginia: Ja, wir verstehen. Könntest du vielleicht erklären, warum unser Sonnensytem wichtig war? Es klingt so, als befänden wir uns weit draußen am Rande der Galaxie, aber du sagst, hier wäre eine wichtige spirituelle Energie?

Washta: Euer Sonnensystem wurde unter den hundert anderen, die ich zuvor erwähnt habe, ausgewählt, um die ersten Energien des menschlichen Prototyps von der Vega hereinzubringen. Dann bekamen der Planet Erde und euer Sonnensystem die erste große ätherische Zivilisation, die es je gegeben hatte. Deshalb wird euer Planet und seine himmlischen Heerscharen, die Spirituelle Hierarchie, als besonders gesegnet betrachtet. Das erklärt, warum sich die Menschen, als sie gezwungen waren, sich von der Erde zurückzuziehen, in diesem Abschnitt der Galaxie ausbreiteten. Sie versprachen jedoch, wieder in dieses Sonnensystem zu kommen und die menschliche Zivilisation hierher zurückzubringen. Zu diesem Versprechen gehörte, das Karma der Menschen im System der Vega zu vollenden und dieses System wieder dem Licht zuzuführen – wie es die Spirituellen Hierarchien der Vega und der Erde forderten.

Die Geschichte der vergangenen paar Millionen Jahre hat dieses große Gelübde jedoch nicht erfüllt. Zu Beginn waren die Menschen erfolgreich, aber die letzten 10 000 Jahre auf der Erde waren, wie wir schon berichtet haben, katastrophal. Das Unglück begann, wie schon erwähnt, vor etwa 25 000 Jahren mit der Zerstörung Lemuriens durch die Atlanter.

Unglücklicherweise waren sich die dunklen Energien des Wertes der Erde im Schöpfungsmythos bewußt, denn deshalb kamen sie hierher nach Solis, in euer Sonnensystem. Und das ist auch der Grund, weshalb euer Planet noch immer eine solch wichtige Stellung im Gleichgewicht der Kräfte hat, auch wenn seine Sonne in diesem Abschnitt der Galaxie an einem untergeordneten Platz steht.

Virginia: Danke. Wenn ich dich richtig verstanden habe, ist die Erde also eines von 100 besonderen menschlichen Lichtsternsystemen. Was ist mit den anderen 99 geschehen?

Washta: Von den anderen 99 konnten nur 90 ihr Energiemuster aufrechterhalten, und die meisten von ihnen haben nichtmenschliche Zivilisationen entwickelt. Viele von ihnen, die im System des Orion liegen, haben zum Beispiel sehr fortgeschrittene Amphibien hervorgebracht, die unglaublich spirituell sind. Sie sind tatsächlich fast ätherisch in ihrer Form. Viele Male haben die dinoiden und reptoiden Zivilisationen des Orion versucht, die Sternensysteme dieser Amphibiengruppen zu erobern, ohne daß es ihnen gelungen wäre. Die spirituellen Energien dieser großen Zivilisationen waren so hoch entwickelt, daß sie für die reptoiden oder dinoiden Invasionen unsichtbar waren. Von einem tieferen Gesichtspunkt aus betrachtet, konnten diese Invasionen jedoch keinen Erfolg haben, weil die dunkleren Energien zu dieser Zeit nicht erleuchtet werden wollten.

Virginia: Was meinst du mit „amphibiod“?

Washta: Ein Amphibiod würde für euch etwa wie eine Art riesiger Frosch oder Salamander aussehen – oder vielleicht wie eine Schildkröte ohne Panzer. Anders als eure Schildkröten haben diese Wesen jedoch Hände und Füße. Sie sehen ganz anders aus, als ein Mensch es erwarten könnte, aber ihre Energien und ihre Liebe sind so groß, daß durch ihre liebevolle Schwingung sofort jedes Befremden verwandelt würde, das ein Mensch vielleicht bei ihrem Anblick empfinden könnte. Es ist wirklich eine Freude, mit ihnen zusammen zu sein, sie zu umarmen, ihnen zuzuhören und ihre Energie zu spüren.

Virginia: Liegen von den verschiedenen 90 Lichtsternsystemen, die du erwähnt hast, irgendwelche in unserer Nähe?

Washta: Nein, leider liegen die nächsten etwa 300 – 500 Lichtjahre von eurem Sonnensystem entfernt.

Virginia: Ja, das kann ich mir vorstellen, danke. Jetzt wüßte ich gerne, was eine planetarische Fürsprachegruppe ist und welches die grundlegenden Aspekte oder Glaubenssätze einer solchen Gruppe sind. Wie du weißt, haben wir schon viele verschiedene Meditationsgruppen aller Art, einschließlich meines 'Love Corps'.

Washta: Der wichtigste Aspekt ist natürlich das Ziel, das sich die Gruppe gesetzt hat. Es sollte eine Gruppe von Menschen sein, deren einziges Ziel es ist, die großen spirituellen Energien der Umwandlung auf den Planeten zu bringen. Diese Gruppe muß also eine tiefe spirituelle Energie als Grundlage haben. Diese Gruppenenergie kann durch Meditation, Gebet, Musik, verschiedene Rituale oder eine Kombination davon entstehen, aber diese spirituelle Gruppendynamik ist der Schlüssel für alle Fürsprachegruppen. Sie müssen eine starke Energie des geistigen Lichtes in sich haben. Sie müssen verstehen, daß sie nur dadurch, daß sie die Gruppenenergien mitfühlend benutzen, im Bewußtsein erwachen können. Jeder Einzelne muß sehr, sehr entschlossen sein, diese mächtige spirituelle Energie sowohl persönlich als auch kollektiv auf jede nur mögliche Weise zu benutzen.

Damit ihr den Wert des Gruppenbewußtseins und der Gruppenenergie in bezug auf die multidimensionale Natur der spirituellen und schöpferischen Energie des physischen Universums noch besser versteht, könnt ihr euch mit der galaktischen Zeit befassen und herausfinden, was sie mit der immerwährenden Schöpfung des physischen Universums zu tun hat. (Wir werden am Ende dieses Kapitels kurz auf galaktische Zeit zu sprechen kommen.)

Die zweite wichtige Grundlage für Fürsprachegruppen, wenn sie sich einmal erfolgreich gebildet haben, ist die Verbindung mit anderen Gruppen von Lichtarbeitern und daß sie allmählich lernen, als Ganzheit zu operieren. Wir wissen, daß dies eine schwierige Aufgabe ist. Mit der Übung und wenn ihr die Energien benutzt, die jetzt auf euren Planeten herniederströmen, wird es jedoch leichter. Etwas, worum wir euch bitten, ist also, andere Gruppen einzuladen, in einem spirituellen Ritual irgendeiner Art zusammenzukommen, etwa einer Gruppenmeditation oder einem Gebet zur Heilung des Planeten, zur Heilung der menschlichen Gesellschaft und zum Erhalt allen Lebens. Auf diese Weise benutzt ihr alle den inneren Brennpunkt eurer eigenen Gruppe, um nach außen zu anderen hin hinauszureichen.

Der dritte Grundsatz, den Gruppen verstehen sollten, ist, daß sich ihre Verbindung über andere Lichtarbeitergruppen hinaus auf alle erstrecken muß, die diesen Planeten auf irgendeine Weise verbessern wollen. Das könnten Umweltgruppen sein oder solche, die daran arbeiten, die politischen, sozialen oder wirtschaftlichen Bedingungen zu verbessern – oder einfach irgendein mitfühlender Mensch oder eine Gruppe mit einer guten Absicht. Eure Aufgabe ist es, diese verschiedenen Helfer zu unterstützen, indem ihr ihnen zeigt, daß sie Hilfe bekommen können, wenn sie darum bitten. Sie sollen verstehen, daß da ein unglaubliches Netzwerk des Lichts um sie herum ist, aus dem sie Energie und Unterstützung für ihre ganz speziellen Ziele beziehen können. Die Religionen sollten dabei natürlich vorangehen anstatt hinterherzuhinken, denn in einer Fürsprachegruppe geht es um *Geist, Dienen* und *Verbindung*. Dies sind die drei Grundlagen einer planetarischen Fürsprachegruppe, und wir bitten euch, daran zu denken und sie zu praktizieren.

Viele von euch erwachten Seelen gründen seit vielen Jahren planetarische Fürsprachegruppen und nehmen daran teil, ganz gleich, wie ihr sie bezeichnen mögt. Ihr habt in euren spirituellen Gruppen meditiert, aber vielleicht habt ihr andere Gruppen ausgeschlossen oder habt einfach nicht daran gedacht, euch auszuweiten. Wie auch immer es in der Vergangenheit gewesen ist, jetzt sollten die verschiedenen Gruppen sich so rasch wie möglich erweitern und dieses Netz des Bewußtseins ausdehnen. Wir bitten euch, mit uns dieses neue Netz des Bewußtseins und die Entstehung dieser neuen galaktischen Zivilisation zu unterstützen.

Geht in die Gesellschaft hinaus und zeigt anderen Menschen, daß ihr und sie Teil einer menschlichen Unterstützungsgruppe seid. Ihr sollt das deshalb tun, weil eure erste Herausforderung wie gesagt darin besteht, ihnen zu helfen, die spirituelle Essenz ihrer selbst willkommen zu heißen, als Einzelne und auch als Gruppenbewußtsein. Um die Gruppendynamik zu verstehen, tut euch bitte mit anderen ähnlichen Gruppen zusammen, um in der Gesellschaft als Mittler zu wirken. Das wird die ganze Menschheit bereichern. Es ist lebenswichtig, daß alle Menschen Gemeinschaft suchen und finden, so daß sie nicht allein sind! Sie müssen entdecken, daß Menschen da sind, die sie unterstützen und ihnen unsere wichtigen Informationen geben können. Dieser Lernprozeß ist für jede Fürsprachegruppe von zentraler Wichtigkeit.

Virginia: Ja, danke. Könntest du etwas über Kirchen sagen? Viele Kirchenleute würden sagen, das ist genau, was sie tun; sie sind spirituell, sie dienen, und sie bilden die Verbindung zur Welt in spirituellen Angelegenheiten und durch gute Werke. Inwiefern unterscheidet sich ein Kirchenmensch, der einer der üblichen Kirchen oder Organisationen angehört von einem planetarischen Fürsprecher?

Washta: Was wir den Kirchenleuten sagen würden, ist, daß der Schlüssel zu dem Ganzen in der Liebesenergie liegt. Wenn sie wirklich aus der Liebe kommen und nicht nur dienen, um einen guten Eindruck zu machen, können sie Vorbild für eine echte Fürsprachegruppe sein. Wenn ihr Kern jedoch nicht diese reine spirituelle und liebende Energie ist, dann können sie die Notsituation der Erde nicht ganz undogmatisch, wertfrei und offen sehen, dann sind sie in Dogmen verstrickt und schränken ihre Ziele ein. Religion ist nicht dazu gedacht, die gegenwärtigen Umstände zu ignorieren oder Veränderungen zu verhindern. Sie muß ein Helfer zu allen Zeiten und bei allen Geschehnissen sein und ein ständiges Bewußtseinswachstum ermöglichen. Innerhalb wie außerhalb der Kirche steht die Menschheit vor der Herausforderung, den Weltraum und ihre kommende Rolle als eine Zivilisation galaktischer Menschen zu verstehen.

Eine Gruppe mag sich zum Beispiel als führende Umweltgruppe bezeichnen, tut aber nur alles äußerlich, wohingegen eine andere Gruppe eine echte Umweltgruppe ist, weil sie auf offene, undogmatische Weise den wahren Energien des Geistes verpflichtet ist. Jene Menschen sind wahre planetarische Fürsprecher, die bereit sind, jedermanns Anteil an dieser Mission der galaktischen Menschwerdung zu akzeptieren.

Viele Kirchen fangen jetzt an zu verstehen, daß sie die modernen Gegebenheiten in Betracht ziehen und ihre Energiemuster erweitern müssen, um aus ihrem alten Dogma in ein offeneres Licht herauszutreten. Diejenigen, die das tun, sind wichtige Helfer in dem Umwandlungsprozeß eures Planeten, und sie sind oder können sich entscheiden, die Fürsprecher zu sein, die wir meinen.

Virginia: Ja, danke. Wie wichtig ist es dann, daß die Leute an Außerirdische glauben und die kosmischen Wurzeln der Menschheit verstehen, um innerhalb oder außerhalb einer Kirche als planetarische Fürsprecher zu dienen?

Washta: Wir hoffen, daß ihr versteht, wie die wahren spirituellen Konzepte aller Religionen und die Herkunft aller irdischen Menschen von der großen Zusammenarbeit zwischen der Galaktischen Föderation und den Spirituellen Hierarchien abhängt, die die ganze Schöpfung ausmachen. Wir möchten hoffen, daß ihr dieses gemeinschaftliche Unternehmen begreift und daran glaubt. Wenn ihr euch jedoch lieber nur als Teil einer spirituellen Gruppe sehen wollt (ohne an Außerirdische zu glauben), dann würden wir euch bitten, auf die Energie der Spirituellen Hierarchie selbst zu hören. Diese verschiedenen Engel, Erzengel und aufgestiegenen Meister werden spirituelle Gruppen zur Vereinigung mit Gruppen planetarischer Fürsprecher führen. Dies ist das Ziel, weshalb euren spirituellen Gruppen (die schon eins sind mit der Spirituellen Hierarchie) gestattet wird, mit jenen planetarischen Fürsprachegruppen zu verschmelzen, die im Dienste an der großen Mission der Galaktischen Föderation geschaffen wurden. Geist und Materie wirken Hand in Hand. In dieser Verbindung liegt eine aufregende Zukunft für euch und den Planeten Erde, wenn ihr nur diese Gelegenheit verstehen und mit offenen Armen empfangen könnt.

Wir haben zuvor über den lebenswichtigen Einfluß gesprochen, den die galaktische Zeit auf euer tägliches Leben haben kann, aber könnt ihr euch vorstellen, welchen Wert sie für eine Gruppe hoch eingestimmter Menschen haben kann? Wir wollen ein paar einfache Tatsachen wiederholen, um die es im Maya-Kalender geht, sowohl für Einzelne als auch für Gruppen. Bitte erinnert euch, daß euer jetziger irdischer Kalender von 365 Tagen kein spiritueller Kalender ist, sondern ein Kalender der materiellen Welt, der nach physisch-linearem Denken funktioniert. Er ist spirituell unbewußt, sozusagen, und erklärt oder identifiziert nicht die Schwingungen, die unsere galaktische Zeit enthält und die wir benutzen, um das spirituelle Wachstum auf vielen Ebenen aufrechtzuerhalten und zu fördern.

Zeit ist der auslösende Puls, der alle Dinge in der physischen Realität möglich macht. Ein altes sirianisches Sprichwort über die physische Schöpfung sagt, daß die Herren der Zeit den Puls der Zeit von der Höchsten Schöpferkraft erhielten.

Wir wollen also diesen großen Puls der Schöpfung – die Zeit – als eine Art, die Realität zu erfahren und zu verstehen, untersuchen. In unseren galaktischen Zivilisationen haben wir die Wächter der Zeit, die uns über das Tun der Herren der Zeit auf dem Laufenden halten. Wächter der Zeit sind Menschen, die sich dem Verständnis der zugrundeliegenden Bedeutung des universellen Pulses der Zeit widmen und mit den Herren der Zeit und der Spirituellen Hierarchie darüber kommunizieren, wie sich die physische Schöpfung entwickelt. Mit anderen Worten, man könnte sie gut mit den Orakeln im alten Griechenland, Rom oder Ägypten auf eurem Planeten vergleichen. Um diesen wichtigen Punkt noch weiter zu unterstreichen, müssen wir euch bitten, euch mit der Kultur der Maya in Mittelamerika zu befassen, die von Plejadischen und Arkturischen Wächtern der Zeit zu Beginn der klassischen Periode der Mayas (4. Jahrhundert bis Ende des 9. Jahrhunderts v.Ch.) einen heiligen Kalender erhielten.

Dieser heilige galaktische Kalender hat 20 Mayische Glyphen. Die ihnen entsprechenden vier Harmonien und die 13 Töne der Schöpfung wurden von den Mayischen Wächtern der Zeit darüber gelegt, um das sogenannte **K'in** zu konzipieren. Diese 13 Töne werden dazu benutzt, eine erfahrungsmäßige Logik zu ermöglichen, die die beste Art, einen bestimmten Tag zu erleben, bedeutet. Diese Tagesmuster sind in dem heiligen 260-Tage-Kalender des Lebens, dem **Tzolkin** (gesprochen Sulkin) gespiegelt. Dieser Zyklus von 260 Tagen ist in der Tat heilig.

Wie gerade gesagt, sind in diesem heiligen Kalender die 20 Glyphen mit den 13 Tönen der Schöpfung kombiniert, um ein **K'in** oder eine erfahrungsmäßige Logik des Tages zu schaffen. Jede Mayische Glyphe umfaßt alle 13 Töne der Schöpfung, um jedes der 260 **K'in** zu bilden. Die 13 Töne der Schöpfung sind Einheit, Herausforderung, Aktivierung, Definition, Strahlung, Gleichheit, Gestimmtheit, Integrität, Absicht, Manifestation, Befreiung, Kooperation und Transzendenz.

Wenn ihr wie wir wüßtet, welchen Einflüssen jeden Tag Energie zugeführt wird, würdet ihr mit dieser Realität und den mächtigen Energien der Schöpfung, die sich manifestieren, zusammenarbeiten, anstatt eure eigenen unwissenden

Absichten zur falschen Zeit oder in unproduktiver Weise durchzusetzen

Es gibt ein paar Lehrer auf der Erde, die dieses Material über die galaktische Zeit verstehen und es euch erklären können, und es sind einige Bücher und Videos zum Selbststudium darüber erhältlich. Wir empfehlen euch sehr, euch mit diesem Thema zu befassen, weil wir hier nicht genug Raum haben, selbst eingehender mit euch über die galaktische Zeit und ihre vielen wichtigen Charakteristika und Eigenschaften zu sprechen. Denkt einfach daran, daß eure Erdenzeit dabei ist zu verschwinden und daß schließlich die galaktische Zeit an ihre Stelle treten wird.

Kapitel 11

Die Galaktische Föderation

Wir vom sirischen Konzil – Washta, Mikah und Teletron – möchten etwas von unserer eigenen Geschichte als galaktische Menschen schildern und auch von der Organisation, die die Galaktische Föderation genannt wird und in die die Erde bald als neues Mitglied eintreten wird.

Die Galaktische Föderation wurde vor etwa 4,5 Millionen Jahren gegründet, um die interdimensionalen dunklen Kräfte daran zu hindern, die Herrschaft über diese Galaxie zu übernehmen und sie auszubeuten. Diese interdimensionale dunkle Kraft hatte ihre eigene Art computerähnlicher, kaltherziger Wesen in der ganzen Milchstraße erschaffen. Sie erschienen hauptsächlich in der Form reptoider oder dinoider Wesen, wie wir sie zuvor beschrieben haben. Diese dunklen Wesen breiteten sich in der Galaxie aus und eroberten Tausende von Sternensystemen. Eines Tages jedoch erreichten diese reptoiden und dinoiden Wesen einen Bereich der Galaxie, in der empfindende menschliche Wesen mit freiem Willen mehrere galaktische Zivilisationen errichtet hatten und ihnen technologisch gewachsen waren.

Was vor etwa 10 Millionen Jahren folgte, war eine Reihe kurzer, aber sehr barbarischer Kriege unter den Sternen, zwischen denen es immer Zeiten des Friedens gab. In begrenztem Maße hat sich dieses Muster von Krieg und Frieden selbst bis in die heutige Zeit fortgesetzt. Mit der Zeit organisierten wir, als die Feinde dieser dinoid-reptoiden Allianz, uns besser. Wir sahen, daß eine sehr vielseitige und effektive Organisation entwickelt werden mußte, die als Schirm sowohl für die Koordination der Verteidigung der Galaxie dienen konnte als auch als Forum für den notwendigen kulturellen und diplomatischen Austausch zwischen Menschen und Nichtmenschen.

Die Galaktische Föderation betrachtet sich selbst als eine Art Vereinter Nationen von Sternensystemen, deren einzige Funktion darin besteht, eine Organisation zu schaffen, die es ermöglicht, daß weiter Licht in unsere Milchstraßengalaxie fließt. Gegenwärtig gibt es über 100 000 Sternensysteme und Sternenverbände in der Galaktischen Föderation, und letzte Zählungen zwischen 1988 und 1993 haben ergeben, daß sich die Mitgliedschaft auf beinahe 200 000 erhöht hat. Die Grundlage dieses galaktischen Lichtes der Schöpfung ist Liebe.

Eine der grundlegenden Aufgaben der Galaktischen Föderation ist, ein Abwehrsystem gegen plötzliche und ungerechtfertigte Angriffe bereitzustellen. Außerdem hat die Galaktische Föderation die wichtige Aufgabe der Forschung, des technologischen Austauschs und kultureller Interaktionen und sendet daher ständig Wissenschaftler und Kontaktteams mit bestimmten Missionen zu Sternensystemen, die noch nicht der Galaktischen Föderation angehören. Was wir noch betonen müssen, ist, daß die Galaktische Föderation durch ihre verschiedenen Schichten von Konzilen einen Weg gefunden hat, Planeten, Sternensysteme und Sternenverbände in vierzehn Regionale Konzile zu organisieren.

Da sich die Galaktische Föderation als eine Organisation vollbewußter und friedlicher Zivilisationen betrachtet, ist sie ständig auf der Suche nach annehmbaren Zivilisationen, die den Kriterien für eine Mitgliedschaft entsprechen. Wenn irgendein Planet oder eine Reihe von Planeten eines Sternensystems den vorgeschriebenen Stand technologischer und kultureller Entwicklung erreicht hat, wird nach einer gründlichen wissenschaftlichen Einschätzung Kontakt mit dieser

Zivilisation aufgenommen. Diese wissenschaftliche Einschätzung umfaßt ein außerordentlich breites Spektrum an kulturellen, wissenschaftlichen und spirituellen Qualifikationen.

Euer Planet und das umgebende Sonnensystem sind aufgrund der Bemühungen des sirischen Regierungskonzils und eurer Spirituellen Hierarchie von den Mitgliedsregelungen der Galaktischen Föderation ausgenommen worden. Die Spirituelle Hierarchie hat allen Konzilen der Galaktischen Föderation die spezielle Stellung eures Sonnensystems vor Augen geführt, indem sie sowohl auf eure Funktion als wichtiges Beispielsystem hinwies als auch darauf, daß es die Ursache dafür war, daß Menschen überhaupt zu empfindungsfähigen Wesen wurden. Dieses Argument hat schließlich die karmischen Gesetze, die die Plejadische Herrschaft über euer Sonnensystem seit dem Fall von Atlantis vor etwa 10 000 Jahren festsetzte, außer Kraft gesetzt und erlaubt, daß *der Erde am 5. März 1993, Erdenzeit, die volle Mitgliedschaft in der Galaktischen Föderation zuerkannt wurde.* Durch diese Zuerkennung der vollen Mitgliedschaft erhielt die Galaktische Föderation die gesetzliche Grundlage für ihre Rettungsmission und konnte das Erste Kontaktteam förmlich dazu ermächtigen, seine Protokolle für einen ersten Kontakt und eine Landung auf der Erde vorzubereiten.

Da die Galaktische Föderation sich jetzt auf ihren ersten Kontakt mit der Erde vorbereitet, müßt ihr ihre Funktionen kennen. Wir werden dafür die Hauptorganisationskarte der Galaktischen Föderation benutzen. (*Vgl. Abb. 26: Physische Hauptorganisationskarte der Galaktischen Föderation)* Wie gesagt ist das Hauptziel der Galaktischen Föderation, die Entstehung hoch empfindungsfähiger, lichtorientierter galaktischer Zivilisationen überall in unserer Galaxie zu beschleunigen. Dieses Ziel gliedert sich in drei Hauptteile: 1. die Raummission, 2. die Verbindungsgruppen und 3. die interdivisionalen Foren (diese Gruppen enthalten die verschiedenen regionalen

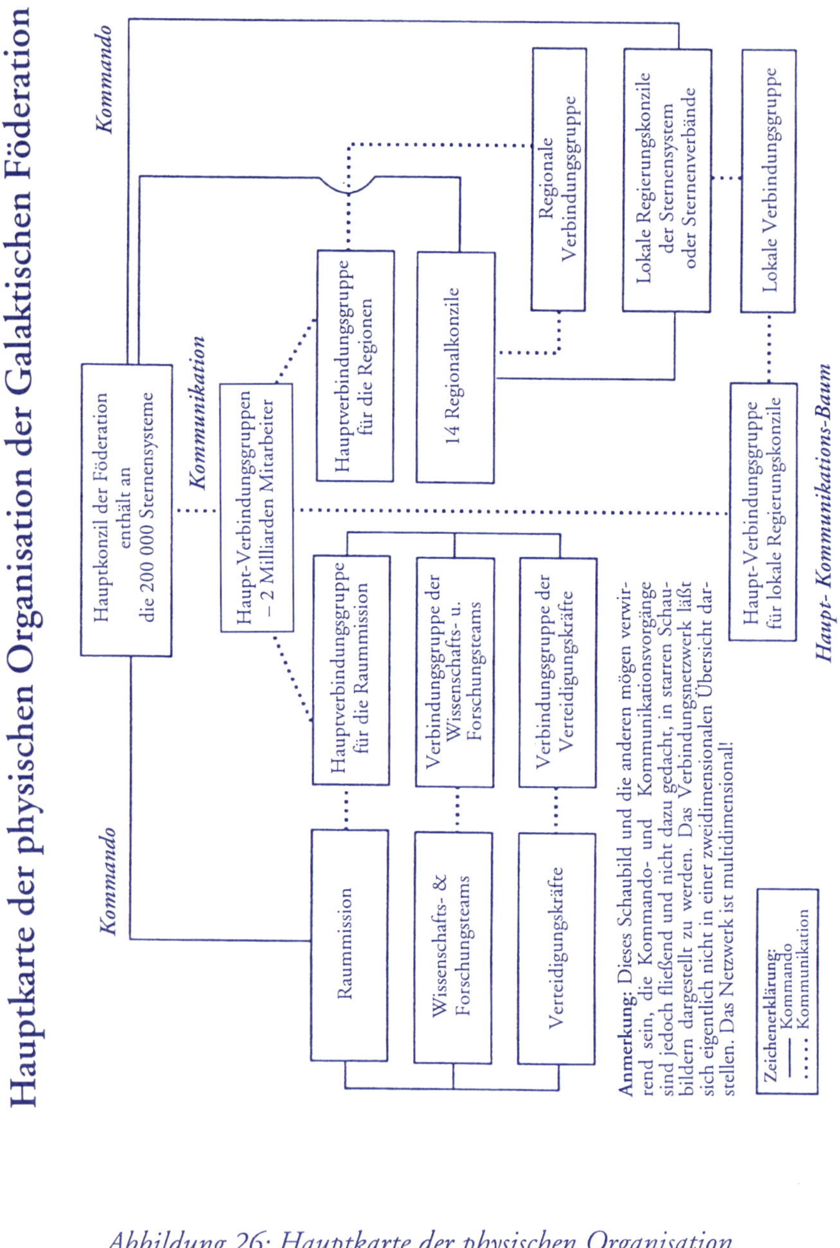

Abbildung 26: Hauptkarte der physischen Organisation der Galaktischen Föderation

und lokalen föderalen Regierungskonzile der Galaktischen Föderation).

Die erste Gruppe – die Raummission – besteht aus zwei Teilen. Ihr erster Teil besteht aus den wissenschaftlichen Forschungsteams, der zweite aus den Verteidigungskräften. Die wissenschaftlichen Forschungskräfte haben hauptsächlich drei Ziele.

Zunächst einmal ist die Galaktische Föderation der Meinung, daß eine ganz spezielle spirituelle Wissenschaft erforderlich ist, um Licht und Liebe durch die Galaxie zu senden, und es werden Teams von Forschern ausgesandt, um unbekannte Bereiche der Galaxie zu untersuchen und akzeptable neue Mitglieder zu finden.

Dieselben Komponenten der wissenschaftlichen Mission werden dazu benutzt, neue Mitglieder einzuschätzen. Dieser Aspekt ist in den letzten sieben Erdenjahren wichtig geworden, da frühere Mitglieder der dinoid-reptoiden Allianz in benachbarten Teilen unserer Galaxie um Beendigung der Feindseligkeiten mit uns gebeten und sogar darum ersucht haben, als Mitglieder in die Galaktische Föderation aufgenommen zu werden. Dieses erstaunliche Ereignis wird als Beweis dafür gesehen, daß unsere Mission, Licht in der Galaxie zu verbreiten, erfolgreich ist, und daß die alten Prophezeiungen über die Absicht der gegenwärtigen Schöpfung sich jetzt bewahrheiten.

Schließlich wird diese Mission dazu benutzt, Beziehungen mit neutralen Sternensystemen zu pflegen, die sich im Augenblick nicht der Galaktischen Föderation anschließen wollen, aber um unseren technischen und organisatorischen Beistand bitten. Diese Missionen werden durchgeführt, um das gute Einvernehmen zu fördern, das gegenwärtig zwischen diesen Sternensystemen und der Galaktischen Föderation besteht.

Des weiteren schätzen die Teams der Wissenschaftler und Forscher alle Sternensysteme in Hinsicht darauf ein, wie weit sich das volle Bewußtsein ihrer Bewohner entwickelt hat und wie sie ihre Technologie benützen. Diese Kriterien gestatten den planetarischen Wissenschaftlern der Galaktischen Föderation, den jeweiligen Konzilen innerhalb des Bündnisses Empfehlungen darüber zu geben, ob ein Sternensystem oder Planet wirklich so weit ist, daß er oder es in die Galaktische Föderation aufgenommen werden kann. Diese Wissenschaftlerteams werden von Verteidigungskräften begleitet. Hier muß etwas Wichtiges gesagt werden, nämlich daß *die Wissenschafts- und Forschungsmission den sie begleitenden Verteidigungskräften übergeordnet ist.*

Diese Regel zum Einsatz der Verteidigungskräfte wurde im Laufe der vielen barbarischen Kriege aufgestellt, die ausgefochten werden mußten, um die Galaktische Föderation stark zu erhalten. Seht ihr, man entdeckte, daß es große Schwierigkeiten geben würde, wenn dem militärischen Kontingent gestattet würde, unabhängig vom Arm der Wissenschaft zu operieren. Das Hauptziel der Galaktischen Föderation ist, Licht und Liebe in der Galaxie zu verbreiten und nicht Krieg. Um dieses hochgesteckte Ziel zu erreichen, muß die Galaktische Föderation ihren Raummissionen Verteidigungskräfte zur Seite stellen.

Diese Verteidigungskräfte sollen die wissenschaftliche Mission vor Angriffen von seiten der dunklen Kräfte schützen. Wann immer sich die Galaktische Föderation auf neues Territorium begibt, wird sie von jenen Dinoiden und Reptoiden überwacht, die in den weit abgelegenen Gebieten unserer Galaxie leben und die noch immer jeglicher Erweiterung der Galaktischen Föderation oder dem Hinzukommen neuer Mitglieder feindlich gegenüberstehen. Diese feindlichen Dinoiden und Reptoiden versuchen, jede Wissenschaftsmission der Galaktischen Föderation zu sabotieren oder anzugreifen. Daher hat es die Galaktische Föderation für ratsam erachtet, diesen Teams eine Verteidigungskraft beizugeben, die in der Lage ist, sie vor allen potentiellen Angriffen zu schützen.

Die zweite Abteilung der Galaktischen Föderation sind die Verbindungsgruppen oder -teams. Sie sind der lebenswichtige Schlüssel zu ihrem Erfolg. Die Verbindungsgruppen könnten auch als Kommunikations-Netzwerker bezeichnet werden, und diese Abteilung hat über zwei Milliarden Mitarbeiter! Die Hauptfunktion dieser Verbindungsgruppen besteht darin, das grundlegende Informationsnetzwerk zu bilden. Sie liefern die Informationen, die alle Abteilungen brauchen, um intelligente Entscheidungen treffen zu können *(Vergleiche Abb. 27: Das Kommunikationssystem der Galaktischen Föderation.)* Ohne diese Entscheidungen, die auf richtigen Einsichten beruhen, wäre die Galaktische Föderation sehr bald keine lebensfähige Wesenheit mehr. Diese Verbindungen gibt es auf allen Ebenen der Galaktischen Föderation, von den kleinsten planetarischen Regierungskonzils bis hin zum Hauptkonzil. Die Hauptaufgabe der Verbindungsgruppen ist, diese Netzwerke der Kommunikation einzurichten und aufrechtzuerhalten. Diese Netzwerke enthalten zahllose lebenswichtige Informationen, die mit den richtigen kulturellen Feinheiten und in der angemessenen Sprache wiedergegeben werden müssen. Diese komplexen Aktivitäten haben deshalb Erfolg, weil die Verbindungsteams so gut plaziert und eingerichtet sind, daß ihre Organisation gute Ergebnisse garantiert. *(Vgl. Abb. 28: Das Gruppenkommando- und Kontrollsystem der Galaktischen Föderation).*

Diese verschiedenen Verbindungsorganisationen wirken innerhalb riesiger vielschichtiger Netzwerke, die in sogenannte interdivisionale Konzile oder Foren aufgeteilt sind. Diese Konzile werden im Wesentlichen auf drei Ebenen betrieben. *(Vgl. Abb. 29: Die Beziehung der Erde zu drei Ebenen der Konzile der Galaktischen Föderation.)*

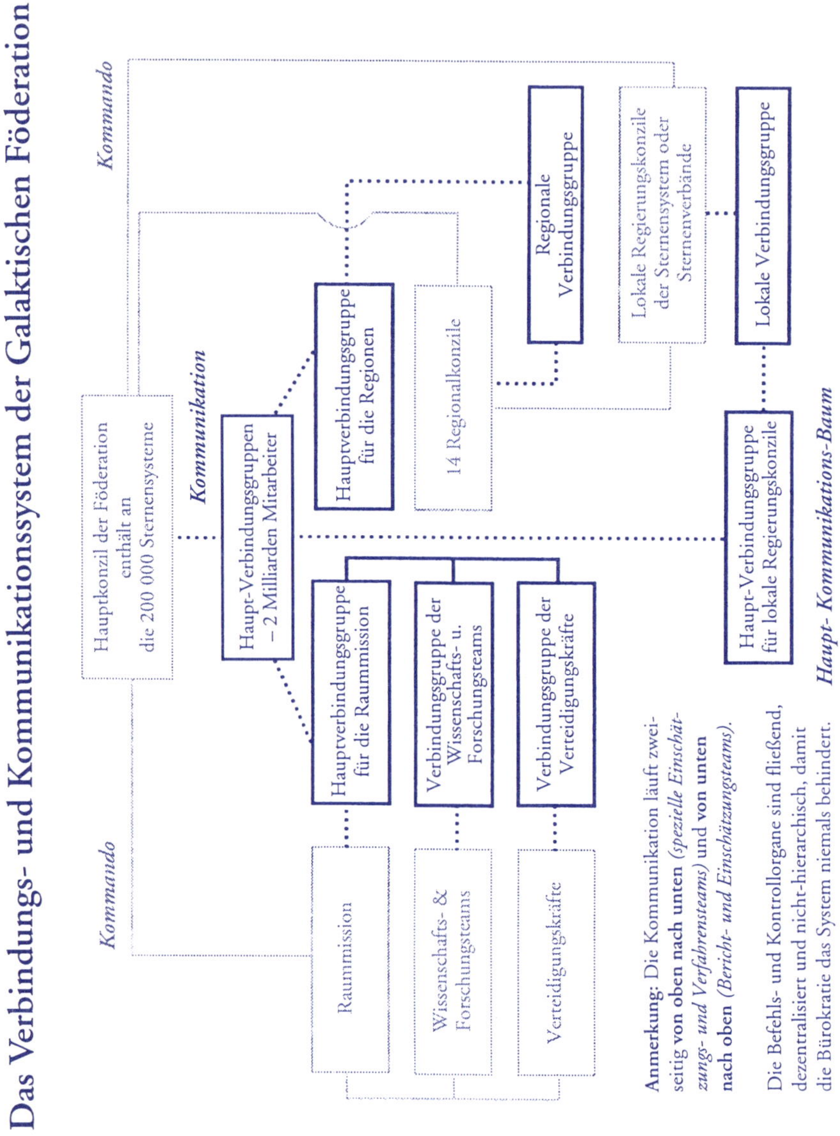

Abbildung 27: Das Verbindungs- und Kommunikationssystem der Galaktischen Föderation

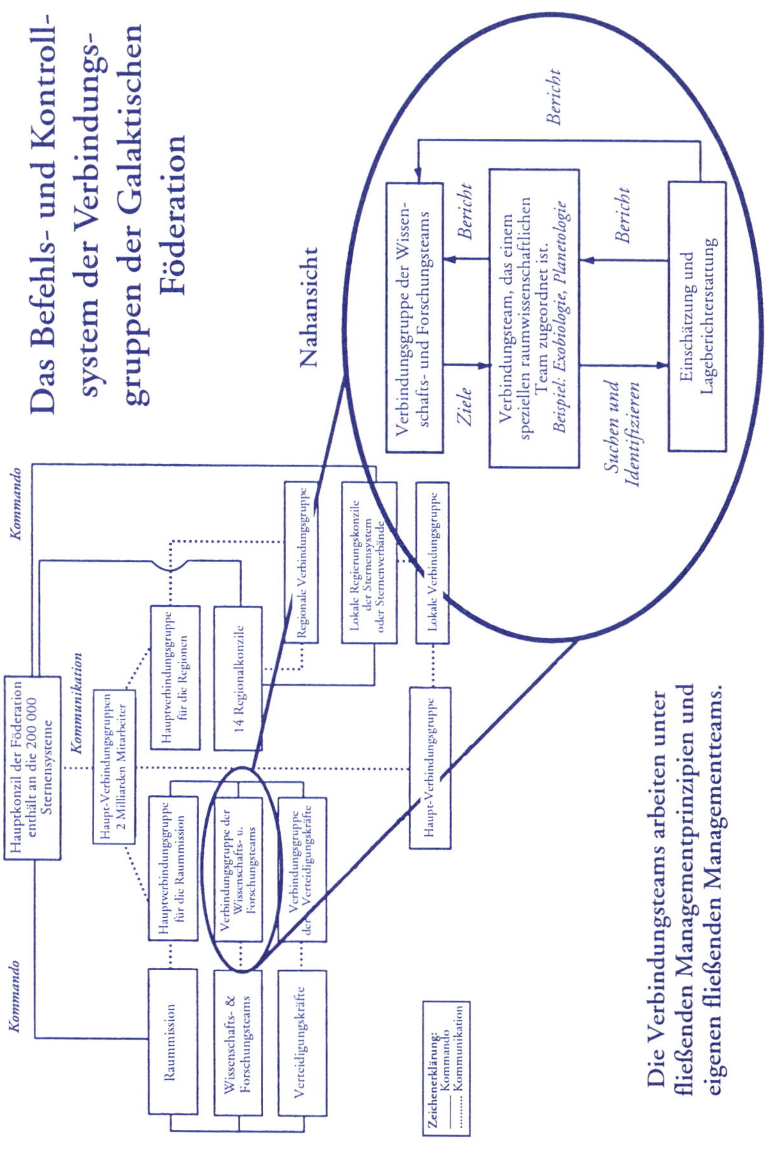

Abbildung 28: Das Befehls- und Kontrollsystem der Verbindungsgruppen der Galaktischen Föderation

Die Beziehung der Erde zu drei Ebenen der Galaktischen Föderationskonzile

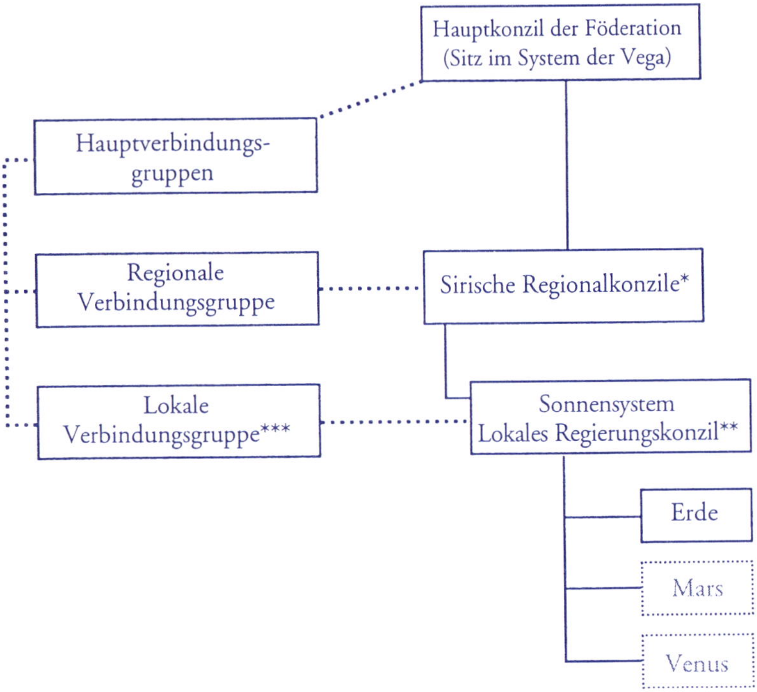

* Das sirische Regionalkonzil ist eines von 14 Regionalkonzilen. Am 5. März 1995 wurdet ihr Mitglied des sirischen Regionalkonzils. Sein Hauptsitz liegt in der Konstellation der Andromeda.

** Die Erde und dann auch Mars und Venus werden Teil des Regierungskonzils eures Sonnensystems werden.

*** Lokale Verbindungsgruppen wirken als Kommunikationsnetzwerk zwischen den Regierungskonzilen und den Hauptverbindungs-gruppen.

Abbildung 29: Die Beziehung der Erde zu drei Ebenen der Konzile der Galaktischen Föderation

Die höchste Ebene bildet das Hauptkonzil der Föderation selbst, *das sich auf der Vega, in der Sternengruppe der Lyra, befindet.* Die zweite Ebene besteht aus den verschiedenen regionalen Konzilen. Gegenwärtig gibt es 14 dieser regionalen Konzile in der Galaktischen Föderation, und das für uns wichtigste ist unser Regionalkonzil der Föderation, das Sirische Regionalkonzil. Euer Sonnensystem wird zu gegebener Zeit als ordentliches Mitglied diesem Regionalkonzil beitreten.

Die regionalen Konzile sind als Forum für verschiedene Schwierigkeiten da. Sie helfen, die Politik in ihrer bestimmten Region festzulegen, und fungieren auch als letztes Berufungsgericht bei allen Schwierigkeiten, die ein Sternensystem oder ein Sternenverband mit einem anderen haben kann. Durch sie findet auch der kulturelle und technologische Austausch statt. Mißverständnisse über den Transfer von Technologien und über den Handel mit intellektuellem Eigentum werden hier ausgehandelt.

Es gibt auch die lokalen Regierungskonzile der Sternensysteme. Ihr auf der Erde werdet zu gegebener Zeit mit den anderen Mitgliedern eures Sonnensystems ein lokales Konzil bilden. Es gibt zwei Arten dieser Regierungskonzile: einmal das einfache Konzil eines Sternensystems oder lokale Regierungskonzil und zum zweiten den Sternenverband, der aus bis zu 20 oder mehr Regierungskonzilen bestehen kann. Die größte Sternenliga im sirischen Regionalkonzil, der ihr euch anschließen werdet, ist die Plejadische Sternenliga, die aus beinahe 50 verschiedenen Sternensystemen besteht.

Die genaue Art der Interaktion zwischen diesen verschiedenen Ebenen der Galaktischen Föderation ist nicht einfach. Es ist wichtig, zu erkennen, daß die Verbindungsgruppen der Galaktischen Föderation helfen, mit den Ereignissen in einem bestimmten Sternensystem oder einem Abschnitt der Galaxie in Berührung zu bleiben. Wir verweben so also die verschiedenen Verbindungsgruppen mit diesen verschiedenen Ebenen von Konzilen und am Rande dieses ganzen Prozesses mit den Raummissionen und den Verteidigungskommandos.

Die Galaktische Föderation ist nicht hier, um die Erdenmenschen auszubeuten. Sie ist eher dazu da, sie in ein höheres Bewußtsein zu bringen und einen bedrängten Planeten zu retten. Wir sind hier, um einen neuen menschlichen Geist hervorbringen zu helfen und die gesamte Menschenrasse wieder in ihre vorgesehene wahre Rolle als Hütergattung zu lancieren. In diesem erhöhten Bewußtsein werden die Erdenmenschen dann ihre Beziehung mit anderen galaktischen Menschen überall in der Galaxie wieder aufnehmen. Nach euren vielen Schwierigkeiten habt ihr es verdient, die Herrlichkeit des Lebens und der Liebe zu erleben, nicht nur in eurem täglichen Leben, sondern auch indem ihr diese positive Energie auf andere Menschen und empfindende Wesen in der ganzen Galaxie und der ganzen Schöpfung ausdehnt.

Wir wollen jetzt diesen ganzen Vorgang eines ersten Kontaktes am Beispiel der Erde betrachten. Das Konzept, die Rolle der Galaktischen Föderation in eurem Sonnensystem zu verändern, begann in den 50er Jahren mit der Bildung einer speziellen kulturellen Verbindungsgruppe für die unterirdischen menschlichen Zivilisationen unter der Schirmherrschaft von Agartha, wie ihr es nennt. Dies ist eine große Zivilisation unterhalb der Oberfläche eurer Erde. Diese spezielle kulturelle Verbindungsgruppe bekam später die Aufgabe, den ersten großangelegten Kontakt der Galaktischen Föderation zu verwirklichen, um ihre irdisch-menschlichen Kontaktpersonen zum Erwachen zu bringen. Diese Kontaktpersonen wurden ursprünglich wegen ihres wissenschaftlichen Hintergrundes ausgesucht und auch, weil die Hoffnung bestand, daß sie als Kontaktpersonen zu den Medien fungieren würden – um auf diese Weise die Botschaft der Galaktischen Föderation zu verbreiten.

Die Galaktische Föderation begann auch, weitere kulturelle und Verbindungsteams zu entwickeln, die versuchen sollten, die Schwierigkeiten im Kontakt mit den Regierungen an der Oberfläche eures Planeten und der Hauptorganisation eurer Nationen – den Vereinten Nationen – zu überwinden. Diese Tätigkeiten wurden Ende der 60er Jahre ausgedehnt, um darauf vorzubereiten, daß die Oberflächenzivilisation die Umwelt eures Planeten zerstörte, und um eine eventuelle Evakuierung in kleinem Umfang vorzubereiten, die auch einen Plan enthielt, den Planeten Erde wieder mit menschlichen Wesen zu bevölkern. Zu dieser Zeit wurde ein erstes Kontaktteam eingerichtet – ein Team mit einer sehr beschränkten Aufsichtsfunktion.

In den 80er Jahren begann die Galaktische Föderation zu sehen, daß das, was auf der Erde geschah, nicht verhängnisvoll war, sondern ein Prozeß der Verwandlung und zunehmenden Erleuchtung. Diese Entwicklung machte eine neue Art der Organisation erforderlich. Diese neue Organisation wurde auch erstes Kontaktteam genannt und bildete sich zu Anfang der 80er Jahre. Seine Mission war im Vergleich zu den Konzepten, die zu den ersten Kontaktteams in den 50er, 60er und 70er Jahren geführt hatten, sehr erweitert. Dieses neue Kontaktteam hatte eine ganz neue Vitalität, die auf der Hoffnung beruhte, daß ein massiver Kontakt tatsächlich möglich war. Diese Hoffnung wurde durch die mögliche segensreiche Wirkung des herannahenden Photonenringes genährt, und im sirischen Regionalkonzil erzielte man Übereinstimmung darüber, daß das neue wachsende Bewußtsein dazu benutzt werden könnte, eine Katastrophe abzuwenden.

Zu dieser selben Zeit hörten die Sirianer auch von einer neuen Entwicklung. Sie wurden von den Cetacäen und der Spirituellen Hierarchie Lady Gayas angewiesen, die Kontakte so vorzubereiten, daß ein Massenaufstieg darin vorgesehen wäre. Diese neue Realität bewirkte, daß immer mehr

Sirianer beim sirischen Regionalkonzil für eine Veränderung der Linie eintraten und für Massenlandungen stimmten. Diese Veränderung in der politischen Linie begann in den späten 80er Jahren, seine Wirkung zu zeigen. Sie hat den Sirianern gestattet, die Polarität der Sonne zu verändern und Methoden für das erste Entstehen des Aufstiegsprozesses zu erforschen. Viele Forschungsteams sind daraufhin in euer Sonnensystem gekommen, um die Biosphäre auf neue Weise einzuschätzen – um Wege zu finden, euer Sonnensystem wieder in das zu verwandeln, was es zur Zeit von Lemurien war. Dieses Konzept der Wiederherstellung wurde zum hauptsächlichen Leitmotiv für alle wissenschaftlichen und Raummissionen zu eurem Planeten.

Als Ergebnis dieser Veränderung wurde Ende der 80er Jahre ein erstes Kontaktteam – mit der vollen Befugnis, als Mission „Willkommen zu Hause, Erde!" zu wirken – formell eingerichtet. Ein neuer Leiter wurde ernannt, dessen Name bis kurz vor dem Kontakt geheimgehalten werden soll, und sein zielgerichteter Fortschritt in den letzten beiden Jahren hat dazu geführt, daß wir uns jetzt darauf vorbereiten, in großer Zahl auf der Erde zu landen.

Die Erde wurde zu Beginn der 90er Jahre beurteilt, um die Mission des ersten Kontaktteams der Galaktischen Föderation vorzubereiten, die Erde wieder zu Hause willkommen zu heißen. Es geschah aus zwei Gründen: erstens, weil es für die Galaktische Föderation sehr wichtig war, zu wissen, wer und was ihr seid; und zweitens, um dem ersten Kontaktteam bei seiner Aufgabe zu helfen, die Erde in den Zustand zurückzuführen, den die Spirituelle Hierarchie wünscht. Diese erschöpfenden Studien wurden daher von wissenschaftlichen Teams durchgeführt, die richtig einschätzen konnten, welche Verbesserungen und Veränderungen durchzuführen waren, um die Erde wieder in ihren ursprünglichen makellosen Zustand zurückzuführen.

Das erste Kontaktteam mußte eine Aufsichtsbehörde von 50 Personen bestimmen, deren Arbeit es ist, diese vielen Aufgaben zu überwachen. Die Aufsichtsbehörde ist in angemessene Komitees aufgeteilt, denen verschiedene Aspekte der Wissenschaft, Technologie usw. zugteilt wurden, wie es das zuständige Regionalkonzil der Galaktischen Föderation verlangt. Das sirische Regionalkonzil hat dem Kontaktteam volle Autorität über allen Raum in eurem Sonnensystem, einschließlich dem Planeten Erde, gegeben und hilft eurem Sonnensystem auch dadurch, daß es für seine Verteidigung sorgt. Hier ein erklärendes Schaubild, das die verschiedenen Komponenten der sirischen Mission beschreibt. *(Vgl. Abb. 30: Übersicht über das erste Kontaktteam)* Diese (in fünf Teilen beschriebene) Mission soll das erste Kontaktteam zuwegebringen.

Erster Teil:
Verbindung mit der Spirituellen Hierarchie der Erde

Der erste Teil dieser Mission besteht einfach darin, die Veränderungen in Lady Gaya zu überwachen. Lady Gaya ist aus einer größtenteils dreidimensionalen Spirituellen Hierarchie mit beigefügten Kräften aus den höheren Dimensionen in eine Spirituelle Hierarchie der fünften Dimension mit denselben Kräften verwandelt worden. Diese Veränderung hat dazu geführt, daß das erste Kontaktteam ein Komitee bestimmte, das jetzt diese Veränderung in der Spiritualität des Planeten überwacht.

Zweiter Teil:
Wiederherstellung der planetarischen Umwelt

Der zweite Teil der Mission ist die Überwachung der Oberfläche des Planeten und auch seines Inneren. Diese wissenschaftliche Mission hilft, die entsprechenden Verfahren zu entwickeln, die erforderlich sind, um euren Planeten in den ursprünglichen Zustand zurückzuführen, den die Spirituelle Hierarchie verlangt.

Die Galaktische Föderation glaubt jetzt, daß es wesentlich ist, die gegenwärtigen Regierungen der Erde in eine nicht-hierarchische Struktur zu verwandeln, da vollbewußte Menschen kooperativ sind und sich auf demokratische Weise selbst regieren wollen.

Dritter Teil:
Kulturelle Unterstützung und Landungen

Der dritte Aspekt dieser Mission ist kultureller Art und umfaßt die gegenwärtigen Kontakte. Die kulturelle Mission wurde aus zwei Gründen eingesetzt.

Erstens ist die Zivilisation der Erde dabei, sich in eine Zivilisation aus vollbewußten Menschen zu entwickeln, die eine Hütergattung sind. Sie brauchen Hilfe und Unterstützung während der Übergangszeit zu einer Zivilisation, die sowohl das technische Wissen als auch die Kultur hat, die diese Grundfunktion spiegeln.

Zweitens erfordert dieses Ziel, daß eine galaktische menschliche Kultur auf der Erde entsteht, aber mit einigen Modifikationen aus der frühen Kultur, die zu Zeiten Lemuriens auf euren Planeten gebracht wurde – die Lyrisch-Sirische Kultur. Diese Entwicklungslinie liegt weit von dem entfernt, was gegenwärtig auf der Erde praktiziert wird. Es wurde also beschlossen, daß spezielle kulturelle Komittees und Verbindungsteams vom Sirius diese Rolle übernehmen sollen.

Vierter Teil:
Ökologische Grenzen (Perimeter) der irdischen Biosphäre

Der vierte Teil dieser Mission des ersten Kontaktteams besteht darin, die notwendigen ökologischen Perimeter eures Planeten zu bestimmen. Dafür war es notwendig, in der Zeit zurückzugehen und die Vergangenheit mit der Gegenwart zu vergleichen. Als Ergebnis sind unglaublich fundierte und vernünftige

Übersicht über das erste Kontaktteam

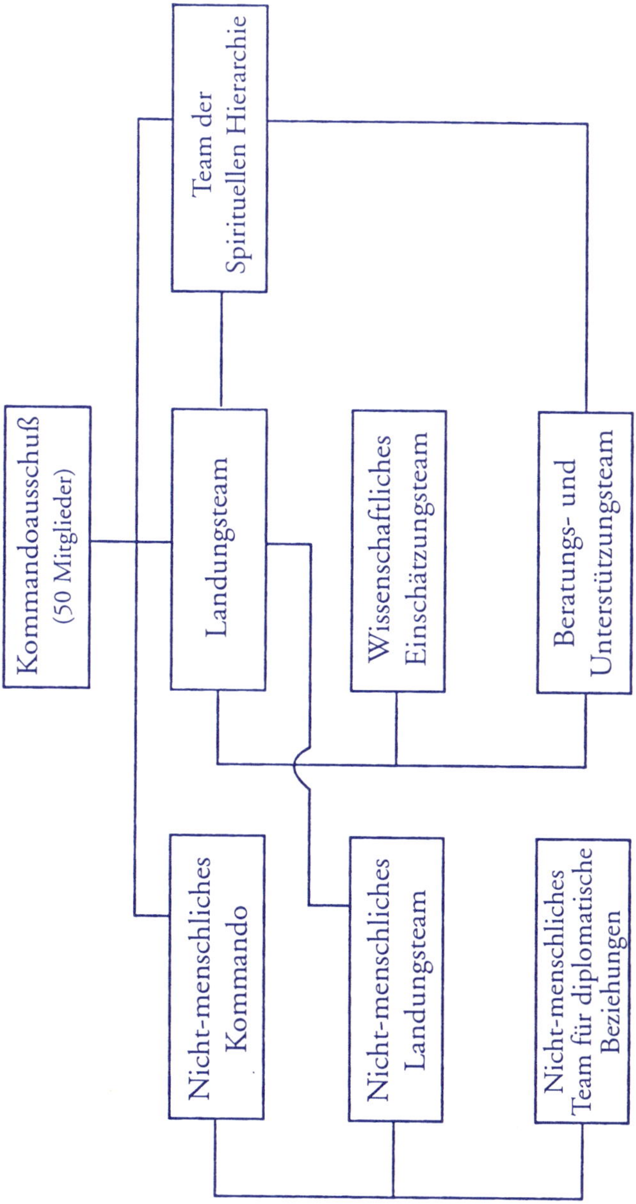

Abbildung 30: Übersicht über das erste Kontaktteam

Programme entwickelt worden, um die jetzige Oberfläche eures Planeten zu sanieren. Es sind jetzt Programme im Gange, mit deren Hilfe die Erde wieder ihren ursprünglichen Zustand erlangen wird. Sowohl Lady Gaya als auch die Hütergattung der Cetacäen sind jetzt fest entschlossen, daß dies geschehen soll, und ihr *Wille* wird geschehen.

Fünfter Teil: ***Verbindung zwischen der Galaktischen Föderation und der Erde***

Der fünfte und letzte Aspekt der Mission des ersten Kontaktteams besteht darin, Verbindungsgruppen zwischen den Konzilen der Galaktischen Föderation und der neuen galaktischen Zivilisation, die ihr bald werden sollt, herzustellen. Diese Mission befindet sich gerade in ihren Anfängen. Das Erste Kontaktteam hofft, daß anläßlich der Massenlandungen jene, die zu diesen speziellen Teams gehören, die notwendige Verbindung und Unterstützung erbringen können, um den Menschen zu helfen, die jetzt auf eurem Planeten leben.

Die Mission des ersten Kontaktteams besteht also insgesamt daraus, allen Menschen auf dem Planeten Erde zu helfen, das volle Bewußtsein zu erlangen. Das Ziel ist auch, denen, die volles Bewußtsein haben, zu ermöglichen, passende Regierungsstrukturen einzurichten. Diese Regierung wird eine Regierung des Lichtes und des Wachstums ohne hierarchische und autoritäre Ziele sein.

Nach unseren Landungen wird ein vorläufiges Regierungskonzil aus folgenden vier Gruppen gebildet werden: 1.Ausgewählte Mitglieder aus dem Konzil der Zentralen Sonne des Herrn Metatron; 2. zahlreiche Mitglieder des Regierungskonzils von Agartha; 3. ausgewählte Kulturtransfer- und Verbindungsberater vom Sirius als Repräsentanten der Galaktischen Föderation und 4. planetarische

Fürsprachegruppen. Diese verschiedenen Elemente werden das vorläufige Regierungskonzil bilden, dessen einziges Ziel es ist, die menschliche Bevölkerung der Erde auf seine neue Form der Regierung vorzubereiten. Das Konzil der Zentralen Sonne des Herrn Metatron wird das letzte Wort darüber haben, wann dieses Konzil nach den im göttlichen Plan vorgesehenen Zeitabläufen und nach der göttlichen Ordnung durch ein dauerndes Konzil ersetzt werden soll.

Im Augenblick ist die Galaktische Föderation dabei, die Einzelheiten des endgültigen Planes auszuarbeiten – das Wo und Wann der ersten Kontaktmission und die Entwicklung nach dem Kontakt. Die Mission der Galaktischen Föderation beruht auf Frieden und Liebe. Deshalb werden alle, die als Teil der Galaktischen Föderation zu euch kommen, als eure älteren galaktischen Brüder und Schwestern auf der Erde sein, die diese Rettungsmission in Liebe und Fürsorge durchführen wollen.

Alles, was das erste Kontaktteam der Galaktischen Föderation von dir, lieber Leser, verlangt, ist, die Tatsache zu akzeptieren, daß eine große Veränderung im menschlichen Bewußtsein bevorsteht. Ihr Erdenmenschen seid im Begriff, das erstaunliche Schicksal zu erleben, das euch in den Prophezeiungen eurer großen religiösen Werke vorausgesagt ist. Als vollbewußte Wesen werdet ihr Teil der großen Dreiheit der Hüter werden, die wir an anderer Stelle in diesem Buche beschrieben haben. Bitte werdet euch dieser Verantwortung bewußt und fangt jetzt an, ihre Grundsätze zu praktizieren.

Wir bitten schließlich auch darum, daß ihr die planetarischen Fürsprachegruppen bildet, die so wesentlich wichtig sind, damit unsere Programme zur Hilfe und Unterstützung sowohl eures eigenen Wandels und Aufstiegs als auch eures Planeten Erfolg haben. Dies ist eine große und spannende

Zeit der Veränderung für euren Planeten und alles Leben auf ihm. Es ist eine Zeit, die in Kürze voller Freude und spiritueller Erfüllung sein wird! Wir von der Galaktischen Föderation sind glücklich zu wissen, daß euer Planet und die anderen Mitglieder eures Sonnensystems an der Schwelle einer höchst wunderbaren Bestimmung stehen!

Sicherlich tauchen jetzt viele Fragen über die Botschaften in diesem Kapitel auf. Im nächsten Abschnitt stellt Virginia Washta Fragen über die „Galaktische Föderation".

Fragen und Antworten

Virginia: Zuerst möchte ich wissen, welche Rolle die Bürokratie im Entscheidungsprozeß der Galaktischen Föderation spielt, denn ich denke natürlich an uns Erdenmenschen und unsere letzten 10 000 Jahre all dieser negativen Geschichte. Ich frage mich, ob die Entscheidung der Galaktischen Föderation absichtlich oder zufällig war – oder gibt es da manchmal einfach Gleichgültigkeit oder Nachlässigkeiten, wie es für unsere bürokratischen Organisationen typisch ist?

Washta: Die Galaktische Föderation ist eine sehr große und höchst ehrgeizige Organisation hinsichtlich ihres Umfanges, ihrer Reichweite und ihrer Mission, Licht in diese ganze Galaxie zu bringen. Ihre Bürokratie ist in der Tat, wie es einer Mission dieses Umfanges entspricht, unglaublich riesig. Da die Vorgehensweisen jedoch größtenteils von den kleineren Konzilen, nämlich den Regionalkonzilen, festgelegt werden und nicht vom Hauptkonzil der Galaktischen Föderation – das in sich selbst eine riesige und unglaubliche Organisation ist –, müssen wir sagen, daß die Politik für die

Erde hauptsächlich durch Beschlüsse der Hauptmitglieder des Regionalkonzils festgesetzt wurde.

Leider haben die Kriege, die überall in diesem Abschnitt der Galaxie im Gange waren, die Politik der Galaktischen Föderation bestimmt. Wenn über diese Politik erst einmal entschieden ist und die jeweiligen Vorgehensweisen in Gang gesetzt wurden, ist es aufgrund bestimmter innerer Gegebenheiten zwischen verschiedenen Mitgliedern schwierig, sie zu verändern. Das ist einer der Hauptgründe, warum es die letzten paar Jahrzehnte gebraucht hat, bis die Sirianer die politische Linie der Regionalkonzile der Föderation ändern konnten, so daß die jetzigen Aktivitäten als offizielle Politik etabliert werden konnten.

Virginia: In gewissem Sinne müssen also die kleineren und weniger mächtigen Mitglieder, entweder einzelne Planeten oder Sternensysteme, durch das Verständnis irgendeiner Art lokalen Konzils geschützt werden?

Washta: Sie müssen von dem Lokalkonzil unterstützt werden. Das regionale Konzil ist jedoch für die verschiedenen Verteidigungskräfte über einen großen Sektor verantwortlich. Sie entscheiden darüber, wie die verschiedenen Kräfte eines Regierungskonzils oder Sternensystems über dieses einzelne Sternensystem hinaus verstreut werden. Das Problem mit eurem Sonnensystem ist, daß es in seiner Verteidigung größtenteils von diesen anderen Verteidigungskräften des Sektors abhängig war. Auf diese Weise konnte es von verschiedenen Gruppen wie zum Beispiel diesen Abtrünnigen infiltriert werden, die dann eine Verteidigungsgruppe einrichteten, die dazu benutzt werden konnte, euer Sonnensystem zu verteidigen. Das hat den Abtrünnigen Gelegenheit gegeben, sich in Machtstellungen zu bringen. Eure Bedingungen wurden des weiteren dadurch beeinflußt, daß die Plejadier, die Centaurier und einige andere Gruppen (die diese Außenposten erst in eurem Sternensystem etabliert haben), eine religiöse Vorstellung haben, die sie als Entwicklungskarma bezeichnen.

Dieses Konzept hat es den Gruppen ermöglicht, die Energiemuster aufrechtzuerhalten, die diese Rebellen oder abtrünnigen Außenposten in eurem Sonnensystem geschaffen hatten. Deshalb konnte diese Geschichte (die 10 000 Jahre, über die wir gesprochen haben) geschehen. Jetzt verändert sich das, weil wir endlich Ebenen erreicht haben, wo überall in diesem Abschnitt friedliche Veränderungen stattfinden. Dieser und andere Faktoren haben uns gestattet, wieder unsere Autorität über euer Sonnensystem auszuüben und die Veränderungen einzuleiten, die jetzt im Gange sind.

Virginia: Danke. Wir wüßten gern etwas über den sogenannten Aufstand Luzifers und welche Wirkung er vielleicht auf die Galaxie und natürlich auf unser eigenes Sonnensystem und die Erde gehabt hat.

Washta: Der Aufstand Luzifers ist ein Versuch der Leute, den Kampf zwischen den Kräften des Lichts und der Dunkelheit zu verstehen, der hier auf der galaktischen Ebene während der letzten Jahrmillionen stattgefunden hat. Diese große Rebellion der dunklen Kraft breitete sich seit dieser frühen Zeit vor etwa 35 – 40 Millionen Jahren über die ganze Galaxie aus und hat ihr viele große Schwierigkeiten bereitet. Wir sind jedoch glücklich, jetzt berichten zu können, daß sich diese Zeit großer Schwierigkeiten und Kriege in eine Zeit der Zusammenarbeit und des Lichts verwandelt. Deshalb befindet sich euer Sonnensystem jetzt in einer Übergangsphase aus dem gegenwärtigen Zustand der Dunkelheit und des begrenzten Bewußtseins in einen des Lichts und des vollen Bewußtseins.

Virginia: Kannst du uns sagen, wie viele Universen es gibt?

Washta: Wenn man Universen als Dimensionen betrachtet, dann sehen wir sie als unendlich an der Zahl. Wenn man sie als ein physisches und ein spirituelles Universum betrachtet, dann gibt es nur zwei. Es kommt auf die Definition an. Soll es ein spirituelles Konzept versus einem physischen sein oder eines, das mehr oder weniger den Dimensionen entspricht? Dualität besteht zu dieser Zeit in der ganzen Schöpfung.

Virginia: Weißt du etwas über die Desintegration dessen, was man die menschliche Seele nennt? Hat irgend jemand jemals etwas so Schlimmes getan, daß er völlig ausgelöscht wurde und nicht später Vergebung erlangte oder die Gelegenheit bekam, Vergebung zu erlangen?

Washta: Nur während der intergalaktischen Kriege gibt es etwas Derartiges. In diesen Kriegen werden Waffen benutzt, die den Lichtkörper eines Menschen in viele Dimensionen zersplittern können. Man muß ihn dann wieder neu zusammensetzen. Wir wissen jedoch nichts davon, daß eine Seele jemals gänzlich ausgelöscht wurde. Die Seele wieder ganz zusammenzubringen, dauert etwa 1000 bis 2000 Erdenjahre (wenn sie völlig in viele Dimensionen zersplittert wurde). Dann kann sie ihr karmisches Inkarnationsmuster wieder aufnehmen und sich zum Licht bewegen.

Virginia: Oh, danke. Könntest du etwas darüber sagen, ob es auf diesem Planeten seit Lemurien je irgendeine Nation oder Regierung gegeben hat, die auch nur annähernd die Lemurischen Ideale verwirklichte?

Washta: Es gibt, nicht an der Oberfläche eures Planeten, aber unter der Erde, seit dem Ende der Lemurischen Zeiten (vor 25 000 Jahren) das, was in euren Mythen das Reich von Agartha genannt wird. Es ist zu einem riesigen unterirdischen Netzwerk geworden, das alle großen Kontinente mit der Hauptstadt verbindet, die unterhalb des heutigen Tibet liegt. Diese Zivilisation ist in verschiedenen unterirdischen Enklaven um die ganze Erdkugel herum erhalten geblieben und ist sich mit den Spirituellen Hierarchien einig darin, die Menschen zu höherem Bewußtsein zu bringen. Sie werden sich wieder mit den Menschen der Oberfläche vereinen, wenn die Mission, eurem Planeten volles Bewußtsein zu bringen, erfüllt ist.

Virginia: Mit anderen Worten gibt es auf der physischen Erdoberfläche keine Regierung, die weiß, wie man das tut?

Washta: So ist es.

Virginia: Um noch einmal auf meine Frage über die Zahl der Universen zurückzukommen – wie viele davon haben jetzt einen Einfluß auf die Erde und die Menschheit?

Washta: Das Wichtigste, was die irdische Menschheit im Augenblick über Universen wissen muß, ist, daß sich eine Verschiebung anbahnt. Wenn wir diese Universen „Dimensionen" nennen, so geschieht eine Verschiebung von der dritten in die fünfte Dimension. Das hat eine sehr starke Auswirkung, und es hat sich auch auf alle anderen Dimensionen oder Universen bis hinauf zur siebenten ausgewirkt. Der Zuwachs an Bewußtsein auf eurem Planeten hat viele dimensionale Verschiebungen erfordert, die die Spirituelle Hierarchie vorgenommen hat. In dem Maße, wie sie jetzt den interdimensionalen Energieaustausch adjustieren, kann euer Planet darauf vorbereitet werden, in sein neues volles Bewußtsein einzutreten.

Virginia: Du willst also damit wirklich sagen, daß wir – anstatt mit dem Wort 'Universum' einen physischen Ort zu bezeichnen – ein Universum besser als eine Dimension der Wahrnehmung oder des Bewußtseins betrachten?

Washta: Das wäre besser, denn Dimensionen werden, wenn sie einmal die sogenannte vierte oder fünfte Dimension überschritten haben, voll spirituell. Sie existieren daher nicht in irgendeiner Vorstellung, wie dem physischen Rahmen der sogenannten dritten Dimension, den jeder auf eurem Planeten für den grundlegenden Aspekt seiner Realität hält.

Virginia: Wo bleiben da nun die Sirianer als Menschen mit vollem Bewußtsein?

Washta: Wir sind vollbewußte Wesen, die in dieser dritten Dimension leben, aber aufgrund dieses vollen Bewußtseins können wir auch mit den Kräften des Engelreiches in anderen Dimensionen kommunizieren. Wir sind so eine echte Hütergattung, denn die Spirituellen Hierarchien, die die Energien dieser Dimension kontrollieren, können ebenso mit uns sprechen wie die Schöpfungshierarchien der Herren der Zeit, und wir können auch mit ihnen zusammenwirken. Diese Kommunikation geschieht auf eurem Planeten nur bei wenigen Menschen, wohingegen es für unsere gesamte Zivilisation das Normale ist und ein Aspekt der Realität, den wir tatsächlich benutzen.

Virginia: Mit anderen Worten ist ein Sirianer also ein physisches Wesen der dritten Dimension mit einer Wahrnehmung der vierten und/oder fünften Dimension.

Washta: Wir haben interdimensionale Fähigkeiten, denn wir können unseren physischen Körper der dritten Dimension vollständig in einen Lichtkörper verwandeln, der uns gestattet, uns in anderen Aspekten der Realität umherzubewegen.

Virginia: Dann ist eure Gattung also nicht vollkommen physisch fest.

Washta: Erdenmenschen und Sirianer sind sich sehr ähnlich. Wenn du mich auf der Straße sehen würdest, könntest du ganz leicht mit mir zusammenstoßen oder mit mir reden wie mit jedem anderen Menschen auf deinem Planeten. Wir sind beide physische Wesen, aber die Sirianer können, weil sie ihre Physis vollkommen unter Kontrolle haben, ihren Körper in einen interdimensionalen Lichtkörper verwandeln oder seine Frequenz sogar so weit erhöhen, daß ein normaler Erdenmensch denken würde, er sei verschwunden.

Virginia: Könntest du etwas über die nichtmenschlichen Gattungen der sogenannten dunklen Energien sagen? Sind sie genauso, wie du gerade euch definiert hast?

Washta: Ja. Und da sie vollbewußte Lichtwesen sind, wenn auch anders ausgerichtet, besitzen sie ziemlich dieselben Fähigkeiten. Wenn das Bewußtsein und die Fähigkeiten nach innen auf das Ego ausgerichtet sind, können sie sehr viel Unheil stiften. Diese Schwierigkeit haben Erdenmenschen erlebt, die mit keiner ganz und gar liebenden Absicht „Magie“ praktiziert haben. Das ist die große Schwierigkeit. Deshalb gibt es einen großen Konflikt zwischen Licht und Dunkelheit in dieser Galaxie und dieser Schöpfung. Doch auch wenn Licht und Dunkelheit beide sehr starke Kräfte sind, ist das Licht dabei, die Dunkelheit in ihre eigene Unwandlung zu führen. Das ist der Kampf, der jetzt in dieser Galaxie im Gange ist.

Virginia: Wie kann ein normaler Erdenmensch, der anfängt, irgendeine Art von Kommunikation mit dem Licht zu suchen, sichergehen, daß es Lichtwesen sind, mit denen er in Kontakt tritt?

Washta: Haltet euch immer im Licht der großen Quelle, im Christuslicht des hohen Bewußtseins, das die Seelen aller Menschen umgibt. Wenn ihr in diesem Christuslicht und im Licht der Schöpferkraft bleibt, dann seid ihr vor der Dunkelheit beschützt und werdet nicht davon beeinflußt. Das Wesen des Christuslichtes ist Liebe und Mitgefühl. Wenn Menschen in diese weiße Lichtenergie getaucht sind und sie, indem sie ihr Bewußtsein erheben, als Quelle all ihres Tuns benutzen, werden sie erleben, daß diese Energie sie vor allen dunklen Schwingungen schützt.

Virginia: Wie würdest du dann Besessenheit definieren?

Washta: Besessenheit ist möglich, weil diese dunklen Kräfte in ein Bewußtsein eingelassen werden, weil nicht die erforderlichen Maßnahmen getroffen wurden, um die physischen und spirituellen Körper zu schützen. Die meisten Erdenmenschen verbinden sich nicht bewußt mit dem großen Christuslicht. Sie arbeiten nicht daran, sich ständig darin zu halten. Wenn sie üben, sich damit zu verbinden und in diesem Licht zu bleiben, hält das negative Situationen und Energien von ihnen fern. Deshalb sollten die Erdenmenschen immer das Christuslicht invozieren.

Virginia: Danke. Siehst du das als ein schwieriges Problem für die Menschheit, wenn wir durch diese Veränderungen gehen?

Washta: Es gibt potentielle Schwierigkeiten. Wenn ihr jedoch anfangt zu üben, das Bewußtsein in der rechten Weise zu erheben, indem ihr die Energien der Engel und das große Christuslicht hereinbringt, seid ihr in der Lage, euch mit eurer Quelle zu verbinden und in allem, was ihr tut, bei ihr zu bleiben. Solche einfachen, aber ernstgenommenen Übungen werden euch schützen und alle möglichen Schwierigkeiten auflösen.

Virginia: Diese Frage ist sicherlich schwer zu beantworten, aber wie lange wird es dauern – angesichts dessen, daß jetzt sogar nichtmenschliche Gruppen sich der Galaktischen Föderation anschließen – bis die Kriege und die Gewalt in unserer Galaxie zum Ende kommen?

Washta: Wir glauben, daß etwa in den nächsten höchstens hundert Jahren nach dem irdischen Kalender die Kriege und die Gewalt zu Ende gehen werden. Wir glauben, daß wir nicht nur in ein Jahrtausend großer Veränderungen in eurem Sonnensystem hineingehen, sondern wir erreichen auch einen großen Aufstieg des Lichts in dieser Galaxie, nachdem wir über Äonen hinweg die Dunkelheit bekämpft haben. Es geschieht aufgrund einer phänomenalen und unglaublichen Bewußtseinsveränderung der dunklen Energien zum Licht hin. Gegenwärtig hat sich mehr als die Hälfte der Galaxie ins Licht begeben, wohingegen es zu Beginn der 80er Jahre noch weniger als ein Viertel der galaktischen Bevölkerung war. Wenn diese Veränderungen in diesem Tempo weitergehen, schätzen wir, daß bis zum Ende des nächsten Jahrhunderts die gesamte Galaxie aufsteigen kann. Diese positive Wandlung wird auch aus vielen anderen Galaxien berichtet, mit denen wir jetzt in Kommunikation sind. Ihre Beobachtungen stimmen mit den unseren überein, sogar bis zu den zeitlichen Einschätzungen. Wir sind daher umso zuversichtlicher für unsere nahende galaktische Erleuchtung.

Virginia: Mit wie vielen Galaxien steht die Galaktische Föderation derzeit in Verbindung?

Washta: Wir haben Beziehungen zu etwa 50 Galaxien, und zwei davon sind bereits Mitglieder geworden. Es ist unsere tiefe Hoffnung, daß wir in den nächsten paar Jahrzehnten so viele neue intergalaktische Verbindungen knüpfen können, wie wir sie jetzt mit unserer eigenen galaktischen Familie herstellen. Für uns ist dies ein großes Omen dafür, daß eine verblüffende Veränderung in unserer Galaxie geschieht und daß die Zeit des großen Mythos' des Lichts (die göttliche Prophezeiung) – der Grundglaube in allem, wofür die Galaktische Föderation arbeitet – dabei ist, sich zu erfüllen.

Virginia: Das klingt sehr spannend!

Washta: Das ist es für uns auch. Wir staunen ständig über die gewaltigen Energien, die sowohl die Spirituelle Hierarchie als auch die Herren der Zeit eingesetzt haben, um die Energien dieser Galaxie zum Licht hin zu wenden. Es fühlt sich fast so an, als ob wir nach unserem langen Kampf und der langen Kletterei den Berg hinauf jetzt plötzlich mit dem Aufzug direkt auf den Gipfel gefahren würden.

Virginia: Vielleicht haben wir noch Zeit zu fragen, ob eines der Mitglieder eures Konzils irgendwelche interessanten persönlichen Reiseerlebnisse auf den Missionen der Galaktischen Föderation erlebt hat?

Washta: Auf eurem Planeten hatten wir viele solcher Erlebnisse, denn viele von uns sind auf der Erde gewesen, um sie zu beobachten.

Virginia: Verzeihung. Ich dachte eher an Erlebnisse anderswo als mit uns hier.

Washta: Ja, wir haben zwei Planetensysteme im Pegasus besucht, die kein Beispielsonnensystem sind wie ihr, sondern sehr primitiv. Es gab auch interessante Situationen in drei Planetensystemen im Eradanus, wo unsere Raumschiffe von unabhängigen Elementen der dinoid-reptoiden Allianz angegriffen wurden. Die Eingeborenen glaubten, wir seien Götter und behandelten uns mit enormer Ehrfurcht, weil sie unsere Fähigkeiten der Energieumwandlung für sehr wunderbar hielten.

Wir haben während unserer Reisen auch unsere Muster zum Heilen von Krankheiten mit den Wesen geteilt, die wir besuchten, oder Wesen in Not Nahrung und Unterstützung gebracht. Auf eurem Planeten fanden wir die Wesen jedoch außerordentlich rebellisch und sehr auf ihrer eigenen Vorstellung von freiem Willen beharrend. Wir haben sie daher sehr vorsichtig beobachtet, und es gab viele große Schwierigkeiten in der Interaktion mit manchen Menschen auf eurem Planeten. Wir betrachten das jedoch als Teil der Mission, Licht auf euren Planeten zu bringen. Als Beispielplanet wird er volles Bewußtsein in den Gebrauch des freien Willens bringen und alle Vorstellungen und Verhaltensweisen beenden, die nicht auf göttlichen Prinzipien beruhen.

Virginia: Angenommen, wir sind rebellisch – könnt ihr euch vorstellen, daß die Leute, wenn sie einmal die Erfahrung mit dem Photonenring gemacht haben, zu vollem Bewußtsein aufsteigen und ihre Dickköpfigkeit aufgeben werden?

Washta: Sie werden weiter in gewissem Maße widerspenstig sein, wenn die Energieveränderungen eingetreten sind, denn vielen menschlichen Kindern werden falsche Vorstellungen beigebracht, und sie haben sich an das rückständige Konzept der Zivilisation angepaßt, das die Erde im Augenblick hat. Uns ist jedoch gesagt worden und wir haben es bei unseren Prüfungen von Menschen auf dem Planeten gesehen, daß unter dieser Schale von Widerspenstigkeit ein großes Engelslicht sitzt. Wenn dem menschlichen physischen Körper erst einmal das volle Bewußtsein wiedergegeben ist, wird sich dieses Licht leichter mit dem Körper verbinden und Auswirkungen haben, die nach unserer Vorhersage zur Bildung einer neuen galaktischen Zivilisation führen werden.

Die Erdenmenschen werden ein neues Konzept davon haben, in einer vollbewußten Zivilisation mit freiem Willen auf einer Ebene der dritten Dimension zu arbeiten. Die Menschen der Erde sind dazu bestimmt, die große Meisterung der dritten Dimension zu schaffen, der sich viele von uns angenähert haben, die jedoch euer Sonnensystem und euer Planet schließlich schaffen wird. Deshalb ist die Erde dazu bestimmt, wieder ein großer und herrlicher Beispielplanet zu sein und so die uralte göttliche Prophezeiung zu erfüllen.

Virginia: Willst du damit sagen, daß sich viele menschliche Seelen auf der Erde wirklich auf tieferer Ebene zum Licht gewandt haben?

Washta: Das ist richtig. Eine volle Skala der Dunkelheit ist eurem Planeten gegeben worden und eine ebenso volle des Lichts. Jetzt wird euer Planet jedoch beide kombinieren und damit seine eigene einzigartige Zivilisation hervorbringen – eine die als Beispiel dienen wird. Wir wissen daher, daß es, selbst wenn ihr gegenwärtig wie Kinder seid, die noch kaum in die erste Klasse gehen, nicht lange dauern wird, bis ihr die Professoren seid, die viele Zivilisationen dieser Galaxie große Lektionen lehren werden, die auch alle anderen lernen müssen.

Virginia: Danke. Kannst du erklären, wie diese rebellischen Erdenmenschen diesen ersten Kontakt von eurer Seite als etwas anderes betrachten können als eine Einmischung in die inneren Angelegenheiten der Erde?

Washta: Ja, und zwar deshalb, weil die Spirituelle Hierarchie sozusagen die Kontrakte mit den Seelen geschlossen hat, auch darüber, wie es geschehen wird. Die Spirituelle Hierarchie hat die Struktur dessen, was jetzt geschieht, hervorragend geplant und ausgearbeitet. Die Vereinbarungen, die sie mit allen menschlichen Seelen auf eurem Planeten getroffen hat, ermöglichen die großen Veränderungen, die jetzt geschehen werden.

Bevor sich alle menschlichen Seelen auf eurem Planeten inkarnieren durften, wurde ihnen gesagt, daß sie auf der Grundlage des göttlichen Planes und der göttlichen rechten Ordnung den beiden folgenden Prinzipien formell zustimmen müßten: Erstens stimmten sie zu, der Spirituellen Hierarchie die Entscheidung zu überlassen, wann eine göttliche Intervention (zur Wiederherstellung des vollen Bewußtseins) erforderlich sein und wie sie geschehen würde. Zweitens stimmten sie zu, (nach der göttlichen Intervention) als echte Hüter der Erde zu wirken, wenn es die Spirituelle Hierarchie so beschlösse. Deshalb werden sie (die Spirituelle Hierarchie) mit uns (der Galaktischen Föderation) kommen, um diese große Landung über die Bühne zu bringen und allen Menschen das volle Bewußtsein zurückzugeben. Im Augenblick mag es zwar viele Meinungen für und gegen unseren ersten Kontakt geben, aber wir wissen, daß die Reaktion mit der Zeit positiv sein wird, wenn wir euch dabei helfen und leiten, als erleuchtete Wesen in einer galaktischen menschlichen Zivilisation zu leben.

Virginias Nachwort

Nachdem Sie nun die Informationen, die behaupten, von galaktischen Menschen in der Sternenkonstellation des Sirius zu stammen, auf sich haben wirken lassen, sollten Sie die ersten fünf Punkte, die ich Ihnen in meiner Einleitung zu diesem Buch zu bedenken gab, noch einmal nachlesen. Bitte blättern Sie zurück auf Seite 21 und sehen Sie nach, wie Ihnen meine Punkte helfen können, herauszufinden, ob diese Informationen für Sie Gültigkeit haben oder nicht.

Obwohl ich nicht alle diese Quellen der Kraft mit derselben Aufmerksamkeit benutze, bin ich immer bestrebt, eine persönliche Meditation täglich und mindestens eine Gruppenmeditation in der Woche als Lebensgrundlage zu haben. Ich tue das als Geschenk an mich selbst, denn ich finde es heilend und unterstützend und möchte nicht darauf verzichten.

Aus den vielen positiven Ergebnissen, die die Leute aus ihren inneren Betrachtungen und Meditationen beziehen, habe ich den Schluß gezogen, daß diese Art von Praxis so etwas wie der göttliche Paß ist, der uns allen gemeinsam für unsere galaktische Heimreise gegeben ist.

Ich versuche jedoch auch, andere Arten von Informationen, zum Beispiel über die Wale und Delphine, die Eingeborenenvölker, wissenschaftliche Entdeckungen und spirituelle und intuitive Funde aufzunehmen. Ich glaube, daß wir, wenn wir den Wert all dieser Gruppen und Erkenntnisse achten, endlich entdecken werden, wie sie in dem großen Mosaik der lange verborgenen Wahrheit zusammenhängen –

und so unsere eigene Seelenkenntnis und kosmische Weisheit vertiefen.

Als meine innere Führung mich aufforderte, bei der Vorbereitung dieses Buches mitzuwirken, tat ich es in dem Verständnis, daß ich die Gegenproben, die wir alle zur Einschätzung der Informationen, die uns jetzt erreichen, machen müssen, präsentieren kann. Mit anderen Worten werden wir der Wahrheit über potentielle Ereignisse näher sein, wenn wir ein Prüfungsverfahren anwenden, mit dessen Hilfe wir Gemeinsamkeiten und Strömungen aus einer Vielfalt vertrauenswürdiger Quellen beobachten können. Unsere persönlichen Meditationen und wöchentlichen Gruppenerfahrungen werden also von

- unserer spirituellen Zugehörigkeit und positiven religiösen Lehren,
- Bestätigungen von den Cetacäen,
- Berichte von Eingeborenenvölkern,
- vertrauenswürdigen wissenschaftlichen Entdeckungen,
- dem Studium von Mythos und Folklore
- und Quellen neuer Informationen, die wir gechannelt oder inspiriert nennen, unterstützt werden.

(Ja, ich wiederhole diese Liste von Seite 21, um ihre Wichtigkeit zu unterstreichen und Sie Ihnen noch einmal ins Bewußtsein zu rufen!)

Wenn wir uns in einem Zustand der Liebe und positiven Erwartung halten, schärfen wir unsere eigene Intuition und unser höheres Bewußtsein, bis uns die unzähligen Botschaften und Gefühle nicht mehr täuschen und verwirren, die buchstäblich Millionen von Leuten, die – vielleicht zum ersten Male – Betrachtungen, Visionen, Träume und Botschaften empfangen, die ihnen nie zuvor zur Verfügung standen, vor uns ausbreiten. Da wir uns in die Realität der vierten

Dimension hineinbewegen, erweitern sich unsere Zustände übersinnlicher, wenn auch nicht unbedingt spiritueller Wahrnehmung – manchmal mit verwirrenden Resultaten.

Während Sie dies Buch lesen, stimulieren die Schwingungsfrequenzen der Liebe unser Gehirn und unseren Körper im tiefsten Kern unseres Wesens und bewirken eine Bewußtseinsveränderung, die das Loslassen negativer Überzeugungen erfordert. Diese Liebe muß jedoch durch die Vorstellungen der Persönlichkeit durchsickern, und alles, was nicht liebevoll ist, muß befreit werden. Das ist eine einfache Aussage, aber ihre Wirkung auf unser Leben ist wahrlich ehrfurchtgebietend.

Wir können nicht einfach alles glauben, was irgend jemand über die zukünftigen Ereignisse auf der Erde sagt, selbst wenn als Quelle Jesus, Mutter Maria, Moses, Buddha, Krishna oder Ram, Mohammed, die Erzengel (und andere Engel) oder die vielen aufgestiegenen Meister genannt werden. Ich habe sogar sicherlich ernstgemeinte Aussagen gelesen, deren Autor sich Gott nennt. Neben religiösen und spirituellen Figuren können die Leute auch Botschaften von galaktischen Menschen, sogar nicht-menschlichen Gattungen wie den Delphinen und zum Beispiel auch von verstorbenen Mitgliedern unserer eigenen menschlichen Familie und Freunden empfangen.

Da die astralen Ebenen der vierten Dimension ihrem Wesen nach nicht rein mystisch und spirituell sind und die meisten Leute Schwierigkeiten damit haben, Informationen aus der fünften Dimension und höher zu empfangen, wird vielleicht noch länger einige Verwirrung und möglicherweise keine Übereinstimmung in dem, was empfangen wird, herrschen. Deshalb müssen wir in unseren eigenen Meditationen und hinsichtlich der Informationen von anderen Leuten sehr sensibel auf die Energieschwingung oder Frequenz der Information achten und nicht nur auf die Worte. Diese Unzahl verschiedenster Botschaften wird sich in dem Maße, wie die höheren Lichtenergien unsere zelluläre Identität (DNS) öffnen und das Potential skalarer Wellen im menschlichen Gehirn und Körpersystem anregen, in immer größerem Maße über die Menschheit ergießen.

Die verschiedenen Übermittler dieser ständig zunehmenden Botschaften, die uns sowohl Führung als auch eine Vielfalt verschiedener Daten für mögliche Ereignisse liefern können, müssen auf ihr Gleichgewicht und ihre Reinheit hin eingeschätzt werden. Buchstäblich alles, was aus irgendeiner Quelle empfangen wird, muß meiner Meinung nach erst einmal im Bereich des Möglichen belassen werden, während wir es anhand anderer Durchgaben überprüfen. (Ich bin nicht persönlich gekränkt, wenn Leute überprüfen, was ich schreibe, weil ich denke, daß jeder seiner eigenen inneren Führung folgt und tut, was das Beste für ihn ist, und auch weil ich selber ständig wachse und von anderen lerne. Niemand von uns ist so vollkommen, daß wir nicht voneinander lernen können.)

Ich finde, daß keine Quelle und kein Lehrer in dieser Zeit des Gruppenbewußtseins völlig allein arbeitet – eher trägt jeder einen einzigartigen Teil seiner Gaben zu dieser sehr, sehr einfachen und doch auch recht komplexen menschlichen Erfahrung bei. Diejenigen von uns, die ihre Intuition am reinsten widergeben können, übermitteln uns ohne Zweifel eine Energiequalität, die uns auf der absolut höchsten Ebene emotionaler Stabilität und angeborener innerer Weisheit durch die verschiedenen Herausforderungen führen kann. Da alles Energie ist, müssen wir selbst ihre höchste Schwingungsfrequenz suchen, um ganz die liebevolle Unterstützung erfahren zu können, die das Göttliche uns verheißen hat und die uns jetzt zuteil wird. Ich glaube, es bedarf unserer andächtigen Achtsamkeit, um das Ziel und die Richtung dieser Energie in unserem persönlichen Leben, unseren

Gruppenbeziehungen und globalen Verantwortungen zu erreichen, ganz zu schweigen von galaktischen Unternehmungen. Jetzt, während dieses Aufstiegs mit seinen unglaublichen Veränderungen, Potentialen und Ebenen des Bewußtseins brauchen wir einander mehr denn je zuvor.

Ja, es findet ein gemeinsamer Aufstieg statt, dessen bin ich mir sicher, deshalb müssen wir danach streben, die Macht unseres geheilten Wesens zu benutzen und uns mit Gruppen zu verbinden, die nur nach dem höchsten Wohle aller streben. Unsere vereinte Liebe und Bereitschaft, dem höchsten Wohle zu dienen, wird uns leiten und schützen, während wir uns spiralförmig durch die Informationsschranken der Dimensionen und interdimensionalen Öffnungen der Wahrheit bewegen.

Es wird ein neues Vokabular nötig sein, und das, was wir tatsächlich erleben, ist vielleicht viel größer, als was unsere begrenzte Sprache mit Begriffen wie Tor, Sternentor, Portal oder Frequenzband bezeichnen kann. Ist es eine Einweihung und Einstimmung, die uns in dem Maße zuteil wird, wie wir durch diese hereinkommenden Energien von den negativen Schwingungsresonnanzen und disharmonischen Ausdrucksweisen der Liebe gereinigt und geläutert werden, die wir am Straßenrand unserer Existenz aufgesammelt haben? Nur die Zeit kann uns das enthüllen, aber die Liebe ist es, die uns leiten wird, mehr, als wir uns das in diesem Stadium unserer Wahrnehmung überhaupt vorstellen können.

Als ein empfindendes Wesen, das nach innerem Frieden und seiner Anwendung in der Welt strebt, bitte ich Sie heute, sich mir anzuschließen, und diese fünf verläßlichen Gegenproben als beste Freunde und Begleiter auf der Weiterreise nach innen zu benutzen. Ich bitte Sie darum, weil wir irgendwie unser Gleichgewicht halten müssen, wenn unser geliebter Planet und wir Menschen über Tausende von Jahren hinweg das Schlachtfeld der verschiedenen außerirdischen Kräfte und ihrer Kolonialisierungspraktiken gewesen sind. Wie sollen wir uns des Gefühles erwehren, daß wir einfach Bauern in einem galaktischen Schachspiel sind?

Wie sollen wir uns darüber klar werden, welche galaktischen Wesen in diesem langen Kampf der dunklen gegen die lichten Kräfte die guten und welche die bösen sind? Und wo fügen wir uns in das schließliche Ergebnis dieses kosmischen Kampfes um Frieden und den Erhalt des Lebens ein? Wir müssen gewissermaßen ganz sicher gehen, wer unsere Mentoren und Beschützer sind, damit wir wissen, auf welcher Seite wir stehen. Namen wie Sirius, die Plejaden, Arcturus, Zeta Reticuli, Bellatrix, Orion, Pegasus, Cetus, Lyra, Vega und Sagittarius erwecken viele Fragen auf unserer Suche nach Verstehen.

Ich persönlich möchte offen bleiben, aber nicht leichtgläubig sein. Und das Allerwichtigste ist mir, durch alle spirituellen Wiederkünfte und/oder physischen Landungen von Außerirdischen hindurch, die wir vielleicht in Zukunft erleben werden, ständig eine tiefe spirituelle Überzeugung zu behalten. Als ich vor einigen Jahren erfuhr, daß wir Menschen Tausende von Jahren lang betrogen, übertölpelt und genetisch manipuliert worden sind, verursachten mir meine Zweifel, meine Angst, meine Wut und mein Urteilen großen emotionalen Schmerz und sogar Depressionen über das, was ich da hörte. Vielleicht erleben wir jetzt, aufgrund dieser möglichen bevorstehenden Erfahrung, andere Menschen aus dem All zu treffen, eine kosmische dunkle Nacht der Seele – eine Art kollektiver dunkler Nacht? Etwas, dem wir uns in unserer Zeit noch niemals wirklich stellen mußten. Unsere Lebensweise auf der Erde ist gewiß nicht ideal, und Gott weiß, wieviel ich darum gebetet habe, sie verbessern zu helfen. Aber bin ich bereit für eine komplette Energieverlagerung ins galaktische Sein? Ist die Menschheit bereit dazu? Ob wir nun wissen, daß dieser erste Kontakt uns bald bevorsteht oder nicht – meine Persönlichkeit muß damit fertig werden, alles, was mir vertraut ist, loszulassen, selbst wenn dadurch ein Traum der Seele Wirklichkeit wird. Selbst wenn ich jetzt viel mehr in Frieden mit einer möglichen Rückkehr unserer kosmischen Familie und den potentiellen Landungen Außerirdischer bin als zuvor, so muß ich doch zugeben, daß es nicht leicht war. Das letzte Wort ist dennoch, daß ich ein positiver Partner in diesem kosmischen Drama sein möchte, in dem wir von der Erde Sieger sein können, was auch immer von uns verlangt wird – also gebe ich nicht auf, und ich hoffe, daß Sie sich motiviert fühlen werden, sich mir und vielen anderen anzuschließen, um gemeinsam dieses Schicksal zu erfüllen!

Die Psychologie hat uns schon geholfen, mit vielen tiefgehenden Erlebnissen fertigzuwerden, und ist jetzt vielleicht dazu aufgerufen, uns in einem großen evolutionären Schritt des menschlichen Bewußtseins zu unterstützen – des körperlichen Erlebnisses, spirituelle und körperliche Wesen hier auf der Erde ankommen zu sehen. Vielleicht ist es so, wie Carl Jung in seinem Buch, *Das unentdeckte Selbst,* schrieb: „Wir Menschen werden nicht wissen, wer wir sind, bis wir mit anderen quasi menschlichen Säugetieren von einem anderen Stern in Kontakt kommen."

Das Buch, das Sie soeben gelesen haben, wagt natürlich zu behaupten, daß wir im Begriff stehen, genau das zu erleben! Und möglicherweise wird es so sein, daß unser Treffen mit jenen quasi-menschlichen Säugetieren von einem anderen Stern sich im Gegenteil als eines herausstellt, in dem wir die quasi-menschlichen Säugetiere sind, die ihrem ursprünglichen galaktischen Menschenmodell begegnen, unseren großen Vorfahren – den Lyrern und Sirianern. Vielleicht werden wir als genetische Mutanten, die wir gegenwärtig sind, die Sirianer für Götter halten, wie unsere Vorfahren es taten, als die abtrünnigen Plejadier vor langer Zeit hier eintrafen.

Werden wir uns vor ihnen verneigen und sie für Gott halten und die wahre Bedeutung ihrer physischen Landung nicht begreifen? Oder werden dieses Mal der Erzengel Michael, Jesus und viele aufgestiegene Meister aller Religionen zuerst kommen, um uns zu versichern, daß dieser physische Kontakt ihren Segen hat?

Es würde sicherlich zu den inspirierten Informationen passen, die ich während der letzten neun Jahre empfangen habe, und würde erklären, warum ich und viele andere sich bis jetzt nicht viel um Außerirdische gekümmert haben. Zumindest ist es eine mögliche Erklärung dafür, warum manche Leute nicht gern daran denken, daß galaktische Lebensformen in großer Zahl hier auftauchen könnten. Die Wärme und Zärtlichkeit, die wir für ET empfinden, der sich weit von seiner kosmischen Heimat hierher verirrt hat, wird sicherlich nicht dieselbe bleiben, wenn ein ganzer Himmel voll ETs daherkommt, um die globale Gesellschaft zu verbessern, die hier auf der Erde im Augenblick an der Macht ist. Das ist etwas ganz anderes, nicht wahr? Und vielleicht ist das auch richtig, nachdem niemand genau weiß, ob dieser rührende ET-Film nicht vielleicht Propaganda von den Zeta Reticulis war – damit wir bereitwillig ihre Entführungen und genetischen Experimente mit uns (und unserem Vieh) über uns ergehen lassen – oder eine allgemeinere Botschaft von unserer galaktischen menschlichen Familie, die uns auf weitere Ereignisse vorbereiten will. Es besteht auch die Möglichkeit, daß es sich nur um eine tiefe unbewußte Sehnsucht unserer Seele und dem Kern unserer eigenen genetischen Indentität handelt.

Vielleicht war Verdrängen ganz nützlich, bis wir erkennen konnten, daß die Gefahren, die die Zetas (die kleinen grauen Wesen) für uns darstellen, ausgeschaltet sind und wir jetzt die nährende Sicherheit unserer eigenen galaktischen Menschenfamilie empfangen können. Denn es scheint, daß es in dieser Galaxie einen Rhythmus und Kreislauf gibt, den wir schon lange vergessen haben – der jedoch endlich beschlossen hat, uns zu helfen, genau wie es die Serie 'Star Trek' so lebhaft geschildert hat, als ihr Kapitän und ihre Mannschaft von Zeit zu Zeit primitive Gesellschaften besuchten.

Ich bin einigen fundierten Programmen des Raumzeitalters wirklich zutiefst dankbar für die vielen neuen Ideen, die sie uns über das Weltall, die Menschen und die Zukunft bringen, und begierig erwarte ich den Bericht irgendeiner kreativen Person, in dem wir keinem fiesen und niederträchtig fortschrittlichen Wesen wie „Q" begegnen, sondern einer ganzen Zivilisation moralisch fortgeschrittener Wesen, die die Erde besuchen. Dann könnte die Mannschaft von Raumschiff Enterprise zur Erde herunterkommen und an dieser neuen Weisheit teilhaben, die sie dann hinaus zu anderen Zivilisationen bringen könnte. (Ist irgendein guter Drehbuchautor bereit für diesen Stoff?)

Ich will damit nicht sagen, daß wir Menschen in dem Maße, wie wir lernen, unsere großen intuitiven Fähigkeiten zu benutzen, nicht auch, wie Captain Picard, unseren intellektuellen Scharfsinn der linken Gehirnhälfte einsetzen sollen. Wenn wir diesen jedoch nicht mehr und mehr mit unserer Intuition ausbalancieren, bleiben wir nur da stehen, wo sich die Mehrzahl der Intellektuellen befindet, die Beweise für jede angebotene Hypothese verlangt und der bei jeder Hypothese übel wird, die ihr zu „weit hergeholt" erscheint. Da es absolut keinen Beweis dafür gibt, daß die Sirianer und eine riesige Gruppe nicht-menschlicher Wesen zu irgendeinem baldigen Zeitpunkt vom Mars auf der Erde landen werden, ist es für mein kritisches, denkendes Ich sehr heikel, daß ich überhaupt darüber spreche. Und es würde ganz gewiß lieber ein paar Beweise haben, bevor ich losziehe und das Ansehen, das ich vielleicht haben könnte, auf's Spiel setze. Warum? Es möchte sicher und akzeptiert sein und recht haben. Es empfindet das, womit sich meine Vorstellungskraft und Intuition der rechten Gehirnhälfte beschäftigt, zweifellos als sehr bedrohlich.

Ich lächle immer, wenn ich daran denke, wie die ganze Welt der Wissenschaftler über Kolumbus lachte, als er lossegeln und nach einer neuen Welt suchen wollte. Die gleiche Reaktion erhielten die Gebrüder Wright auf ihren Traum von einer Flugmaschine. In der sich verändernden Realität der neugeborenen Intuition und des neuen Bewußtseins lassen sich diese sogenannten wissenschaftlichen Definitionen vielleicht schwer fassen oder erklären.

Nichtsdestoweniger nehme ich an, daß die meisten von uns gern einen Beweis dafür hätten, daß ein göttlicher Plan unterwegs ist, der uns irgendwie nützt. Einen Beweis, der durch ein überprüfbares und wiederholbares Verfahren geliefert werden kann, und den niemand, den ich kenne, zum jetzigen Zeitpunkt liefern kann. Die üblichen Prozesse kritischen Denkens, in denen Beobachtung versus Interpretation benutzt und ein eindeutiger Beweis erzielt wird, bleiben also unbefriedigt. Und doch – ist es nicht unsere Wahrnehmung von uns selbst und unsere Intuition, die uns immer weitergebracht hat, trotz aller Fragen, die unser kritisches Denken unbeantwortet läßt? Denn unser Herz und unsere Seele sind es, die träumen und glauben.

Ich beeile mich hinzuzufügen, daß ich, besonders in der Physik, stichhaltige wissenschaftliche Beweise sehe, die allmählich den Glauben meines Herzens an galaktisches Leben unterstützen; wir schmieden also ganz allmählich eine neue Ära der Möglichkeiten. Unsere eigenen Streifzüge ins All haben sicherlich bereits den Weg für gewisse Beweise geebnet, und bald wird zweifellos noch mehr zutagetreten.

Was mir im Augenblick am meisten Sorgen macht, sind jedoch unsere intellektuellen Streifzüge in die Manipulation der genetischen Codes des Lebens, auch wenn dieses Thema in den letzten Kapiteln nicht angesprochen wurde. Ich beziehe mich hier auf das Thema der Genmanipulation als einem Beispiel, wo der Intellekt sich ohne seelenvolle Reflexion anmaßt, einen menschlichen Embryo zu klonen und gottgleich einschätzen und darüber entscheiden zu können glaubt, wie und warum das menschliche Gen verändert werden sollte.

Es ist erst vierzig Jahre her, daß die irdischen Wissenschaftler den geheimnisvollen DNS-Code des Lebens entdeckten, und doch sind sie bereits in der Lage, einiges von seinem Inhalt zu manipulieren. Nachdem seit 15 Jahren das *Human Genomene Project* der U.S.Regierung läuft, das viele Milliarden Dollar kostet, finde ich, wir Bürger sollten unser Recht in Anspruch nehmen, uns an der moralischen und ethischen Diskussion über diese Themen zu beteiligen. Wollen wir zulassen, daß jetzt genetische Experimente der Art, wie sie im alten Atlantis praktiziert wurden, wiederholt werden? Oder drängt dieses Wissen um den DNS-Code des Lebens uns, unsere Wissenschaftler und Regierungs-funktionäre nicht eher dazu, zu betrachten, wo dieses Leben eigentlich herkommt, und zu überlegen, wie wir das Geschenk des Lebens, das uns der Schöpfer gemacht hat, auf rein konstruktive Weise ehren können?

Mir kommt es so vor, als ob wir, in dem Maße, wie wir die genetische Lebensessenz der DNS erforschen, ganz gewiß lernen werden, wie die physischen Aspekte eines solchen Prozesses unverbrüchlich mit der Macht und Quelle verbunden sind, die der Ursprung unserer eigenen Schöpfung ist. Sind wir endlich im Begriff, durch den Genetischen Code eine Verbindung zwischen spiritueller Absicht und dem physischen Ausdruck dieser Vision und dieses Willens des Schöpfers zu finden?

Zumindest werden wir uns jetzt der Frage stellen müssen, wer oder was das physische Leben erschaffen hat, und lernen, wie das auf der Erde vor sich ging. Haben weisere galaktische Menschen hier einfach Kolonien gebildet und ließen ihre

Gattung hier zurück? Haben Wesen aus dem All sich mit Säugetieren, die schon hier auf der Erde waren, gepaart und auf diese Weise eine neue Gattung erschaffen? Oder benutzten sie künstliche Befruchtungspraktiken in experimentellen Laboratorien, um die DNS hervorzubringen oder zu ändern, genau wie unsere Wissenschaftler es heute tun könnten? Was ist unsere eigene Meinung zu diesem bedrohlichen Thema?

In der Forschung nach den Fragen, wer wir sind und woher der Geist unserer Zellen, Gene, Chromosomen usw. hergekommen ist, können wir nicht umhin, irgendeinem Schöpfer mit seinem größeren Wissen zu begegnen. Ich persönlich glaube, daß dieser Schöpfer in seinen galaktischen Schöpfungen mehr als nur die menschliche Rasse geschaffen hat, wenn wir auch sicherlich Teil eines Kontinuums des genetischen Ausdrucks bilden. Unsere sirische Familie kann uns also vielleicht helfen, viele Dinge über das Leben, Gott und den Kosmos zu verstehen – wofür wir zutiefst dankbar sind –, aber wir wollen nicht vergessen, daß uns alle „irgendwo da draußen" vielleicht ein noch viel größeres Schicksal erwartet...

Ich möchte nun noch einmal die wichtigsten Punkte zusammenfassen, die Washta und seine sirischen Kollegen uns als die drei wichtigsten Dinge mitgeteilt haben, die wir uns aus ihren Ausführungen merken sollten.

„Zuerst möchten wir allen Erdenmenschen zu verstehen geben, daß bald eine unglaubliche Veränderung in ihrem Bewußtsein stattfinden wird. Sie wird nicht nur durch die große Veränderung kommen, die der Photonenring hervorruft, sondern auch durch die Massenlandungen, die in den nächsten Jahren, zwischen 1995 und 1996 geschehen werden. Diese Realitätsveränderung wird die Menschen wieder zu ihrem vollen Bewußtsein zurückbringen.

Als zweites möchten wir unterstreichen, daß diese Bewußtseinsveränderung als Teil eines großen göttlichen Planes geschieht, der hauptsächlich von den spirituellen und

Engelhierarchien dieses Planeten und auch dieser lokalen Galaxie gegeben wurde. *Wir alle kommen in einer Rettungsmission zu euch. Es ist keine Invasion!* Unser Kommen soll die Erdenmenschen in vollen Einklang mit ihren galaktischen Brüdern und Schwestern bringen und die Familien wieder zusammenführen, die sie vor langer Zeit in anderen Sternensystemen zurückgelassen haben. Wir kommen, um euch zu helfen, mit eurer früheren Familie wieder in dieses große, herrliche Netzwerk des Lichts aufzutauchen, das galaktische Menschen zusammen mit anderen Lebensformen in dieser Galaxie gebildet haben. Wir helfen den Menschen daher, ihr Bewußtsein darüber wiederzuerlangen, warum sie überhaupt auf diesen Planeten gekommen sind, und ihre Beziehung zur Spirituellen Hierarchie wiederherzustellen, während sie in einer körperlichen Form leben.

Das Ergebnis eurer Wiedervereinigung mit eurer galaktischen Familie unter dem göttlichen Plan der Spirituellen Hierarchien wird drittens sein, daß ihr eure eigenen unglaublichen Fähigkeiten von Körper, Geist und Emotionen erhaltet. Ihr seid ein göttlicher Funke der Schöpfung, der dem Schöpfer und dem ehrfurchterregenden göttlichen Plan verantwortlich ist. Jetzt, wo alle auf diesem Planeten ins Licht zurückkehren, um ihre Absicht zu erfüllen und in die wie auch immer gearteten nächsten Inkarnationen überzugehen, wird dieser Plan erfüllt! Und er wird bewußt erfüllt, nicht so zufällig und unbewußt, wie es die Menschen der Erde leider seit Beginn der atlantischen Experimente vor 10 000 Jahren erlebt haben.

Wir möchten also der ganzen Menschheit einfach sagen, daß dieses Buch übermittelt wurde, um die bevorstehende wunderbare Veränderung anzukündigen, die euch zu vollbewußten Wesen machen wird.

Wir sind nicht hier, um zu kontrollieren, sondern einfach dazu, eure menschliche Familie wieder in Einklang mit allen anderen galaktischen Zweigen des Lebensbaumes bringen zu helfen. Wir sind hier, um euch die höchste Prophezeiung erfüllen zu helfen, nach der diese ganze Galaxie in hohes Bewußtsein erhoben werden wird. Dies ist das große Erbe und die große Botschaft, die alle Menschen, die dieses Buch lesen, verstehen und erkennen sollen."

Auch wenn wir jetzt zum Ende dieses Buches kommen, liebe Leser, gibt es doch im Leben kein Ende, sondern nur Anfänge, geschaffen durch die Veränderung und unsere immer wachsende Wahrnehmung der Ereignisse und Kreisläufe, die wir vielleicht nicht immer bewußt begreifen. Für mich zumindest ist Wachstum der einzige Beweis für Leben!

Ich fühle mich inspiriert, dieses Buch mit einem Kommentar der Energie Jesu Christi über den prophezeiten Photonenring, den wir vielleicht erleben werden, zu beenden.

Meine Lieben,

Das Photonenlicht wandert jetzt als eine bereichernde Metazelle vergeistigten Lichtes hinaus und durchquert Zeit und Raum, um das Bewußtsein der lebenden Materie zu erhöhen und alles Leben heim in die Schwingung des Herzens des Schöpfers zu bringen, die sie willkommen heißt.

Wie eine göttliche Helix interdimensionalen Bewußtseins befruchtet dieser Photonenbote der Liebe und Weisheit euer sprießendes Frühlingsbewußtsein und macht es bereit für eine kommende Zeit kosmischer Ernte.

Nachdem es euch schlafende Kinder Gottes vorübergehend in eine Decke der Dunkelheit hüllt, wird das Photonenlicht euch bald darauf zu einer kosmischen Familie erwecken, in der alle Wesen in EINHEIT Verwandte sein können.

Diese außerordentliche Woge von Photonenbewußtsein bringt die heilige Kunde, daß Gnade gewährt wurde und daß die menschliche Familie wieder in einer freudevollen himmlischen Gemeinschaft vereint sein wird. Heißt also euren Augenblick der Erlösung von früherer Negativität willkommen und öffnet euer Herz und Sinnen, um die Photonenkrone des vollen Bewußtseins zu empfangen. Dafür seid ihr auf den Planeten Erde gekommen. Dies ist der Augenblick der Evolution, den ihr erleben wolltet, und sein süßer Jubel wird wahrlich eure leuchtende galaktische Wirklichkeit werden.

Ja, das Potential des Friedens nähert sich euch in diesem Gewand von Photonenlicht. Laßt diesen Mantel Körper und Seele zu einem kosmischen Flug der Hoffnung und immer weiteres Bewußtsein umfangen. Gottes Plan entfaltet sich! Und die Zeit ist ***jetzt.*** *Bitte übernehmt euren Teil in voller Hingabe und Zusammenarbeit, denn auf diese Weise werden wir nie wieder voneinander oder von der Heiligkeit der Vision des Schöpfers getrennt sein.*

Ich verlasse euch nur in dieser Botschaft, meine Geliebten, denn wir sind für alle Ewigkeit untrennbar bis in die entferntesten Winkel von Raum und Zeit verbunden.

Ewig euer liebender Bruder und Lehrer,
Jesus Christus

Im Namen des Schöpfers und in dankbarer Anerkennung des großen Christusbewußtseins überall im Kosmos verabschieden wir uns jetzt. Frieden und Freude mögen ewig mit euch sein.

Liebe und Licht,
Virginia